教育学理论在高校教学实践中的应用

王安琪　王亚丽　段　瑞◎著

图书在版编目（CIP）数据

教育学理论在高校教学实践中的应用 / 王安琪, 王亚丽, 段瑞著. -- 长春：时代文艺出版社, 2024.11.
ISBN 978-7-5387-7592-1

Ⅰ. G642.0

中国国家版本馆CIP数据核字第2024MZ9945号

教育学理论在高校教学实践中的应用
JIAOYUXUE LILUN ZAI GAOXIAO JIAOXUE SHIJIAN ZHONG DE YINGYONG

王安琪　王亚丽　段　瑞　著

出 品 人：吴　刚
责任编辑：张洪双
装帧设计：文　树
排版制作：隋淑凤

出版发行：时代文艺出版社
地　　址：长春市福祉大路5788号　龙腾国际大厦A座15层（130118）
电　　话：0431-81629751（总编办）　0431-81629758（发行部）
官方微博：weibo.com/tlapress
开　　本：710mm×1000mm　1/16
印　　张：17.75
字　　数：261千字
印　　刷：廊坊市广阳区九洲印刷厂
版　　次：2024年11月第1版
印　　次：2024年11月第1次印刷
书　　号：ISBN 978-7-5387-7592-1
定　　价：86.00元

图书如有印装错误　请与印厂联系调换　（电话：0316-2910469）

前　　言

教育学理论是探索教育现象、揭示教育规律的科学，它对于指导教学实践、提高教学质量具有重要意义。在高校教学实践中，教育学理论的应用不仅是必要的，而且是至关重要的。随着社会的快速发展和教育的不断革新，如何将先进的教育学理论有效地应用于高校教学实践，成为教育领域亟待探讨的问题。

高校作为培养高素质人才的重要基地，其教学质量直接关系到国家未来的发展和社会的进步。因此，将教育学理论与高校教学实践相结合，对于优化教学方法、提升教育效果具有深远影响。教育学理论不仅为教师提供了科学的教学方法和策略，还能帮助学生更有效地学习和成长。

在当今这个信息爆炸的时代，大学生面临着前所未有的挑战。他们不仅需要掌握扎实的专业知识，还需要具备创新思维、批判性思考等综合能力。这就要求高校教师不断更新教育观念，运用教育学理论指导教学实践，从而培养出适应社会发展的高素质人才。

教育学理论在高校教学实践中的应用是一个复杂而重要的课题。它不仅涉及教学方法的改进和教育质量的提升，更关系到整个社会未来的发展和进步。因此，我们有必要对这一课题进行深入的研究和探讨，以期为高校教学实践提供更多的理论依据和实践指导。

目　录

第一章　教育学理论概述

第一节　教育学理论的基本概念 …………………………… 001

第二节　教育学理论的分类与特点 ………………………… 007

第三节　教育学理论在高校教学中的重要性 ……………… 013

第四节　教育学理论与高校教学实践的关系 ……………… 021

第二章　行为主义理论在高校教学中的应用

第一节　行为主义理论概述 ………………………………… 029

第二节　课堂管理与行为主义理论 ………………………… 037

第三节　激励与惩罚策略的设计 …………………………… 045

第四节　个性化学习与行为主义理论的结合 ……………… 049

第三章　认知学习理论在高校教学中的应用

第一节　认知学习理论基本原理 …………………………… 059

第二节　教学设计与认知学习理论 ………………………… 066

第三节　学习策略与元认知能力培养 ……………………… 072

第四节　技术辅助教学与认知学习理论的整合 …………… 080

第四章　建构主义理论在高校教学中的应用

第一节　建构主义理论基本概念 ·· 087
第二节　问题解决式教学与建构主义理论 ······························ 093
第三节　合作学习与社会建构主义 ······································· 098
第四节　学习环境设计与建构主义理论的融合 ······················· 105

第五章　社会文化理论在高校教学中的应用

第一节　社会文化理论基本原理 ·· 113
第二节　教学实践中的社会文化理论应用 ······························ 119
第三节　学习社群与社会文化理论 ······································· 124
第四节　多元文化教育与社会文化理论的融合 ······················· 132

第六章　情感教育理论在高校教学中的应用

第一节　情感教育理论基础 ·· 139
第二节　情感教育与课堂管理 ··· 144
第三节　师生关系与情感教育理论 ······································· 150
第四节　全人教育与情感教育理论的结合 ······························ 157

第七章　个性化教育理论在高校教学中的应用

第一节　个性化教育理论概述 ··· 164
第二节　不同学生特点的个性化教学策略 ······························ 170
第三节　技术支持下的个性化学习环境构建 ··························· 179
第四节　评价与反馈在个性化教育中的作用 ··························· 187

第八章　学习型组织理论在高校教学中的应用

第一节　学习型组织理论基础 ··· 195
第二节　高校组织结构与学习型组织 ···································· 200
第三节　教师专业发展与学习型组织理论 ······························ 206

第四节　学校管理与学习型组织文化建设 …………………………… 212

第九章　跨学科教育理论在高校教学中的应用

第一节　跨学科教育理论概述 ………………………………………… 217
第二节　教学设计中的跨学科整合 …………………………………… 223
第三节　跨学科项目与实践教学 ……………………………………… 229
第四节　跨学科评价与反思 …………………………………………… 236

第十章　未来教育学理论在高校教学中的展望

第一节　新兴教育学理论趋势分析 …………………………………… 244
第二节　技术创新与教育学理论发展 ………………………………… 250
第三节　教育学理论与教育改革的关系 ……………………………… 257
第四节　高校教学实践中教育学理论的创新应用 …………………… 263

参考文献 ………………………………………………………………… 270

第一章 教育学理论概述

第一节 教育学理论的基本概念

一、教育学理论的定义

（一）概述

教育学理论，作为探究教育现象、揭示教育规律、指导教育实践的科学体系，在人类文明的演进中占据着举足轻重的地位。它不仅是教育工作者开展教学活动的理论基础，也是社会各界理解和评价教育现象的重要工具。

（二）教育学理论的基本定义

教育学理论，简而言之，是对教育现象、教育问题、教育规律进行系统化、理论化阐释的学科体系。它涉及教育的目标、内容、方法、评价等多个方面，旨在揭示教育的本质和规律，为教育实践提供指导和支持。教育学理论具有高度的概括性、抽象性和前瞻性，能够超越具体的教育现象，把握教育的普遍规律和发展趋势。

（三）教育学理论的内涵

教育学理论关注教育的根本目的和价值追求，即培养什么样的人以及如何培养人。它强调教育的社会性和个体性，旨在促进人的全面发展和社会进步。教育学理论关注教育的内容选择和组织，即教育应该传授哪些知识和技能。它强调知识的系统性和实用性，旨在为学生提供适应社会发展需要的知识和能力。

教育学理论关注教育的实施方式和手段，即如何有效地进行教育。它强调教学方法的多样性和灵活性，旨在激发学生的学习兴趣和主动性。教育学理论关注教育的效果评估和价值判断，即如何衡量教育的质量和效果。它强调评价的科学性和公正性，旨在促进教育的持续改进和发展。

（四）教育学理论的特点

教育学理论是一个完整的学科体系，具有严密的逻辑结构和内在联系。它能够对教育现象进行全面的分析和解释，揭示教育的本质和规律。教育学理论是对教育现象的高度概括和抽象，能够超越具体的教育现象，把握教育的普遍规律和发展趋势。这种抽象性使得教育学理论具有广泛的适用性和指导意义。

教育学理论不仅关注当前的教育现象和问题，还关注未来的教育发展趋势和挑战。它能够对教育未来进行预测和规划，为教育实践提供前瞻性的指导。

（五）教育学理论的功能

教育学理论是教育实践的理论基础，能够为教育工作者提供科学的指导和支持。它能够帮助教育工作者明确教育目标、选择教育内容、设计教育方法、进行教育评价等，从而提高教育质量和效果。教育学理论能够对教育现象进行系统的分析和解释，揭示教育的本质和规律。它能够帮助人们理解教育现象背后的原因和机制，增强对教育的认识和理解。

教育学理论具有前瞻性，能够对未来的教育发展趋势进行预测和规划。它能够帮助人们把握教育发展的方向和趋势，为教育实践提供前瞻性的指导。教育学理论是推动教育改革的重要力量。它能够揭示教育实践中存在的问题和不足，提出改进和创新的思路和措施，推动教育改革的深入发展。

（六）教育学理论的发展演变

教育学理论的发展演变经历了漫长的历史过程。从古代的孔子、柏拉图等哲学家对教育问题的思考，到近代赫尔巴特、杜威等教育家对教育理论的贡献，再到现代多元化学派的出现和发展，教育学理论不断丰富和完善。在这个过程中，教育学理论逐渐形成了不同的流派和学派，如行为主义、认知主义、人本主义、建构主义等，它们各有特点和优势，为教育实践提供了多样化的指导和支持。

二、教育学理论的形成与发展

（一）概述

教育学理论是教育实践的先导和基石，它随着人类社会的发展而逐步形成和完善。从古代的哲学思考，到近代的学科建立，再到现代的多元化发展，教育学理论经历了漫长而复杂的历史过程。

（二）教育学理论的萌芽阶段

教育学理论的萌芽可以追溯到古代的哲学思想中。在古代，许多哲学家都对教育问题进行了深入的思考，并提出了自己的教育观点。例如，古希腊哲学家柏拉图在其著作《理想国》中，详细阐述了其教育理念，包括教育目标、教育内容、教育方法等。他认为，教育应该注重培养人的理性，通过音乐、体育、数学等学科的学习，使人的灵魂得到升华。这些思想为后来教育学理论的发展奠定了基础。

（三）教育学理论的初步形成阶段

随着社会的发展和教育的普及，教育学理论逐渐从哲学中分离出来，成为一门独立的学科。在近代，许多教育家开始系统地研究教育问题，并提出了自己的教育理论。例如，德国教育家赫尔巴特被誉为"现代教育学之父",他提出了"四段教学法"和"教育目的论"等理论,为教育学理论的发展作出了重要贡献。此外,英国教育家斯宾塞也提出了"教育准备生活说",强调教育应该为人的未来生活做准备。这些理论为教育实践提供了具体的指导和支持,推动了教育事业的发展。

(四)教育学理论的多元化发展阶段

进入20世纪后,随着科技的进步和社会的发展,教育学理论也进入了多元化的发展阶段。不同学派和流派纷纷涌现,形成了各具特色的教育理论。例如,行为主义学派强调外部环境对教育的影响,认为人的行为是由外部刺激和反应之间的联结形成的;认知主义学派则注重人的内部认知过程,认为人的学习是通过信息处理、记忆、思维等认知活动来实现的;人本主义学派则强调人的主观感受和体验,认为教育应该关注人的情感、价值、尊严等方面的发展。这些学派和流派的出现,使得教育学理论更加丰富多彩,为教育实践提供了更多的选择和可能性。

(五)教育学理论的现代发展

随着学科交叉和融合的趋势加强,教育学理论也开始与其他学科进行融合。例如,教育学与心理学、社会学、人类学等学科之间的交叉研究越来越普遍,这有助于更全面地理解和解释教育现象和问题。随着科学方法的普及和应用,越来越多的教育学研究开始采用实证研究方法。通过收集和分析数据,揭示教育现象背后的规律和机制,为教育实践提供更为科学的指导。

在现代社会,教育公平和教育质量成为人们关注的焦点。教育学理论也开始更多地关注这些问题,探讨如何促进教育公平和提高教育质量。例如,教育政策研究、教育评价研究等领域得到了更多的关注和发展。随着社会的快速变化和发展,教育也面临着新的挑战和问题。例如,数字化、网络化、智能化等新技术对教育的影响越来越大;全球化和多元文化背景下如何培养学生的跨文化素养等。教育学理论需要不断适应这些新的挑战和问题，提出新的解决方案和思路。

三、教育学理论的研究对象

（一）概述

教育学理论，作为研究教育现象、揭示教育规律、指导教育实践的学科体系，其研究对象是极其丰富和复杂的。教育学理论不仅关注教育的宏观问题，如教育与社会、经济、文化的关系，也深入探究教育的微观层面，如教育过程、教学方法、学生发展等。

（二）教育学理论研究对象的基本范畴

教育的本质是什么？这是教育学理论首先要回答的问题。教育学理论通过对教育的定义、类型、特点等方面的研究，揭示教育的本质属性。同时，教育学理论也关注教育的目的，即教育要培养什么样的人，以及为什么要培养这样的人。这涉及教育的价值取向和培养目标，是教育学理论研究的核心内容之一。教育过程是指教育活动的展开和进行，包括教育内容的选择、教学方法的运用、教育评价的实施等。教育学理论关注教育过程中的各种现象和问题，如学生的学习心理、教师的教学行为、师生互动等，并试图揭示这些现象和问题背后的规律。通过对教育过程的研究，教育学理论为教育实践提供了科学的指导和支持。

教育制度是指国家或社会为实现教育目的而建立的各种规章、制度和措施的总和。教育学理论关注教育制度的制定、实施和改革，以及教育政策对教育实践的影响。通过对教育制度与政策的研究，教育学理论为教育改革和发展提供了理论依据和策略建议。教育作为一种社会活动，与社会有着密切的联系。教育学理论关注教育与社会之间的相互作用和影响，如教育如何促进社会发展、社会如何影响教育等。通过对教育与社会关系的研究，教育学理论揭示了教育在社会发展中的重要作用和价值。

(三)教育学理论研究对象的具体内容

教育心理学是教育学理论的重要分支之一，它研究教育教学过程中的心理现象和规律。教育心理学关注学生的学习心理、教师的教学心理、教育的评价心理等方面的问题，为教育实践提供心理学依据和指导。例如，学习理论揭示了学习的过程和机制；发展心理学探讨了儿童和青少年心理发展的规律和特点；教育评价心理学则关注教育评价的心理效应和影响因素等。

教育社会学是另一个重要的教育学理论分支，它研究教育与社会之间的关系和相互作用。教育社会学关注教育的社会结构与功能、教育的社会化过程、教育的社会变迁等方面的问题。例如，教育公平问题、教育资源的分配问题、教育与社会分层的关系等都是教育社会学研究的重点。通过对这些问题的研究，教育社会学揭示了教育在社会中的重要作用和价值，并提出了相应的改革和发展策略。教育史学是研究教育制度、教育思想和教育事实的发展历程的学科。它通过对历史上教育现象和问题的研究，揭示教育的历史演变和文化传承。教育史学的研究对象包括教育制度的变迁、教育思想的演进、教育家的贡献等。通过对这些方面的研究，教育史学为教育实践提供了历史借鉴和启示。

教育管理学是研究教育管理的理论和实践的学科。它关注教育组织、教育计划、教育经费、教师管理等方面的问题。教育管理学的研究对象包括教育组织的结构与功能、教育计划的制定与实施、教育经费的分配与使用等。通过对这些问题的研究，教育管理学为提高教育管理水平和效益提供了理论支持和实践指导。

(四)教育学理论研究对象的研究方法

在探讨教育学理论的研究对象时，需要运用多种研究方法。这些研究方法包括文献研究法、调查法、观察法、实验法等。文献研究法是通过查阅和分析相关文献来获取信息和知识的方法；调查法是通过问卷、访谈等方式收集数据和信息的方法；观察法是通过直接观察研究对象来获取信息和数据的方法；实验法则是通过控制变量来探究因果关系的方法。这些研究方法的运用有助于我们更深入地了解教育学理论的研究对象，揭示其背后的规律和机制。

第二节　教育学理论的分类与特点

一、教育学理论的主要分类

教育学理论是探索教育现象、揭示教育规律的科学体系，它涵盖了广泛的领域和主题，为教育实践提供了重要的理论支撑。以下是对教育学理论主要分类的详细阐述，旨在构建一个清晰、系统的理论体系。

（一）教育哲学理论

教育哲学理论是教育学理论的基础，它探讨教育的本质、目的、价值等基本问题。在教育哲学理论的指导下，我们可以更加深入地理解教育的内涵和意义，为教育实践提供方向和指导。理性主义教育哲学强调理性在人的发展中的核心作用，认为教育应该培养人的理性思维能力，使人能够独立思考、自主判断。这一理论主张在教育实践中注重知识的传授和思维能力的培养，强调教师的指导作用。

经验主义教育哲学则认为经验是知识的主要来源，教育应该通过实践活动来培养学生的观察、分析和解决问题的能力。这一理论主张在教育实践中注重学生的参与和体验，强调学生的主体作用。存在主义教育哲学关注个体的存在和价值，认为教育应该帮助学生认识到自己的独特性，培养他们的自我意识和自我选择能力。这一理论主张在教育实践中注重学生的个性化发展，强调教育的人文关怀。

（二）教育心理学理论

教育心理学理论是研究教育过程中学生的心理活动和心理规律的科学，它为教育实践提供了心理学的理论支持。行为主义学习理论认为学习是外部刺激与反应之间的联结过程，强调通过奖励和惩罚来塑造学生的行为。这一理论主张在教育实践中采用强化和反馈的方法来促进学生的学习。认知主义学习理论则认为学习是内部心理加工的过程，强调学生的主观能动性和已有知识经验的作用。这一理论主张在教育实践中采用发现式学习和探究学习的方法，鼓励学生主动探索知识。人本主义学习理论关注人的整体性和潜能的发展，认为学习是个人自我实现的过程。这一理论主张在教育实践中关注学生的情感需求和人格发展，强调学生的主体性和创造性。

（三）课程与教学理论

课程与教学理论是研究课程设计、教学方法和教学评价等方面的科学，它为教育实践提供了具体的指导和建议。

课程设计理论关注课程目标的确定、课程内容的选择和组织以及课程结构的构建等方面。这一理论主张在课程设计中注重学生的全面发展和社会需求，强调课程的科学性和实用性。

教学方法理论是研究如何有效地传授知识和技能的科学，它涵盖了讲授法、讨论法、实验法等多种教学方法。这一理论主张在教学方法的选择和运用上注重学生的参与和体验，强调教学方法的多样性和灵活性。

教学评价理论是研究如何评估学生学习成果和教学效果的科学，它包括形成性评价和总结性评价两种方式。这一理论主张在教学评价中注重学生的全面发展和个体差异，强调评价的科学性和公正性。

（四）教育社会学理论

教育社会学理论是研究教育与社会之间相互关系的科学，它为我们理解教育现象提供了社会学的视角。功能主义教育社会学认为教育是社会结构的有机组成部分，它承担着传递社会文化和培养社会人才的功能。这一理论主张在教育实践中注重教育的社会价值和功能实现。冲突主义教育社会学则认为教育是社会冲突的反映和延续，它加剧了社会不平等和阶层分化。这一理论主张在教育实践中关注教育公平和社会正义问题。符号互动主义教育社会学关注个体在教育过程中的互动和交往过程，认为教育是个体社会化的重要途径。这一理论主张在教育实践中注重学生的社会交往和沟通能力培养。

二、教育学理论的发展趋势

随着社会的不断进步和科技的快速发展，教育学理论也在不断地演变和更新。从传统的以教师为中心的教学模式，到现代以学生为中心的教育理念，再到未来可能的教育形态，教育学理论正经历着前所未有的变革。

（一）学生个性化发展日益受到重视

随着教育理念的不断更新，学生个性化发展已成为教育学理论的重要趋势之一。传统的教育模式往往采用"一刀切"的教学方式，忽视了学生之间的差异性。然而，现代教育理论强调学生的主体性和个性发展，认为每个学生都是独一无二的，应该得到个性化的关注和培养。因此，未来的教育学理论将更加注重学生的个性化发展，提倡以学生为中心的教育模式，让每个学生都能够在适合自己的环境中得到全面发展。

（二）跨学科整合成为必然趋势

随着知识领域的不断拓展和交叉，跨学科整合已成为教育学理论发展的必然趋势。传统的教育学理论往往局限于某一学科领域，难以应对复杂多变的教育实践问题。然而，现代教育理论强调知识的综合性和跨学科性，认为跨学科整合能够更好地满足学生的需求，提高教育质量。因此，未来的教育学理论将更加注重跨学科整合，通过融合不同学科的知识和方法，形成更为全面和系统的教育理论体系。

(三) 技术驱动教育变革

信息技术的快速发展为教育学理论的发展提供了新的机遇和挑战。一方面,信息技术的应用使得教育资源更加丰富和多样化,为学生提供了更多的学习选择和机会;另一方面,信息技术也改变了传统的教学方式和学习模式,使得教育过程更加灵活和高效。因此,未来的教育学理论将更加注重技术驱动的教育变革,探索如何利用信息技术提高教育质量和效率,推动教育创新和发展。

(四) 终身教育理念的普及

终身教育理念强调教育是一个持续不断的过程,每个人都需要不断地学习和成长。随着社会的不断进步和知识的不断更新,终身教育已成为现代社会的重要特征之一。因此,未来的教育学理论将更加注重终身教育理念的普及和实践,推动教育体系向终身化方向发展。这包括构建更为完善的终身教育体系和机制,提供多样化的学习资源和途径,以及鼓励人们持续不断地学习和成长。

(五) 注重教育公平和社会责任

教育公平和社会责任是教育学理论的重要议题之一。随着社会对教育公平和社会责任的关注度不断提高,未来的教育学理论将更加注重这两个方面的探讨和实践。一方面,教育学理论将致力于揭示和解决教育不平等问题,推动教育资源的均衡分配和优质教育的普及;另一方面,教育学理论也将强调教育的社会责任和使命,推动教育为社会发展和人类进步做出更大的贡献。

(六) 国际合作与交流加强

在全球化的背景下,国际合作与交流已成为推动教育学理论发展的重要力量。通过国际合作与交流,可以借鉴其他国家和地区的先进经验和做法,推动本国教育学理论的创新和发展。因此,未来的教育学理论将更加注重国际合作与交流,加强与国际教育组织和机构的联系和合作,共同推动全球教育事业的进步和发展。

（七）强调教育的实践性和创新性

教育实践性和创新性是教育学理论发展的重要方向之一。传统的教育学理论往往过于注重理论探讨和逻辑推理，忽视了教育实践的需求和挑战。然而，现代教育理论强调教育的实践性和创新性，认为教育理论应该紧密结合教育实践，不断探索新的教育理念和方法。因此，未来的教育学理论将更加注重教育实践性和创新性的探索和实践，推动教育理论与实践的紧密结合和相互促进。

三、教育学理论与其他学科的交叉

教育学作为一门研究教育的学科，其研究领域广泛，不仅涉及教学的理论和方法，还包括教育心理、教育政策、课程设计等多个方面。然而，教育学并非孤立存在，它与其他学科之间有着紧密的交叉与融合。这种交叉不仅丰富了教育学的研究内容，还为教育实践提供了更为全面的视角和方法。

（一）教育学与心理学的交叉

教育学与心理学的交叉主要体现在教育心理学这一分支上。教育心理学是研究在教育情境中学生的学习过程、学习动机、认知发展以及教师的教学方法等心理现象的学科。它结合了心理学的理论和研究方法，探讨如何有效地促进学生的学习和发展。

在教育实践中，教育心理学为教师提供了深入了解学生心理活动的工具，从而帮助教师更好地设计教学策略、激发学生的学习兴趣和动机。例如，通过了解学生的认知风格和学习策略，教师可以调整教学方法，以满足不同学生的学习需求。同时，教育心理学还关注学生的学习困难和心理健康问题，为教师提供心理干预和辅导的依据。

（二）教育学与社会学的交叉

教育学与社会学的交叉主要体现在教育社会学这一领域。教育社会学是研究教育制度、教育过程以及教育与社会结构、文化、经济等社会因素之间相互关系的学科。它运用社会学的理论和方法，分析教育现象背后的社会结构和文化因素，揭示教育不平等、教育机会分配等社会问题。

在教育政策制定和教育改革方面，教育社会学提供了重要的理论支持。通过深入了解教育与社会的关系，政策制定者可以更加科学地制定教育政策，促进教育公平和社会公正。同时，教育社会学也关注学校教育对学生社会化的影响，探讨如何通过教育培养学生的社会责任感和公民意识。

（三）教育学与哲学的交叉

教育学与哲学的交叉主要体现在教育哲学这一分支上。教育哲学是研究教育的本质、目的、价值和方法等根本问题的学科。它运用哲学的思考方式和方法，对教育现象进行深入的反思和批判，为教育实践提供指导原则和价值取向。

在教育实践中，教育哲学帮助教师明确教育的目标和价值追求，从而更好地引导学生形成正确的世界观、人生观和价值观。同时，教育哲学还关注教育过程中的伦理道德问题，提倡尊重学生的主体性和个性发展，反对机械灌输和应试教育。

（四）教育学与其他学科的多元交叉

除了与心理学、社会学和哲学的交叉外，教育学还与其他多个学科有着紧密的交叉关系。例如，教育学与语言学的交叉形成了语言教育学，研究语言教学和语言习得的问题；教育学与经济学的交叉形成了教育经济学，探讨教育投资与收益的关系；教育学与计算机科学的交叉则推动了教育技术和教育信息化的发展。

这些多元交叉不仅丰富了教育学的研究内容和方法论体系，还为解决教育实践中的问题提供了多元化的视角和解决方案。例如，在教育技术快速发展的背景下，教育学与计算机科学的交叉为在线教育、智能教育等新型教育模式提供了理论支持和技术实现路径。

（五）交叉学科对教育实践的启示

教育学与其他学科的交叉为教育实践带来了许多启示。首先，它提醒我们要用全面的视角看待教育问题，不仅要关注学生的学习和发展需求，还要关注教育与社会、文化等外部环境的相互关系。其次，交叉学科为我们提供了多元化的教育方法和手段，如心理辅导、社会实践、在线教育等，以满足不同学生的需求和提高教育质量。最后，交叉学科还鼓励我们进行教育创新和改革，不断探索新的教育模式和教育理念以适应时代发展的需要。

第三节　教育学理论在高校教学中的重要性

一、指导教学实践

随着教育学理论的不断发展与完善，越来越多的教育工作者开始认识到，单纯依赖传统的教育学理论已经难以满足复杂多变的教学实践需求。因此，教育学理论与其他学科的交叉应用成为指导教学实践的重要途径。

（一）教育学与心理学的交叉：指导教学实践的心理基础

教育学与心理学的交叉主要体现在教育心理学这一分支上，它关注学生在学习过程中的心理现象和规律。心理学的研究成果为教学实践提供了重要的心理基础，帮助教师更好地理解学生的需求和问题，从而制定出更加符合学生心理特点的教学策略。

首先，心理学的研究揭示了学生的学习动机和兴趣对学习效果的重要影响。因此，在教学实践中，教师可以通过激发学生的学习兴趣和动机，来提高学生的学习积极性和参与度。例如，教师可以采用多样化的教学方法和手段，如游戏化教学、项目式学习等，以吸引学生的注意力，提高学生的学习兴趣。其次，心理学的研究还关注学生的认知发展特点。不同年龄阶段的学生在认知发展上存在差异，因此，教师需要针对不同年龄阶段的学生制定不同的教学策略。例如，对于小学生，教师可以采用直观、形象的教学方法，帮助他们建立初步的抽象思维；对于初中生和高中生，教师则需要注重培养学生的逻辑思维能力和创新能力。最后，心理学的研究还关注学生的情感和态度对学习的影响。在教学实践中，教师需要关注学生的情感体验和态度变化，积极营造和谐、积极的课堂氛围，帮助学生形成积极的学习态度和情感体验。

（二）教育学与社会学的交叉：指导教学实践的社会视角

教育学与社会学的交叉主要体现在教育社会学这一领域，它关注教育与社会之间的相互关系。社会学的研究成果为教学实践提供了社会视角，帮助教师更好地理解教育的社会功能和价值，以及教育在社会中的地位和作用。

首先，社会学的研究揭示了教育公平和社会公正的重要性。在教学实践中，教师需要关注教育资源的均衡分配和优质教育的普及，确保每个学生都能够享受到公平的教育机会。同时，教师还需要关注学生的社会背景和家庭环境等因素对学习的影响，积极采取措施帮助弱势学生克服学习困难。其次，社会学的研究还关注学校教育对学生社会化的影响。在教学实践中，教师需要注重培养学生的社会责任感和公民意识，帮助他们形成正确的世界观、人生观和价值观。同时，教师还需要关注学生的社会交往和合作能力的发展，为他们未来的社会生活做好准备。最后，社会学的研究还关注教育制度、教育政策等宏观因素对教学实践的影响。在教学实践中，教师需要关注教育政策的变化和改革趋势，积极适应和应对政策调整带来的挑战和机遇。

(三）教育学与哲学的交叉：指导教学实践的价值追求

教育学与哲学的交叉主要体现在教育哲学这一分支上，它关注教育的本质、目的、价值和方法等根本问题。哲学的研究成果为教学实践提供了价值追求和价值取向，帮助教师明确教育的目标和价值追求，从而更好地引导学生形成正确的世界观、人生观和价值观。

首先，哲学的研究揭示了教育的本质和目的。教育的本质在于培养人的全面素质和能力，而教育的目的则在于促进人的全面发展和社会进步。在教学实践中，教师需要明确教育的目标和价值追求，将培养学生的全面素质和能力作为首要任务。其次，哲学的研究还关注教育过程中的伦理道德问题。在教学实践中，教师需要关注学生的道德教育和品格培养，帮助他们形成正确的道德观念和价值取向。同时，教师还需要注重自身的师德修养和言传身教的作用，为学生树立榜样和楷模。最后，哲学的研究还关注教育方法的创新和改革。在教学实践中，教师需要不断探索新的教育方法和手段，以适应学生个性化发展的需要和时代发展的要求。同时，教师还需要关注教育实践的反思和总结，不断改进和优化教学方法和策略。

二、提高教育质量

在当今日益复杂多变的教育环境中，提高教育质量成了教育工作者面临的重大挑战。为了实现这一目标，单纯地依赖传统的教育学理论已经显得力不从心。因此，教育学理论与其他学科的交叉应用成了提高教育质量的重要途径。

（一）教育学与心理学的交叉：优化学习过程

教育学与心理学的交叉主要体现在教育心理学这一分支上。教育心理学深入研究学生的认知、情感、动机等心理过程，为优化学习过程提供了科学的指导。

一方面，教育心理学的研究成果揭示了学生的学习风格和学习策略对学习效果的重要影响。因此，在教育实践中，教师可以根据学生的个体差异，采用不同的教学策略和方法，以满足不同学生的学习需求。例如，对于视觉型学习者，教师可以利用图表、图片等视觉材料辅助教学；对于听觉型学习者，教师可以利用音频、视频等多媒体资源来激发学生的学习兴趣。另一方面，教育心理学还关注学生的情感需求和动机激发。在教学实践中，教师可以通过创设积极的学习氛围、给予学生及时的反馈和鼓励，来激发学生的学习动机和积极性。同时，教师还需要关注学生的情感体验，帮助学生建立自信、减轻焦虑，从而提高学生的学习效率和满意度。

（二）教育学与社会学的交叉：促进教育公平

教育学与社会学的交叉主要体现在教育社会学这一领域。教育社会学关注教育与社会之间的相互关系，特别是教育资源的分配和教育机会的公平性问题。

一方面，教育社会学的研究成果揭示了教育资源分配不均对教育质量的负面影响。因此，在教育实践中，我们需要采取措施促进教育资源的均衡分配。例如，加大对农村和贫困地区的教育投入，改善这些地区的教学设施和教师待遇；同时，推进优质教育资源的共享和流通，让更多的学生受益。另一方面，教育社会学还关注教育机会的公平性问题。在教育实践中，我们需要确保每个学生都能够享有公平的教育机会。这包括为学生提供平等的入学机会、制定公平的招生政策、实施多样化的教育项目等。同时，我们还需要关注学生的社会背景和家庭环境等因素对教育机会的影响，积极采取措施帮助弱势学生克服学习困难。

（三）教育学与技术科学的交叉：创新教学手段

随着信息技术的迅猛发展，技术科学在教育领域的应用越来越广泛。教育学与技术科学的交叉主要体现在教育技术学这一分支上，它为创新教学手段提供了有力支持。

首先，教育技术学的研究成果推动了在线教育、远程教育等新型教育模式的发展。这些新型教育模式打破了时间和空间的限制，使得更多的学生能够接受到优质的教育资源。同时，这些教育模式还提供了更加灵活多样的学习方式和学习路径，满足了学生个性化学习的需求。其次，教育技术学还推动了数字化教学资源的开发和应用。数字化教学资源具有信息量大、更新快、交互性强等特点，能够为学生提供更加丰富多彩的学习体验。在教学实践中，教师可以利用数字化教学资源来辅助教学，提高教学效果和效率。同时，学生也可以利用数字化教学资源进行自主学习和探究学习，培养自主学习能力和创新能力。最后，教育技术学还关注智能化教学系统的研发和应用。智能化教学系统能够根据学生的学习情况和需求，提供个性化的学习建议和教学支持。在教学实践中，教师可以利用智能化教学系统来跟踪学生的学习进度和表现，及时发现学生的学习问题和困难，并提供针对性的指导和帮助。

三、推动教育改革

随着社会的快速发展和科技的日新月异，教育领域面临着前所未有的挑战和机遇。为了应对这些挑战并抓住机遇，推动教育改革成为当务之急。教育改革是一个复杂而系统的工程，需要跨学科的思考和策略。

（一）推动教育改革的必要性

教育改革是社会进步的必然要求和教育自身发展的客观需要。一方面，社会的快速发展要求教育体系具备更高的适应性和前瞻性，以培养更多符合社会发展需要的高素质人才。传统的教育模式已经难以满足这一需求，因此必须进行改革和创新。另一方面，教育自身也面临着诸多问题和挑战，如教育资源分配不均、教育机会不公平、教育质量问题等。这些问题需要通过改革来加以解决和改进。

（二）跨学科视角下的教育改革策略

教育学是教育改革的核心学科，它为教育改革提供了基本的理念和理论支撑。一方面，我们要更新教育理念，强调学生的主体性和个性发展，注重培养学生的创新精神和实践能力。另一方面，我们要构建多元化的教育体系，满足不同学生的需求和兴趣。这包括课程设置、教学方式、评价机制等方面的改革和创新。心理学在教育改革中发挥着重要作用。一方面，我们要关注学生的心理健康，了解学生的心理状态和需求，为他们提供必要的心理支持和帮助。另一方面，我们要优化教育环境，创造积极、健康、和谐的学习氛围，减少学生的压力和焦虑。这可以通过改善师生关系、加强家校合作、丰富校园文化等方式来实现。

社会学为我们提供了关于社会结构和文化背景的深刻洞察。在教育改革中，我们要关注教育公平问题，努力缩小不同社会群体之间的教育差距。这包括改善教育资源的分配不均、推进城乡教育均衡发展、提高弱势群体的教育机会等措施。同时，我们还要加强教育政策的研究和制定，确保教育政策的公平性和有效性。技术科学在教育改革中发挥着越来越重要的作用。首先，我们可以利用技术手段来改进教学方式和手段，如利用多媒体、互联网等现代信息技术手段来辅助教学，提高教学效果和效率。其次，我们可以利用技术手段来优化教育资源的配置和利用，如通过远程教育、在线教育等方式来扩大教育资源的覆盖面和影响力。最后，我们还可以利用技术手段来加强教育管理和评估，提高教育管理的科学性和有效性。

（三）实施路径与保障措施

政府是推动教育改革的重要力量。政府应该加强对教育改革的政策引导和支持，制定有利于教育改革发展的政策措施和法规。同时，政府还应该加大对教育投入的力度，为教育改革提供必要的资金保障。教师是教育改革的关键因素。我们应该加强师资队伍建设，提高教师的专业素养和教育能力。这包括加强教师的职前培训、在职培训和继续教育等方面的工作，同时鼓励教师参与教育改革实践和研究工作。

教育改革需要全社会的共同参与和合作。我们应该加强与社会各界的联系和沟通，争取更多的支持和帮助。同时，我们还应加强与国际教育界的交流与合作，借鉴国际先进的教育理念和实践经验，推动我国教育改革的不断深化和发展。评估和监测是教育改革的重要保障措施。我们要建立完善的评估和监测机制，对教育改革的过程和效果进行定期评估和监测。这有助于我们及时发现和解决问题，确保教育改革能够取得实效并持续发展。

四、培养学生全面发展

随着社会的不断发展和进步，对人才的要求也日益多样化。在这种背景下，培养学生全面发展成了教育的重要目标。全面发展意味着学生在知识、能力、情感、态度和价值观等多个方面都得到均衡而充分的发展。

（一）全面发展的教育理念

全面发展的教育理念强调以人为本，关注学生的全面成长。它要求教育者不仅要注重知识的传授，更要关注学生的内心世界和个性发展。每个学生都是独一无二的个体，具有不同的兴趣、爱好、特长和潜力。教育者应尊重学生的个性差异，为每个学生提供适合他们发展的教育资源和机会。全面发展不仅仅是学习知识的多少，更重要的是培养学生的综合素质。这包括思维能力、创新能力、实践能力、团队协作能力、沟通表达能力等。

情感态度是学生发展的重要组成部分，对学生的成长和成功具有重要影响。教育者应关注学生的情感需求，培养他们的积极情感，提高他们的情商。价值观是学生行为准则的基石，对他们的成长和发展具有深远影响。教育者应引导学生树立正确的价值观，培养他们的社会责任感、公民意识和道德观念。

（二）培养学生全面发展的策略

为了实现全面发展的教育理念，我们需要制定一系列具体的策略。课程是教育的重要组成部分，对学生全面发展具有重要影响。我们应该进行课程改革，将传统的以知识传授为主的课程转变为以能力培养为主的课程。同时，增加选修课程和兴趣课程，为学生提供更多的选择和发展空间。实践是检验真理的唯一标准，也是培养学生全面发展的有效途径。我们应该加强实践教育，让学生在实践中学习知识、锻炼能力、培养情感态度和价值观。例如，组织学生进行社会实践、社区服务、科学实验等活动。

评价是教育的重要环节，对学生全面发展具有重要影响。我们应该采用多元评价方式，不仅关注学生的学业成绩，还要关注他们的综合素质、情感态度和价值观等方面的发展。通过多元评价，鼓励学生发挥特长、挖掘潜力、实现自我价值。家庭是学生成长的重要场所，对学生的全面发展具有重要影响。我们应该加强家校合作，共同关注孩子的成长和发展。通过家长会、家访、家长课堂等方式，加强与家长的沟通和交流，共同制订教育计划和策略。

（三）培养学生全面发展的实践

在实践中，我们需要将全面发展的教育理念和策略转化为具体的行动。良好的教育环境是培养学生全面发展的基础。我们应该为学生创设一个充满爱、尊重和信任的教育环境，让他们感受到自由和安全的氛围。同时，提供丰富多样的教育资源和设施，满足学生的不同需求。个性化教育是培养学生全面发展的重要途径。我们应该根据学生的个性差异和兴趣爱好，为他们制订个性化的教育计划和策略。通过个性化教育，让每个学生都能得到适合自己的发展机会和空间。

教师是培养学生全面发展的关键力量。我们应该加强师资培训，提高教师的专业素养和教育能力。通过培训，让教师了解全面发展的教育理念和实践方法，掌握有效的教育技巧和策略。

自主发展是培养学生全面发展的重要目标。我们应该引导学生树立自主意识，培养他们的自主学习能力、自我管理能力、自我激励能力等。通过引导学生自主发展，让他们成为具有创新精神和实践能力的高素质人才。

第四节　教育学理论与高校教学实践的关系

一、教育学理论对高校教学实践的指导作用

（一）概述

随着教育改革的不断深入，高校教学实践面临着诸多挑战和机遇。教育学理论作为教育学科的基础和核心，对于指导高校教学实践具有重要意义。

（二）基本概念

教育学理论是研究教育现象、揭示教育规律的科学体系，它涵盖了教育的目标、内容、方法、评价等方面。教育学理论的发展经历了多个阶段，从传统的经验主义、行为主义到现代的认知主义、建构主义等，不断推动着教育实践的创新和发展。

（三）理论对实践的指导作用

教育学理论首先为高校教学实践提供了明确的教育目标。教育目标是教育活动的出发点和归宿，它决定了教育活动的方向和内容。教育学理论强调以学生为中心，关注学生的全面发展，注重培养学生的创新精神和实践能力。因此，高校在教学实践中应明确教育目标，将培养学生的综合素质作为首要任务，注重培养学生的批判性思维、创新精神和团队协作能力。教育学理论还指导高校优化教学内容。教学内容是教育活动的核心，它直接关系到学生的学习效果和发展方向。教育学理论强调知识的系统性、连

贯性和实用性，注重培养学生的跨学科素养和终身学习能力。因此，高校在教学实践中应关注教学内容的更新和优化，注重跨学科知识的整合和融合，为学生提供更加丰富、多元的学习资源。

教育学理论对教学方法的创新具有指导作用。教学方法是教育活动的关键环节，它决定了教学活动的有效性和质量。教育学理论倡导以学生为中心的教学方法，注重激发学生的学习兴趣和主动性。因此，高校在教学实践中应积极探索新的教学方法，如案例教学、项目教学、翻转课堂等，以提高学生的学习兴趣和参与度，培养学生的自主学习能力和创新精神。教育学理论还指导高校完善教学评价。教学评价是教育活动的重要环节，它对于了解学生的学习情况和教学效果具有重要意义。教育学理论强调多元化、全面化的评价方式，注重评价学生的综合素质和创新能力。因此，高校在教学实践中应完善教学评价机制，采用多种评价方式，如课堂表现、作业完成情况、实验报告、团队合作等，全面了解学生的学习情况和发展方向，为教学改进提供依据。

（四）教育学理论在高校教学实践中的具体应用

教育学理论强调以学生为中心的教学模式，注重培养学生的自主学习能力和创新精神。在高校教学实践中，可以通过开展探究式学习、合作学习、项目学习等方式，激发学生的学习兴趣和主动性，提高学生的参与度和创新能力。例如，在专业课程中引入实际问题或项目案例，让学生在解决问题的过程中学习和掌握知识；或者通过组织学术研讨会、科技竞赛等活动，培养学生的团队协作能力和创新能力。

教育学理论强调知识的跨学科融合，注重培养学生的跨学科素养和终身学习能力。在高校教学实践中，可以通过优化课程设置、整合教学资源等方式，实现跨学科知识的融合和贯通。例如，可以开设跨学科课程或综合课程，将不同学科的知识进行有机整合；或者加强不同学科教师之间的交流和合作，共同设计教学方案和实践活动，提高教学效果和质量。

教育学理论倡导多元化的教学方法和手段，注重激发学生的学习兴趣和主动性。在高校教学实践中，可以运用多种教学方法和手段，如案例教学、模拟教学、在线教学等，以满足不同学生的学习需求和发展方向。例如，在专业课程中引入案例分析或模拟实验等方式，让学生更加深入地理解和掌握知识点；或者利用互联网和信息技术手段开展在线教学和远程教育等活动，为学生提供更加便捷和高效的学习体验。

二、高校教学实践对教育学理论的反馈与修正

（一）概述

教育学理论作为指导教学实践的基石，为高校教学活动提供了理论框架和原则。然而，教学实践是复杂多变的，往往会产生一些理论难以完全涵盖或预测的新情况和新问题。因此，高校教学实践对教育学理论的反馈与修正显得尤为重要。

（二）教学实践对教育学理论的反馈作用

教学实践是检验教育学理论正确性和有效性的重要途径。通过教学实践，教育者可以将教育学理论中的理念、原则和方法付诸实践，观察其在实际教学中的应用效果。如果教学实践与理论预测相符，那么这一理论就得到了验证和证实，从而增强了其可信度和说服力。例如，建构主义学习理论强调学生的主动建构和知识的情境性，这一理论在高校教学实践中得到了广泛应用，并取得了良好的教学效果，进一步验证了其正确性和有效性。教学实践是复杂的，其中涉及众多因素的变化和互动。有时，教学实践会出现一些与理论预测不符的情况，甚至会出现一些新的问题和挑战。这些问题和挑战往往能够揭示出理论中的不足和局限性，为理论的修正和完善提供重要的反馈。例如，在某些情况下，传统的讲授式教学方法可能无法有效激发学生的学习兴趣和主动性，这就需要教育者反思和审视教学

方法的有效性，进而对教育学理论中的相关内容进行修正和完善。

教学实践中的新情况和新问题往往能够为教育学理论提供新的视角和思路。通过观察和分析教学实践中的现象和问题，教育者可以发现一些新的规律和趋势，从而提出新的理论假设和观点。这些新的理论假设和观点可以为教育学理论的发展提供新的思路和方向，推动理论的创新和进步。例如，随着信息技术的快速发展和普及，高校教学实践中的在线教学和远程教育等新模式不断涌现，这些新模式为教育学理论提供了新的研究领域和视角。

（三）教学实践对教育学理论的修正作用

教学实践的反馈可以揭示出教育学理论中的不足和局限性，从而推动理论框架的完善。教育者可以根据教学实践中的实际情况和问题，对理论框架中的相关概念、原则和方法进行补充、修正和扩展，使其更加符合实际情况和需求。例如，在高等教育领域，随着社会对创新型人才的需求不断增加，教育学理论中的创新教育理论得到了广泛关注和研究。教育者可以通过教学实践中的经验总结和案例分析，进一步完善创新教育理论框架，提出更加具体和实用的创新教学方法和策略。

教学实践的反馈还可以指导教育者调整教学策略。教育者可以根据教学实践中的实际情况和问题，对教学策略进行灵活调整和改进，以提高教学效果和质量。例如，在教育心理学理论的指导下，教育者可以通过教学实践中的观察和分析，了解学生的学习需求和心理特点，进而制定更加符合学生实际的教学策略和方法。同时，教育者还可以根据学生的反馈和意见，不断优化和完善教学策略和方法，以提高学生的满意度和学习效果。

教学实践的反馈还可以推动教育学理论的创新。教育者可以通过教学实践中的经验总结和案例分析，发现新的教育现象和问题，进而提出新的理论假设和观点。这些新的理论假设和观点可以为教育学理论的发展提供新的思路和方向，推动理论的创新和进步。例如，随着信息技术的快速发展和普及，教育者可以通过教学实践中的探索和尝试，提出新的教学模式和方法，如混合式教学、翻转课堂等，这些新的教学模式和方法为教育学理论的发展提供了新的研究领域和视角。

三、教育学理论与高校教学实践的相互促进

（一）概述

教育学理论是教育实践的基石和先导，为高校教学实践提供了系统的指导和理论支持。同时，高校教学实践又是教育学理论的重要来源和检验场，通过教学实践，教育学理论得以不断丰富和完善。因此，教育学理论与高校教学实践之间存在着密切的相互促进关系。

（二）理论对实践的指导作用

教育学理论为高校教学实践提供了明确的教学方向和目标。它通过对教育现象和规律的深入研究，提出了教育活动的基本原则、目标和方法，为高校教学实践提供了理论指导和方向引领。例如，现代教育理论强调以学生为中心的教学思想，注重培养学生的创新精神和实践能力，这为高校教学实践中的课程设计、教学方法和评价方式等提供了重要参考。

教育学理论还为高校教学实践提供了优化教学内容和方法的理论支持。它通过对知识的结构、特点和传播方式的研究，提出了有效的教学策略和方法，帮助教育者更好地组织和呈现教学内容，激发学生的学习兴趣和主动性。同时，教育学理论还关注学生的学习过程和认知特点，提出了多种学习方法和策略，为高校教学实践中的教学方法创新提供了理论支撑。

教育学理论还为高校教学实践提供了教学评价的依据和标准。它通过对教育目标和教学效果的深入研究，提出了科学、全面的教学评价体系和方法，帮助教育者更好地了解学生的学习情况和教学效果，为教学改进提供依据和方向。同时，教育学理论还关注教学评价的多元化和个性化特点，

提出了多种评价方式和方法，为高校教学实践中的教学评价创新提供了理论支持。

（三）高校教学实践对教育学理论的反馈与推动

高校教学实践是教育学理论的重要来源之一。通过教学实践，教育者可以观察和分析学生的学习情况和教学效果，发现新的问题和挑战，进而对教育学理论进行丰富和拓展。例如，在教学实践中，教育者可能会发现某些教学方法或策略在某些情况下效果不佳，这就需要他们对教学方法或策略进行调整和改进，从而推动教育学理论的完善和发展。

高校教学实践还可以验证教育学理论的有效性。通过将教育学理论应用于教学实践中，教育者可以观察和分析理论在实际应用中的效果和作用，从而验证其正确性和有效性。如果理论在实践中取得了良好的效果，那么这一理论就得到了验证和肯定；如果理论在实践中存在问题或不足，那么就需要教育者对理论进行修正和完善。因此，高校教学实践是教育学理论验证和修正的重要途径之一。

高校教学实践还可以推动教育学理论的创新。在教学实践中，教育者可能会遇到一些新的问题和挑战，这些问题和挑战往往超出了现有理论的解释范围。为了解决这些问题和挑战，教育者需要不断探索和创新教学方法和策略，从而推动教育学理论的创新和发展。例如，随着信息技术的快速发展和普及，高校教学实践中的在线教学和远程教育等新模式不断涌现，这些新模式为教育学理论提供了新的研究领域和视角，推动了教育学理论的创新和发展。

（四）教育学理论与高校教学实践的相互促进关系

教育学理论与高校教学实践之间存在着密切的相互促进关系。一方面，教育学理论为高校教学实践提供了系统的指导和理论支持，帮助教育者更好地组织和管理教学活动；另一方面，高校教学实践又为教育学理论提供了重要的反馈和推动力量，通过教学实践中的经验总结和案例分析等方式，不断丰富和完善教育学理论。因此，教育学理论与高校教学实践之间的相互促进关系是推动教育事业不断发展的重要动力之一。

四、教育学理论在高校教学实践中的创新应用

（一）概述

随着教育领域的不断发展和变革，传统的教育学理论面临着新的挑战和机遇。高校作为培养高素质人才的重要基地，其教学实践对教育学理论的创新应用显得尤为重要。

（二）教育学理论在高校教学实践中的创新应用背景

当前，教育改革已成为全球范围内的共识。各国政府和教育机构纷纷推出了一系列教育改革政策和措施，旨在提高教育质量和培养创新型人才。这些改革政策和措施为教育学理论在高校教学实践中的创新应用提供了广阔的空间和机遇。信息技术的快速发展为教育学理论在高校教学实践中的创新应用提供了有力支持。互联网、大数据、人工智能等技术的应用，使得教学方式、手段和资源得到了极大的丰富和拓展。教育者可以利用这些技术手段，将传统的教学模式转变为更加灵活、多样和个性化的教学模式，从而更好地满足学生的学习需求和发展潜力。

随着社会的发展和进步，学生的需求也在不断变化。他们更加注重个性化和多样化的学习方式，追求更加开放、互动和协作的学习环境。因此，高校教学实践需要不断创新和改进，以更好地适应学生的需求和发展。

（三）教育学理论在高校教学实践中的创新应用方式

以学生为中心的教学模式是教育学理论在高校教学实践中的创新应用之一。该模式强调学生的主体地位，注重激发学生的学习兴趣和主动性。教育者可以通过开展项目式学习、探究式学习、协作式学习等方式，引导学生主动探索、思考和实践，培养学生的创新精神和实践能力。同时，教

育者还应关注学生的个体差异和需求，提供个性化的教学支持和指导。技术手段的发展为教育学理论在高校教学实践中的创新应用提供了有力支持。教育者可以利用互联网、大数据、人工智能等技术手段，创新教学方式和手段。例如，通过在线教学平台，实现远程教学和异步教学；利用大数据分析学生的学习行为和效果，为教学改进提供科学依据；运用人工智能辅助教学，提高教学效率和质量。这些技术手段的应用，使得教学方式更加灵活、多样和个性化，更好地满足了学生的学习需求和发展潜力。

实践教学和校企合作是教育学理论在高校教学实践中的创新应用之一。实践教学强调将理论知识与实践活动相结合，培养学生的实践能力和职业素养。教育者可以通过实验、实训、实习等方式，让学生在实践中学习和成长。同时，教育者还应积极与企业合作，共同开展实践教学活动，让学生更好地了解企业需求和职业发展趋势。这种校企合作的方式不仅有助于提高学生的实践能力和职业素养，还有助于培养学生的创新意识和创业精神。多元评价和学生发展是教育学理论在高校教学实践中的创新应用之一。传统的评价方式往往注重学生的知识掌握和考试成绩，而忽略了学生的综合素质和发展潜力。因此，教育者需要关注多元评价的方式和方法，如学生自评、互评、教师评价等，全面了解学生的学习情况和发展潜力。同时，教育者还应关注学生的综合素质和发展潜力，注重培养学生的创新精神、批判性思维、沟通能力等综合素质，为学生的未来发展奠定坚实的基础。

第二章　行为主义理论在高校教学中的应用

第一节　行为主义理论概述

一、行为主义理论的基本观点

（一）概述

行为主义理论，作为心理学领域的一个重要流派，自其诞生以来就对心理学研究产生了深远的影响。该理论主张心理学应该摒弃意识、意象等主观元素，专注于可观察、可测量的行为研究。

（二）核心观点

行为主义理论的核心观点是，行为是人类对外部刺激的反应。该理论强调，个体的行为不是由内在的心理过程决定的，而是由外部环境和刺激所引发的。这一观点将心理学的研究重心从内部心理过程转移到外部环境和行为上，使得心理学研究更具客观性和可观察性。行为主义理论强调，心理学研究应该关注可观察和可测量的行为。行为主义者认为，只有通过观察和测量行为，才能对心理学规律进行科学的探索。因此，他们采用了一系列实验方法，如条件反射、操作条件反射等，来观察和测量行为，并据此推断心理学规律。

行为主义理论的一个显著特点是忽视内在心理过程。行为主义者认为，内在心理过程如意识、情感、动机等是不可观察和测量的，因此不应该成为心理学研究的对象。他们主张只关注可观察的行为和环境刺激，以及二者之间的关系。行为主义理论强调学习和经验在行为形成和变化中的作用。该理论认为，行为是通过学习和经验获得的，而不是先天就有的。行为主义者通过实验研究发现，通过反复的刺激和强化，可以形成和改变行为。例如，经典条件作用理论通过无条件刺激和条件刺激的结合，使个体形成条件反射；操作条件作用理论则通过奖励和惩罚来调控行为。

（三）发展阶段

早期行为主义，也称为经典行为主义，由美国心理学家约翰·华生在巴甫洛夫条件反射学说的基础上创立。华生主张心理学应该摒弃意识、意象等主观元素，只研究可观察、可测量的刺激和反应。他强调环境刺激对行为的影响，认为行为是环境刺激和个体反应之间的直接联系。

随着心理学研究的深入，新行为主义在20世纪30年代开始兴起。新行为主义以爱德华·托尔曼为代表，对早期行为主义的极端观点进行了修正。新行为主义者认为，在个体所受刺激与行为反应之间存在着中间变量，即个体的生理和心理状态。这些中间变量包括需求变量和认知变量，它们是行为的实际决定因子。

现代行为主义在继承和发展新行为主义的基础上，进一步强调了个体的主观能动性和自我调节能力。现代行为主义者认为，行为不仅是对环境刺激的反应，也是个体主动适应环境、满足需求的过程。他们关注行为的动机、目标和计划等认知因素，认为这些因素在行为调节中起着重要作用。

（四）评价与影响

行为主义理论对心理学研究产生了深远的影响。它推动了实证主义方法在心理学中的应用，使心理学成为一门更加科学、客观的学科。同时，行为主义理论也为心理治疗和行为干预提供了理论基础和实践指导。然而，行为主义理论也存在一些局限性，如忽视内在心理过程、过度简化心理现象等。因此，在理解和应用行为主义理论时，需要保持客观和全面的态度。

二、行为主义理论的发展历程

（一）概述

行为主义理论，作为心理学领域的重要流派之一，自其诞生以来，经历了从初创到发展，再到现代演变的漫长历程。这一理论的发展不仅推动了心理学研究的深入，也为心理学领域带来了新的研究方向和方法。以下将详细阐述行为主义理论的发展历程。

（二）行为主义理论的初创阶段

行为主义理论的起源可以追溯到20世纪初，其理论基础主要源于苏联生理、心理学家巴甫洛夫（Ivan Pavlov）的条件反射学说。巴甫洛夫通过对狗的实验研究，提出了经典条件反射理论，为行为主义理论的诞生奠定了基础。

早期行为主义，也称为经典行为主义，由美国心理学家约翰·华生（John B. Watson）在巴甫洛夫条件反射学说的基础上创立。华生深受巴甫洛夫的影响，将心理学的研究重点从内部心理过程转向可观察、可测量的行为。他主张心理学应该摒弃意识、意象等主观元素，只研究可观察、可测量的刺激和反应。华生的这一观点在当时引起了广泛的关注和讨论，标志着行为主义理论的正式诞生。

早期行为主义的主要观点包括：行为是环境刺激和个体反应之间的直接联系，心理学应该研究这种联系而不是内部心理过程。心理学研究应该采用实证方法，即通过观察和测量行为来探索心理学规律。行为是可以通过学习和经验获得的，而不是先天就有的。

(三)行为主义理论的发展阶段

随着心理学研究的深入,早期行为主义的观点逐渐受到挑战。一些心理学家认为,早期行为主义过于强调环境和刺激的作用,忽视了个体内部心理过程的影响。因此,新行为主义应运而生。新行为主义以爱德华·托尔曼(Edward C. Tolman)为代表,对早期行为主义的观点进行了修正和发展。新行为主义者认为,在个体所受刺激与行为反应之间存在着中间变量,即个体的生理和心理状态。这些中间变量包括需求变量和认知变量,它们是行为的实际决定因子。新行为主义强调了个体内部心理过程在行为调节中的作用,使行为主义理论更加完善和丰富。

社会学习理论是行为主义理论的另一个重要分支,由阿尔伯特·班杜拉(Albert Bandura)创立。社会学习理论强调了个体在社会环境中通过观察他人的行为来学习新的行为方式。班杜拉认为,个体不仅可以通过直接经验来学习行为,还可以通过观察他人的行为来模仿和学习。社会学习理论为行为主义理论的发展注入了新的活力,也进一步推动了行为主义在心理治疗和行为干预领域的应用。

(四)行为主义理论的现代演变

随着认知心理学的兴起和发展,行为主义理论也迎来了新的演变。认知行为主义是行为主义与认知心理学相结合的产物,它强调了个体内部心理过程在行为调节中的作用。认知行为主义者认为,行为不仅是对环境刺激的反应,也是个体内部心理过程的结果。他们关注个体的认知、情感、动机等心理因素对行为的影响,并试图通过改变个体的认知和情感来调节行为。

现代行为主义在继承和发展传统行为主义的基础上,进一步强调了个体的主观能动性和自我调节能力。现代行为主义者认为,行为是个体主动适应环境、满足需求的过程。他们关注行为的动机、目标和计划等认知因素在行为调节中的作用,并试图通过提高个体的自我调节能力来改善行为问题。

(五) 行为主义理论的评价与影响

行为主义理论的发展历程不仅推动了心理学研究的深入和发展,也为心理治疗和行为干预领域提供了新的理论支持和实践指导。行为主义理论强调实证方法和可观察、可测量的行为研究,使心理学研究更加科学、客观。同时,行为主义理论也关注个体在社会环境中的行为学习和模仿过程,为行为干预提供了重要的理论基础。然而,行为主义理论也存在一些局限性,如忽视内在心理过程、过度简化心理现象等。因此,在理解和应用行为主义理论时,需要保持客观和全面的态度。

三、行为主义理论代表人物及思想

(一) 概述

行为主义理论,作为心理学领域的一个重要流派,自其诞生以来,便以其独特的视角和观点对心理学研究产生了深远的影响。行为主义理论强调个体的行为是对外部刺激的反应,主张心理学应该摒弃意识、意象等主观元素,专注于可观察、可测量的行为研究。在这一理论的发展过程中,涌现出了众多杰出的代表人物,他们的思想为行为主义理论的形成和发展作出了重要贡献。

(二) 行为主义理论的早期代表人物及思想

约翰·华生是行为主义理论的创始人之一,他的思想对行为主义理论的形成产生了深远的影响。华生认为,心理学应该摒弃意识、意象等主观元素,只研究可观察、可测量的行为。他强调环境刺激对行为的影响,认为行为是环境刺激和个体反应之间的直接联系。华生提出了"刺激-反应"(S-R)模型,认为行为是对外部刺激的直接反应,无须经过内部心理过程的加工。华生的这一观点在当时引起了广泛的关注和讨论,标志着行为主义理论的正式诞生。

伊万·巴甫洛夫是苏联生理学家和心理学家，他的条件反射学说为行为主义理论的发展提供了重要的理论基础。巴甫洛夫通过对狗的实验研究，提出了经典条件反射理论。他发现，通过反复的刺激和强化，狗可以对原本无关的刺激产生反应，即形成条件反射。巴甫洛夫的这一发现为行为主义理论提供了重要的实证支持，推动了行为主义理论的发展。

（三）行为主义理论的发展阶段代表人物及思想

爱德华·托尔曼是新行为主义的代表人物之一，他对早期行为主义的观点进行了修正和发展。托尔曼认为，在个体所受刺激与行为反应之间存在着中间变量，即个体的生理和心理状态。这些中间变量包括需求变量和认知变量，它们是行为的实际决定因子。托尔曼提出了"目的性行为"的概念，认为行为是个体为了实现某种目的而采取的行动。他强调了个体内部心理过程在行为调节中的作用，使行为主义理论更加完善和丰富。

伯尔赫斯·弗雷德里克·斯金纳是操作条件作用理论的代表人物之一，他的思想对行为主义理论的发展产生了重要影响。斯金纳认为，行为是可以通过强化来塑造和改变的。他提出了"强化"的概念，包括正强化和负强化。正强化是指对某种行为给予奖励，以增加该行为发生的频率；负强化是指消除某种不愉快的刺激，以增加与该刺激相关的行为发生的频率。斯金纳的操作条件作用理论为行为干预提供了重要的理论基础和实践指导。

（四）行为主义理论的现代代表人物及思想

阿尔伯特·班杜拉是社会学习理论的代表人物之一，他的思想对行为主义理论的现代演变产生了重要影响。班杜拉认为，个体不仅可以通过直接经验来学习行为，还可以通过观察他人的行为来模仿和学习。他提出了"观察学习"的概念，强调了个体在社会环境中通过观察他人的行为来学习新的行为方式。班杜拉的社会学习理论为行为主义理论注入了新的活力，也进一步推动了行为主义在心理治疗和行为干预领域的应用。

现代行为主义在继承和发展传统行为主义的基础上，进一步强调了个体的主观能动性和自我调节能力。现代行为主义者认为，行为是个体主动适应环境、满足需求的过程。他们关注行为的动机、目标和计划等认知因素在行为调节中的作用，并试图通过提高个体的自我调节能力来改善行为问题。现代行为主义的思想为行为主义理论的发展提供了新的方向和思路。

四、行为主义理论对教育的影响

（一）概述

行为主义理论，作为心理学的重要流派之一，自其诞生以来就对教育领域产生了深远的影响。该理论主张心理学应专注于可观察、可测量的行为研究，摒弃了传统心理学中对于内在心理过程的研究。在教育实践中，行为主义理论为教育工作者提供了一套科学、系统的行为塑造和改变的方法，对教育目标、教学方法、评价方式等方面都产生了显著的影响。

（二）教育目标的明确化

行为主义理论强调行为的可观察性和可测量性，使得教育目标更加明确化。在行为主义理论的影响下，教育工作者开始关注学生的实际行为表现，而非仅仅关注他们的知识掌握程度。这促使教育工作者设定更为具体、可衡量的教育目标，如提高学生的课堂参与度、减少不良行为、提高学习成绩等。通过设定明确的教育目标，教育工作者能够更加有针对性地开展教学活动，提高教学效果。

（三）教学方法的变革

行为主义理论对教育教学方法产生了深远的影响。一方面，行为主义理论强调"刺激－反应"的联结，认为学习是通过外部刺激和内部反应之间的联结来实现的。因此，教育工作者开始采用更为积极的教学方法，如直接教学、程序教学等，以加强外部刺激与学生内部反应之间的联系。另一方面，行为主义理论注重强化原理的运用，认为通过强化可以塑造和改变学生的行为。教育工作者在教学中积极运用正强化和负强化手段，以增强学生的积极行为，减少不良行为。例如，教师可以通过表扬、奖励等方式来强化学生的积极行为，通过批评、惩罚等方式来减少学生的不良行为。这些教学方法的变革使得教育过程更加科学、有效。

（四）评价方式的多样化

行为主义理论对教育评价方式也产生了显著的影响。传统的教育评价方式往往注重学生的知识掌握程度，而行为主义理论则强调对学生行为的观察和测量。这促使教育工作者采用更为多样化的评价方式，如行为观察记录、作品分析、口头报告等，以全面了解学生的行为表现。此外，行为主义理论还强调量化评价的重要性，认为通过量化评价可以更准确地反映学生的行为表现和学习成果。因此，教育工作者开始注重收集和分析学生的行为数据，以评估他们的学习进步和效果。

（五）个体差异的关注

尽管行为主义理论强调外部刺激和内部反应之间的直接联系，但它也关注到个体差异对学生行为的影响。行为主义理论认为，不同的学生可能对相同的刺激产生不同的反应，这取决于他们的个体特征和环境因素。因此，教育工作者在运用行为主义理论时，也开始关注学生的个体差异，如性格、兴趣、能力等。他们尝试通过了解学生的个体特征来制订更为个性化的教学计划和策略，以满足不同学生的需求。

（六）行为塑造与矫正的重要性

行为主义理论强调行为的塑造和矫正对于教育的重要性。教育工作者认识到，学生的行为不仅受到外部刺激的影响，还受到他们的内部心理过程的影响。因此，他们开始注重通过行为塑造和矫正来帮助学生形成良好的行为习惯和品质。例如，他们可以通过制定行为规范、设立奖惩机制等方式来引导学生形成正确的行为观念和行为习惯。同时，他们也会针对学生的不良行为进行及时的矫正和干预，以防止其进一步发展。

第二节　课堂管理与行为主义理论

一、行为主义在课堂管理中的应用

（一）概述

课堂管理作为教育过程中的重要环节，对于维护教学秩序、提高教学效果具有重要意义。行为主义理论，作为心理学的重要流派之一，其强调行为可观察、可测量和可塑造的特点，为课堂管理提供了有力的理论支持和实践指导。

（二）基本观点

行为主义理论主张心理学应专注于可观察、可测量的行为研究，强调行为是外部刺激与内部反应之间的联结。该理论认为，学习是通过外部刺激和内部反应之间的联结来实现的，而行为的塑造和改变则依赖于强化、惩罚和消退等机制。在教育实践中，行为主义理论为教育工作者提供了一套科学、系统的行为塑造和改变的方法，为课堂管理提供了有力的理论支持。

（三）行为主义的应用

行为主义理论强调行为的可观察性和可测量性，因此在课堂管理中，教师首先需要明确课堂规则与行为规范。这些规则和规范应该具有明确性、具体性和可操作性，以便学生能够清楚地知道哪些行为是被允许的，哪些行为是被禁止的。教师可以通过与学生共同讨论制定课堂规则，并在课堂上不断强调这些规则的重要性，以确保学生能够始终遵守这些规则。行为主义理论中的强化原理是塑造和改变行为的重要手段。教师可以通过积极强化来增强学生的积极行为，如表扬、奖励等。当学生表现出良好的课堂行为时，教师应及时给予正面反馈，以增强学生的自信心和积极性。同时，教师也可以运用替代性强化，即通过表扬其他学生的良好行为来激励其他学生模仿和学习。

除了积极强化外，行为主义理论还强调惩罚在消除不良行为中的作用。当学生出现不良行为时，教师应及时采取适当的惩罚措施，以消除这些不良行为。惩罚措施应该具有针对性、适度性和及时性，以避免对学生造成过度的伤害或引起学生的反感。同时，教师还需要注意惩罚的公正性和一致性，以确保学生能够明确知道哪些行为会受到惩罚，并自觉遵守课堂规则。

消退原理是指逐渐减少或消除不良行为的发生频率。教师可以通过逐渐忽视学生的不良行为或逐渐减少对学生的关注来使不良行为自然消退。这种方法的关键是教师要保持耐心和坚定性，不因学生的短暂反弹而放弃消退过程。通过运用消退原理，教师可以逐渐减少学生的不良行为，使课堂更加和谐有序。行为主义理论虽然强调行为的可观察性和可测量性，但也关注到不同个体对相同刺激的反应可能存在差异。因此，在课堂管理中，教师需要关注学生的个体差异，并针对不同学生的特点和需求实施个性化管理。教师可以通过观察、询问、测试等方式了解学生的特点和需求，然后制定个性化的管理策略，以满足不同学生的需求。例如，对于性格内向的学生，教师可以采取鼓励、引导的方式帮助他们积极参与课堂活动；对于性格外向的学生，教师可以采取约束、规范的方式帮助他们遵守课堂规则。

行为主义理论强调外部刺激与内部反应之间的联结，而师生关系作为一种重要的外部刺激，对学生的行为具有重要影响。因此，在课堂管理中，教师需要建立良好的师生关系，以促进课堂的和谐与稳定。教师可以通过关心、尊重、理解学生等方式建立良好的师生关系，让学生感受到教师的关爱和支持。同时，教师还需要注意自身的言行举止，为学生树立榜样，引导学生形成正确的行为观念和行为习惯。

二、课堂纪律与行为塑造

（一）概述

课堂纪律是确保教学秩序、提高教学效果的关键因素。一个良好的课堂纪律环境，不仅有助于学生集中精力学习，还能促进师生之间的有效互动，提高教学质量。然而，课堂纪律的维护并非易事，需要教师具备科学的管理方法和行为塑造技巧。

（二）课堂纪律的重要性

课堂纪律是保证教学秩序和教学效果的基础。一个有序的课堂环境，有助于学生集中精力听讲、积极参与课堂活动，从而提高学习效果。同时，良好的课堂纪律还能培养学生的自律意识和责任感，为其未来的人生发展奠定坚实的基础。因此，维护课堂纪律是教育工作者的重要职责之一。

（三）影响课堂纪律的因素

课堂纪律受到多种因素的影响，包括学生个体差异、班级氛围、教师管理策略等。学生个体差异是指学生在性格、兴趣、学习能力等方面的差异，这些差异可能导致学生在课堂上的行为表现不同。班级氛围是指班级内部的文化氛围和人际关系，一个积极向上的班级氛围有助于维护良好的课堂纪律。教师管理策略是指教师在课堂管理中所采用的方法和技巧，不同的管理策略会对课堂纪律产生不同的影响。

（四）行为塑造的策略

制定明确的课堂规则与行为规范是行为塑造的基础。这些规则和规范应该具有明确性、具体性和可操作性，以便学生能够清楚地知道哪些行为是被允许的，哪些行为是被禁止的。教师可以通过与学生共同讨论制定课堂规则，并在课堂上不断强调这些规则的重要性，以确保学生能够始终遵守这些规则。强化原理是行为塑造的重要工具。教师可以通过积极强化来增强学生的积极行为，如表扬、奖励等。当学生表现出良好的课堂行为时，教师应及时给予正面反馈，以增强学生的自信心和积极性。同时，教师也可以运用替代性强化，即通过表扬其他学生的良好行为来激励其他学生模仿和学习。

除了积极强化外，适当的惩罚措施也是消除不良行为的有效手段。当学生出现不良行为时，教师应及时采取适当的惩罚措施，以纠正学生的错误行为。惩罚措施应该具有针对性、适度性和及时性，以避免对学生造成过度的伤害或引起学生的反感。同时，教师还需要注意惩罚的公正性和一致性，以确保学生能够明确知道哪些行为会受到惩罚，并自觉遵守课堂规则。消退原理是指逐渐减少或消除不良行为的发生频率。教师可以通过逐渐忽视学生的不良行为或逐渐减少对学生的关注来使不良行为自然消退。这种方法的关键是教师要保持耐心和坚定性，不因学生的短暂反弹而放弃消退过程。通过运用消退原理，教师可以逐渐减少学生的不良行为，使课堂更加和谐有序。

由于学生之间存在个体差异，因此教师在行为塑造过程中需要关注学生的个体需求。教师可以通过观察、询问、测试等方式了解学生的特点和需求，然后制定个性化的管理策略，以满足不同学生的需求。例如，对于性格内向的学生，教师可以采取鼓励、引导的方式帮助他们积极参与课堂活动；对于性格外向的学生，教师可以采取约束、规范的方式帮助他们遵守课堂规则。

（五）教师在课堂纪律与行为塑造中的角色

教师在课堂纪律与行为塑造中扮演着关键的角色。首先，教师是课堂规则的制定者和执行者，需要制定明确的课堂规则并严格执行，以确保教学秩序的稳定。其次，教师是学生的行为榜样，需要以身作则，为学生树立良好的行为榜样。同时,教师还需要关注学生的个体差异,实施个性化管理,以满足不同学生的需求。最后,教师需要不断学习和探索新的管理方法和行为塑造技巧,以提高自己的课堂管理能力。

三、行为主义视角下的课堂激励机制

(一)概述

在教育领域中,课堂激励机制对于提高学生的学习动力、促进积极学习态度的形成具有重要意义。行为主义理论,作为心理学的重要流派之一,强调外部刺激与行为反应之间的关联,为课堂激励机制的构建提供了有力的理论支持。

(二)行为主义的理论概述

行为主义理论强调行为是由外部刺激引起的,并可以通过强化和惩罚等机制进行塑造和改变。在教育领域,行为主义理论主张通过外部刺激来激发学生的学习兴趣和动力,从而促进学生积极参与课堂活动,提高学习效果。因此,行为主义理论为课堂激励机制的构建提供了理论基础。

(三)行为主义视角下的课堂激励机制构建原则

在行为主义视角下,课堂激励机制的构建首先需要明确教学目标和期望。教师应根据学生的学习特点和需求,设定具体、可衡量的学习目标,并明确告知学生。同时,教师应通过积极的言语和态度,向学生传达对他们成功的期望和信任,从而激发学生的学习动力。行为主义理论认为,强化是塑造和改变行为的重要手段。在课堂教学中,教师应及时关注学生的积极行为,如认真听讲、积极参与讨论、正确回答问题等,并给予积极的反馈和强化。这种强化可以包括口头表扬、物质奖励、加分等形式,以增强学生的自信心和积极性。

除了强化积极行为外,适度的惩罚也是课堂激励机制中不可或缺的一

部分。当学生出现不良行为时，教师应及时采取适当的惩罚措施，以纠正学生的错误行为。然而，惩罚应适度、公正、及时，并注重惩罚后的教育和引导，以避免对学生造成过度的伤害或引起学生的反感。行为主义理论强调奖励的多样性和个性化。在构建课堂激励机制时，教师应根据学生的个体差异和需求，提供多样化的奖励方式。这些奖励可以包括物质奖励、精神奖励、社交奖励等，以满足不同学生的需求。同时，教师还应注重奖励的及时性和公正性，以确保奖励的有效性和可信度。

（四）行为主义视角下的课堂激励机制实施策略

为了确保课堂激励机制的有效实施，教师应制定明确的奖励制度。这个制度应包括奖励的种类、标准、方式和程序等方面，以便学生能够清楚地了解如何获得奖励以及奖励的具体内容。同时，奖励制度应具有可操作性和可评估性，以便教师能够根据学生的行为表现进行公正的评估和奖励。在实施课堂激励机制时，教师应关注学生的个体差异和需求。不同学生具有不同的性格、兴趣和能力，因此他们对奖励的需求和偏好也不同。教师应通过观察、询问、测试等方式了解学生的个体差异和需求，并根据这些信息制定个性化的奖励策略。这样能够更好地激发学生的学习动力和积极性。

奖励的及时性和公正性是课堂激励机制中至关重要的因素。教师应及时关注学生的行为表现，并根据奖励制度及时给予奖励。同时，奖励的公正性也是必不可少的。教师应确保奖励的公平性和一致性，避免偏袒或歧视任何学生。只有这样，才能确保奖励的有效性和可信度。课堂激励机制的实施离不开师生之间的沟通与互动。教师应积极与学生进行交流和互动，了解他们的想法和需求，并及时调整奖励策略以满足学生的需求。同时，学生也应积极参与课堂讨论和活动，展示自己的才能和潜力，以获得更多的奖励和认可。这种积极的师生互动有助于营造良好的课堂氛围和激励环境。

四、行为主义在课堂问题行为处理中的应用

（一）概述

在教育实践中，课堂问题行为是一个常见且复杂的挑战。它不仅影响了学生的学习效果和积极性，也对教师的教学秩序和教学质量构成了威胁。行为主义理论，作为心理学的重要流派之一，为课堂问题行为的有效处理提供了有力的理论支撑和实践指导。

（二）行为主义理论概述

行为主义理论强调行为是后天习得的，是通过刺激－反应（S-R）联结建立的。它认为行为是环境刺激的结果，通过改变外部刺激和强化条件，可以有效地塑造和改变行为。在教育领域，行为主义理论为课堂问题行为的处理提供了理论基础，即通过分析学生的问题行为背后的环境因素和刺激条件，进而通过改变这些条件来减少或消除问题行为。

（三）课堂问题行为的类型与成因

课堂问题行为多种多样，包括但不限于扰乱课堂秩序、不听从教师指令、与同学冲突、注意力不集中等。这些问题行为的成因复杂，可能涉及学生的个人因素（如性格、兴趣、学习能力等）、家庭因素（如家庭环境、家庭教育方式等）、学校因素（如班级氛围、教师管理方式等）等多个方面。了解这些成因对于制定有效的处理策略至关重要。

（四）行为主义在课堂问题行为处理中的应用策略

在处理课堂问题行为时，首先要明确问题行为的具体表现及其背后的环境因素。教师可以通过观察、记录和分析学生的行为，了解问题行为的发生频率、持续时间和严重程度。同时，教师还需要深入探究问题行为背后的环境因素，如学生的家庭背景、个人经历、同伴关系等，以便更全面地理解问题行为的原因。在明确了问题行为及其背后的环境因素后，教师

应制订针对性的行为干预计划。该计划应明确目标、方法和时间表，确保实施过程中的一致性和连贯性。在制订计划时，教师应注重学生的个体差异和需求，采取个性化的干预措施，如改变教学策略、调整座位安排、提供额外的学习支持等。

行为主义理论认为，强化是塑造和改变行为的重要手段。在处理课堂问题行为时，教师应建立积极的强化机制，及时关注学生的积极行为并给予正面反馈和奖励。这种强化可以包括口头表扬、物质奖励、增加学习机会等形式，以增强学生的自信心和积极性。通过积极的强化机制，教师可以引导学生形成正确的行为模式和态度。除了积极的强化机制外，适当的惩罚措施也是处理课堂问题行为的重要手段。当学生出现严重的问题行为时，教师应及时采取适当的惩罚措施，如口头警告、暂时离开课堂、扣除学分等，以纠正学生的错误行为。然而，惩罚应适度、公正、及时，并注重惩罚后的教育和引导。教师应避免使用体罚或侮辱性的言语等不当惩罚方式，以免对学生造成心理伤害。

课堂问题行为的处理离不开家长的支持和合作。教师可以通过定期与家长沟通、召开家长会等方式，向家长介绍学生的问题行为及其成因，并寻求家长的帮助和支持。同时，教师还可以向家长传授一些行为矫正的方法和技巧，以便家长在家庭环境中也能有效地处理学生的问题行为。通过家校合作，教师可以更好地了解学生问题行为背后的原因，从而制定更有效的处理策略。

课堂问题行为的处理不仅仅是针对学生的行为本身，还需要从教学策略和方法的层面进行改进和优化。教师应关注学生的个体差异和需求，采用多样化的教学策略和方法，如小组合作、游戏化教学、项目式学习等，以激发学生的学习兴趣和积极性。同时，教师还应注重培养学生的自主学习能力和解决问题的能力，以便学生能够更好地应对课堂中的挑战和困难。

第三节　激励与惩罚策略的设计

一、基于行为主义的激励策略

（一）概述

行为主义理论是心理学领域的一个重要流派，它强调行为是后天习得的，是通过刺激与反应的联结建立的。在教育、管理和组织心理学等领域，行为主义理论为理解和塑造人类行为提供了有力的框架。特别是在激励策略的制定和实施中，行为主义理论发挥着重要作用。

（二）行为主义与激励策略

行为主义理论的核心观点在于，行为是环境刺激的结果，通过改变外部刺激和强化条件，可以有效地塑造和改变行为。在激励策略中，这一观点体现为通过设定明确的目标、提供及时的反馈和强化，以及调整环境因素来激发和维持个体的积极行为。

（三）激励策略

行为主义认为，目标对于行为的塑造和改变至关重要。一个明确、具体、可衡量的目标能够为员工提供清晰的行动方向，使其能够明确知道需要付出哪些努力才能达到预期的结果。因此，在激励策略中，设定明确的目标是首要步骤。这些目标应该与组织的整体战略相一致，并且具有可操作性和可衡量性。及时的反馈和强化是行为主义激励策略中的关键要素。当员工的行为符合组织的期望时，及时的正面反馈和强化能够增强他们的自信心和积极性，从而进一步巩固和强化这些行为。这种强化可以是物质奖励（如奖金、晋升等），也可以是精神奖励（如表扬、认可等）。同时，当员工的行为不符合期望时，及时的负面反馈和纠正也是必要的，以帮助他们认识到问题的存在并寻求改进。

行为主义认为，环境因素对行为具有重要影响。因此，在激励策略中，调整环境因素是另一个重要的方面。这包括改善工作环境、提供必要的资源和支持、营造积极的组织氛围等。一个良好的工作环境能够减少员工的压力和焦虑，提高他们的工作效率和满意度。同时，提供必要的资源和支持能够帮助员工更好地完成任务，从而增强他们的自信心和成就感。而积极的组织氛围则能够激发员工的归属感和忠诚度，促进组织的稳定和发展。行为主义强调个体差异对行为的影响。因此，在制定激励策略时，应充分考虑员工的个体差异和需求。个性化激励策略能够更好地满足员工的个人需求，提高激励效果。例如，对于喜欢挑战的员工，可以提供具有挑战性的工作任务；对于追求稳定的员工，可以提供稳定的工作环境和福利保障。通过个性化激励策略，能够更好地激发员工的积极性和创造力，促进组织的发展。

行为主义认为，行为的改变需要持续的努力和强化。因此，在激励策略中，建立长期激励机制是必要的。长期激励机制能够持续激发员工的积极性和创造力，促进组织的持续发展。例如，可以设立长期的奖励计划、提供持续的职业发展机会等。这些措施能够让员工看到自己在组织中的发展前景和机会，从而更加努力地工作。

（四）实施基于行为主义的激励策略的挑战与对策

1. 挑战

设定明确目标的难度：在实践中，有时难以设定具体、可衡量的目标，导致员工无法明确行动方向。

提供及时反馈和强化的困难：在大型组织中，难以为每个员工提供及时的反馈和强化，导致激励效果不佳。

个性化激励策略的复杂性：员工个体差异较大，制定个性化激励策略需要投入大量时间和精力。

2.对策

加强沟通与合作：与员工进行充分的沟通，了解他们的需求和期望，共同制定明确、可衡量的目标。

利用技术手段提高效率：借助信息技术手段，如员工绩效管理系统等，实现及时反馈和强化的自动化处理。

建立激励策略团队：组建专业的激励策略团队，负责研究员工个体差异和需求，制定个性化激励策略。

二、行为主义惩罚策略的合理运用

（一）概述

行为主义理论，作为心理学的重要流派之一，强调行为是后天习得的，并可以通过刺激与反应的联结进行塑造和改变。在行为矫正和管理的实践中，惩罚策略作为一种常见的干预手段，往往被用于减少不良行为的发生。然而，惩罚策略的运用必须谨慎且合理，以避免产生负面效果。

（二）行为主义惩罚策略的基本原理

行为主义惩罚策略的基本原理在于，通过给予不良行为以不愉快的后果（即惩罚），使个体在将来避免重复该行为。这种惩罚可以是物质上的（如罚款、没收物品等），也可以是精神上的（如批评、斥责等）。惩罚的目的是通过减少不良行为带来的满足感或增加不良行为带来的不适感，从而降低不良行为发生的频率。

（三）惩罚策略的合理运用

1.明确惩罚的目的和原则

在运用行为主义惩罚策略时，首先要明确惩罚的目的和原则。惩罚的目的在于减少不良行为的发生，而不是为了伤害或侮辱个体。因此，在实施惩罚时，应遵循以下原则：

公正性：惩罚应基于事实，公正无私，不偏袒任何一方。

一致性：对于同样的不良行为，应给予同样的惩罚，以保持一致性。

及时性：惩罚应在不良行为发生后立即进行，以便及时纠正错误。

适度性：惩罚的程度应适度，既不能过于严厉也不能过于宽松。

2. 选择适当的惩罚方式

在选择惩罚方式时，应根据不良行为的性质、严重程度以及个体的特点进行综合考虑。以下是一些常见的惩罚方式：

口头警告：对于轻微的不良行为，可以给予口头警告，提醒个体注意自己的行为。

扣分或罚款：在学校或组织中，可以根据不良行为的程度给予相应的扣分或罚款。

剥夺特权：对于严重的不良行为，可以剥夺个体的一些特权或权利，如禁止参加某些活动或禁止使用某些设备等。

隔离或限制活动：在某些情况下，可以将不良行为的个体暂时隔离或限制其活动范围，以减少其对他人或环境的干扰。

3. 结合正面激励

惩罚策略并不是孤立存在的，而应与其他激励策略相结合使用。正面激励是指通过给予个体积极的结果或奖励来增强其行为的动力。在运用惩罚策略时，应结合正面激励，以鼓励个体改正不良行为并培养积极的行为习惯。例如，在惩罚不良行为的同时，可以为个体提供改进的机会和条件，并在其改正后给予适当的奖励和认可。

4. 关注个体差异

个体之间存在差异，不同的人对惩罚的敏感度和反应也不同。因此，在运用惩罚策略时，应关注个体差异，根据个体的特点选择合适的惩罚方式。同时，也要考虑到个体的成长和发展阶段，避免过度惩罚对个体造成负面影响。

5.评估和调整惩罚策略

惩罚策略的运用是一个动态的过程,需要不断地评估和调整。在实施惩罚策略后,应关注其效果和影响,并根据实际情况进行调整和改进。如果惩罚策略没有达到预期的效果或产生了负面影响,应及时进行调整或改变策略。

(四)行为主义惩罚策略的注意事项

过度惩罚可能会导致个体产生恐惧、焦虑等负面情绪,甚至引发反抗行为。因此,在运用惩罚策略时,应避免过度惩罚,确保惩罚的程度和方式适度合理。惩罚不是目的,而是手段。在运用惩罚策略时,应注重与个体的沟通和引导,帮助其认识到不良行为的危害和后果,并引导其改正行为。通过有效的沟通和引导,可以提高惩罚策略的效果和可持续性。

惩罚策略的效果往往具有短期性,而长期效果则需要持续的努力和关注。因此,在运用惩罚策略时,应关注其长期效果,并采取其他措施来巩固和维持良好的行为习惯。例如,可以通过建立奖励制度、加强教育和宣传等方式来培养个体的积极行为习惯。

第四节 个性化学习与行为主义理论的结合

一、行为主义理论在个性化学习中的应用

(一)概述

行为主义理论作为心理学的重要流派之一,强调学习是后天习得的,通过刺激与反应的联结进行塑造和改变。在个性化学习日益受到重视的今天,行为主义理论为个性化学习的实施提供了有力的理论支持。

（二）行为主义理论概述

行为主义理论强调学习的可观察性和可测量性，认为学习是通过刺激与反应的联结进行的。在行为主义理论框架下，学习过程被看作是个体在特定环境下对刺激做出反应的过程，这种反应可以是言语、动作或其他形式的行为。行为主义理论主张通过强化（包括正强化和负强化）来增强或减弱某种行为，从而实现学习目的。

（三）行为主义理论的应用

行为主义理论强调学习目标的明确性和可衡量性。在个性化学习中，教师可以根据学习者的兴趣、能力、需求等因素，为其设定具有个性化的学习目标。这些目标应具有明确性、具体性和可衡量性，以便学习者能够清楚地了解自己的学习方向和要求。通过设定个性化的学习目标，教师可以激发学习者的学习动力，促进其积极主动地参与学习过程。在行为主义理论指导下，个性化学习计划的制订应关注学习者的行为表现和学习过程。教师可以通过观察学习者的学习行为，了解其学习特点和需求，为其制订符合其个性特点的学习计划。这些计划应包括学习内容、学习方法、学习时间等方面的个性化安排，以便学习者能够在自己的舒适区内进行高效学习。

行为主义理论强调学习资源的多样性和丰富性。在个性化学习中，教师应为学习者提供多样化的学习资源，以满足其个性化需求。这些资源可以包括教材、辅导书、在线课程、教学视频等，也可以包括实验设备、实践基地等实践性资源。通过提供个性化的学习资源，教师可以帮助学习者拓宽学习视野，提高其学习兴趣和效果。行为主义理论主张通过强化来增强或减弱某种行为。在个性化学习中，教师应关注学习者的学习过程，及时给予正面强化（如表扬、奖励等）或负面强化（如提醒、纠正等），以引导学习者朝着正确的方向前进。同时，教师还应根据学习者的学习表现和反馈，及时调整学习计划和资源，以确保学习过程的个性化和有效性。

行为主义理论强调学习效果的评估与反馈。在个性化学习中，教师应关注学习者的学习效果，定期进行评估和反馈。这些评估可以通过作业、测试、项目等方式进行，以了解学习者的学习成果和进步情况。同时，教师还应向学习者提供个性化的反馈和建议，帮助他们了解自己的优势和不足，并制订下一步的学习计划。

（四）实践策略与建议

在个性化学习中，教师应关注学习者的个体差异，尊重其兴趣、能力和需求。通过了解学习者的个性特点和学习风格，教师可以为其制订更符合其个性特点的学习目标和计划，提高学习效果。

为了满足学习者的个性化需求，教师应提供多样化的学习资源。这些资源应具有丰富性、多样性和实用性，以便学习者能够根据自己的需求选择合适的资源进行学习。在个性化学习中，教师应加强学习过程的监控与调整。通过及时观察学习者的学习行为和表现，教师可以了解学习者的学习情况和问题，并及时给予指导和帮助。同时，教师还应根据学习者的反馈和评估结果，及时调整学习计划和资源，确保学习过程的个性化和有效性。在个性化学习中，教师应注重学习者的反馈和参与。通过定期收集学习者的反馈和意见，教师可以了解学习者的需求和期望，并根据其反馈改进教学策略和资源。同时，教师还应鼓励学习者积极参与学习过程，发挥其主体作用，提高其学习效果和自主学习能力。

二、基于学生行为的个性化教学策略

（一）概述

随着教育改革的不断深入，个性化教学已成为教育领域的热点话题。个性化教学强调以学生为中心，关注学生的个体差异，尊重学生的学习兴趣和需求，通过调整教学策略和方法，满足学生的个性化学习需求。在个性化教学的实施过程中，学生行为是一个不可忽视的重要因素。学生行为反映了学生的学习态度、能力和习惯，是教师制定个性化教学策略的重要依据。

（二）学生行为与个性化教学的关系

学生行为是学生在学习过程中表现出来的各种行动和反应，包括学习行为、交往行为、情绪行为等。学生行为受到多种因素的影响，如性格、兴趣、能力、环境等。在个性化教学中，教师需要关注每个学生的行为特点，了解他们的学习需求和困难，以便制定针对性的教学策略。同时，学生行为也是评价教学效果的重要指标之一，教师可以通过观察学生的行为变化来评估教学策略的有效性。

个性化教学强调以学生为中心，关注每个学生的个体差异和需求。而学生行为正是反映个体差异的重要表现之一。因此，基于学生行为的个性化教学策略具有重要的意义。教师可以通过观察和分析学生的行为，了解他们的学习特点和需求，制定符合其个性特点的教学策略，从而提高教学效果和促进学生的全面发展。

（三）基于学生行为的教学策略

在制定个性化教学策略之前，教师需要深入了解每个学生的行为特点。这包括学生的学习行为、交往行为、情绪行为等方面。教师可以通过观察、测试、问卷调查等方式收集学生的行为数据，分析其行为特点和发展趋势。同时，教师还需要与学生进行深入的交流，了解他们的兴趣、需求、困惑等，以便更好地制定个性化教学策略。

在了解学生行为特点的基础上，教师需要制定针对性的教学目标。这些目标应该符合学生的个性化需求和发展方向，具有明确性、可衡量性和可实现性。教师可以根据学生的行为特点和学习需求，制定不同的教学目标，如提高阅读能力、加强数学运算能力等。同时，教师还需要关注学生的学习动机和兴趣，通过设计有趣、富有挑战性的学习任务来激发学生的学习兴趣和动力。

为了满足不同学生的个性化需求,教师需要设计多样化的教学活动。这些活动应该符合学生的行为特点和学习需求,能够激发学生的学习兴趣和积极性。教师可以采用游戏化教学、项目式学习、合作学习等多种教学方式,让学生在轻松愉快的氛围中学习知识和技能。同时,教师还需要关注学生的学习进度和反馈,及时调整教学策略和活动内容,确保教学效果的最优化。在教学过程中,教师需要关注每个学生的学习情况,提供个性化的教学辅导。这包括针对学生的学习困难和问题进行个别指导、提供额外的练习和资料等。教师可以通过观察学生的行为表现和学习成果,了解他们的学习情况和需求,及时提供有针对性的辅导和支持。同时,教师还需要鼓励学生自主学习和探究,培养他们的自主学习能力和创新精神。

为了评估个性化教学的效果,教师需要建立个性化的学习评价体系。这个体系应该关注学生的学习过程和发展变化,采用多种评价方式和方法来全面评估学生的学习成果。教师可以通过观察学生的行为表现、收集学生的作品和作业、进行口头和书面测试等方式来评价学生的学习成果。同时,教师还需要注重学生的自我评价和反思,帮助他们了解自己的优势和不足,制订下一步的学习计划。

三、行为数据与个性化学习路径设计

(一)概述

随着信息技术的迅猛发展,教育领域迎来了前所未有的变革。在大数据、人工智能等技术的支持下,个性化学习已成为现代教育的重要发展趋势。个性化学习旨在根据学生的个体差异和学习需求,为他们提供量身定制的学习资源和路径,以优化学习效果和提高学习动力。在这一过程中,行为数据作为反映学生学习行为和习惯的重要信息源,对于设计个性化学习路径具有至关重要的作用。

（二）行为数据的概念与特点

行为数据是指学生在学习过程中产生的各种数据，包括学习时间、学习频率、学习进度、学习偏好、学习困难等方面的信息。这些数据通过学生的学习行为记录和反馈机制获得，具有实时性、动态性和个性化的特点。行为数据的收集和分析，有助于教师深入了解学生的学习情况，发现学习问题和潜力，为个性化学习路径设计提供有力支持。

（三）行为数据在个性化学习路径设计中的应用

行为数据能够直观地反映学生的个体差异，包括学习能力、学习风格、学习兴趣等方面。通过分析学生的行为数据，教师可以了解每个学生的学习特点和需求，从而为他们设计个性化的学习路径。例如，对于学习能力强、兴趣广泛的学生，教师可以设计更具挑战性和拓展性的学习任务；对于学习能力较弱、兴趣有限的学生，则需要提供更多的支持和辅导，以激发他们的学习兴趣和动力。行为数据具有动态性和实时性的特点，能够实时反映学生的学习状态和趋势。通过分析学生的行为数据，教师可以预测学生的学习趋势和可能遇到的问题，从而提前进行干预和调整。例如，当发现某个学生的学习进度明显滞后时，教师可以及时给予提醒和指导，帮助他们找到问题所在并改进学习方法；当发现某个学生的学习兴趣逐渐减弱时，教师可以调整学习任务和教学资源，以激发他们的学习热情和动力。

行为数据为个性化学习路径设计提供了有力的数据支持。通过分析学生的行为数据，教师可以了解学生对不同学习资源和路径的偏好和效果，从而为他们提供更为精准的学习资源和路径。例如，根据学生的学习进度和能力水平，教师可以为他们推荐合适的学习资料和练习题目；根据学生的学习风格和兴趣，教师可以为他们设计更符合其特点的学习活动和项目。通过不断优化学习资源和路径，教师可以更好地满足学生的个性化需求，提高学习效果和满意度。

在大数据和人工智能技术的支持下,行为数据可以实现智能推荐和反馈功能。通过分析学生的行为数据,系统可以自动为学生推荐符合其特点和需求的学习资源和路径,提高学习效率和效果。同时,系统还可以根据学生的学习表现和反馈,自动调整学习资源和路径的难度和进度,以适应学生的个性化需求和发展变化。智能推荐和反馈功能的实现,可以极大地提高个性化学习的智能化水平和用户体验。

(四)个性化学习路径设计的实践策略

为了获取准确、全面的行为数据,学校需要建立完善的行为数据收集机制。这包括建立学习管理系统、使用智能学习工具、开展在线测试等方式来收集学生的学习行为数据。同时,学校还需要制定数据保护政策,确保学生的隐私和安全。为了深入挖掘行为数据的价值,学校需要运用先进的数据分析技术。这包括数据挖掘、机器学习、自然语言处理等技术手段,用于分析学生的学习行为、兴趣偏好、能力水平等方面的信息。通过数据分析,学校可以更加精准地了解学生的学习需求和问题,为个性化学习路径设计提供有力支持。

基于行为数据的分析结果,学校需要设计多样化的个性化学习路径。这些路径应该充分考虑学生的个体差异和学习需求,包括不同的学习目标、学习内容、学习方式等方面的设计。同时,学校还需要为学生提供灵活的选择空间,让他们能够根据自己的兴趣和需求选择适合自己的学习路径。个性化学习路径设计需要教师具备较高的专业素养和技能水平。因此,学校需要加强教师培训和指导工作,提高教师的数据素养和教学能力。这包括培训教师如何收集和分析行为数据、如何设计个性化学习路径等方面的知识和技能。同时,学校还需要为教师提供必要的支持和资源保障,确保个性化学习路径设计的顺利实施。

四、行为主义视角下的学生学习习惯培养

(一)概述

行为主义是心理学的重要流派之一,强调外部环境刺激对个体行为的影响。在行为主义的视角下,学生的学习习惯可以通过外在的刺激和强化手段进行培养和塑造。学习习惯是影响学生学习效果和综合素质的重要因素,良好的学习习惯能够帮助学生提高学习效率,培养自主学习能力,为未来的学习和生活奠定坚实的基础。

(二)行为主义理论概述

行为主义理论强调环境刺激与个体行为之间的因果关系,认为行为是可以通过外部刺激和强化手段进行塑造和改变的。在行为主义理论中,学习被看作是一种刺激-反应的过程,即个体在受到外部刺激后,会产生相应的反应,通过不断的刺激和反应,个体逐渐形成了稳定的行为习惯。行为主义理论的主要观点包括以下几个方面:

学习的本质是刺激-反应的过程,即个体在受到外部刺激后产生相应的反应。

行为是可以通过外部刺激和强化手段进行塑造和改变的。

强化是塑造行为的关键因素,正强化(如奖励)可以加强某种行为,负强化(如惩罚)可以削弱某种行为。

(三)行为主义视角下的学生学习习惯培养策略

在行为主义视角下,学生学习习惯的培养首先要明确学习习惯的目标和期望。教师应该根据学生的年龄、学科特点和学习需求,制定具体、明确的学习习惯目标和期望。这些目标和期望应该具有可衡量性和可实现性,以便学生能够清晰地了解自己的学习方向和要求。行为主义理论认为,环境刺激对个体行为具有重要影响。因此,在学生学习习惯的培养过程中,

教师需要创设良好的学习环境，包括整洁的教室、舒适的学习氛围、适宜的学习资源等。良好的学习环境能够为学生提供良好的学习体验，促进他们养成良好的学习习惯。

行为主义理论强调外部刺激对个体行为的影响。因此，在学生学习习惯的培养过程中，教师需要提供清晰的学习指导，包括学习目标、学习内容、学习方法等方面的指导。清晰的学习指导能够帮助学生明确学习方向和要求，减少学习过程中的迷茫和困惑，提高他们的学习效率。

行为主义理论认为，强化是塑造行为的关键因素。在学生学习习惯的培养过程中，教师需要运用强化手段来塑造学生的学习习惯。具体来说，教师可以通过以下几种方式来运用强化手段：当学生表现出良好的学习习惯时，教师应该及时给予奖励和肯定，如表扬、加分、颁发荣誉证书等。正强化能够增强学生的自信心和动力，促进他们继续保持良好的学习习惯。当学生表现出不良的学习习惯时，教师应该及时给予提醒和纠正，如口头警告、扣分、限制某些活动等。负强化能够削弱不良习惯的影响，帮助学生逐渐改变不良行为。除了直接强化学生本人外，教师还可以利用榜样示范、集体讨论等方式来影响学生的行为。当其他学生表现出良好的学习习惯时，教师可以通过表扬和奖励来树立榜样，激励其他学生向他们学习。

在学生学习习惯的培养过程中，教师需要持续监控学生的学习行为，并及时给予反馈。通过持续监控和反馈，教师可以了解学生的学习情况和习惯养成情况，及时发现问题并进行干预和调整。同时，持续监控和反馈还能够让学生感受到教师的关注和期望，激发他们的学习动力和积极性。

（四）实践中的注意事项

在行为主义视角下培养学生学习习惯时，教师需要尊重个体差异，考虑到每个学生的不同需求和特点。不同学生的学习习惯可能存在差异，教师应该根据学生的实际情况制定个性化的培养策略。虽然行为主义理论强调外部刺激和强化手段对行为的影响，但过度依赖外部刺激可能会导致学生缺乏内在动机。因此，在培养学生学习习惯的过程中，教师需要注重内在动机的培养，引导学生发现学习的乐趣和价值，培养他们的自主学习能力和创新精神。

在运用强化手段时，教师需要注意合理运用，避免过度使用或滥用强化手段。过度使用强化手段可能会导致学生产生依赖心理或逆反心理，影响学习效果和习惯养成。因此，教师应该根据学生的实际情况和需要，灵活运用不同的强化手段，以达到最佳效果。

第三章　认知学习理论在高校教学中的应用

第一节　认知学习理论基本原理

一、认知学习理论的核心观点

（一）概述

在教育心理学领域，认知学习理论占据了极其重要的地位。该理论强调人的内部心理过程在学习中的核心作用，特别是信息处理、记忆、理解和问题解决等认知活动。

（二）认知学习理论概述

认知学习理论是一种研究人类学习过程和本质的心理学理论。它主张学习是一个内部心理过程，涉及个体对信息的接收、编码、存储、提取和使用。与行为主义学习理论不同，认知学习理论强调人的认知结构和内部心理机制在学习中的作用，认为学习是学习者主动建构知识的过程。

（三）核心观点

认知学习理论的核心观点之一是强调人是学习的主体，具有主动学习的能力。学习者不是被动地接受知识，而是通过感知、注意、记忆、理解和问题解决等认知活动，主动地对信息进行加工和处理，从而构建自己的知识体系。这一观点打破了传统教育中的"填鸭式"教学模式,强调学生的主体性和自主性,有助于提高学生的学习动机和效果。认知学习理论认为学习是一个信息加工的过程。学习者通过接收、输入、加工和存储信息,以及将新信息与以前的知识相结合,来建立新的知识和技能。这个过程涉及感知、注意、记忆、理解和问题解决等多个认知环节。每个环节都对学习结果产生重要影响,因此教师需要关注学生在各个环节中的表现,并提供有针对性的指导和帮助。

认知学习理论强调知识的组织和结构对学习效果的重要性。它认为人的认知结构是一个网络,新的知识通过与已有的知识相互关联而被理解和记忆。因此,教师应该帮助学生构建清晰、系统的知识结构,促进新旧知识的联系和整合。同时,教师还需要关注学生的认知发展水平和特点,提供符合其认知结构的教学内容和方式。学习策略是指学习者在学习过程中选择和使用的各种认知活动和方法。认知学习理论认为学习策略的运用对学习具有重要影响。有效的学习策略可以帮助学习者更好地连接已有知识和新知识,促进对学习材料的深入理解和记忆。因此,教师需要关注学生的学习策略使用情况,并提供必要的指导和训练,帮助学生掌握有效的学习策略。

认知学习理论还强调文化因素对学习的影响。它认为学习不仅仅是个体内部的心理过程,还受到社会文化环境的影响。文化因素包括语言、价值观、社会规范等,它们对学习者的学习方式、思维方式和知识结构产生深远的影响。因此,教师需要充分考虑学习者所处的文化环境,在教学设计中融入相关的文化元素,以促进学习者的学习效果。

(四)认知学习理论的实际应用

在实际教学中,认知学习理论为教师提供了有力的指导。教师可以根据学生的认知特点和学习需求,设计符合其认知结构的教学内容和方式;关注学生在信息加工过程中的表现,提供有针对性的指导和帮助;帮助学生构建清晰、系统的知识结构，促进新旧知识的联系和整合；关注学生的学习策略使用情况，提供必要的指导和训练；充分考虑学生所处的文化环境，在教学设计中融入相关的文化元素。这些措施都有助于提高学生的学习效果和综合素质。

二、信息加工模型与认知学习

（一）概述

在信息爆炸的时代，我们每天都在面对海量的信息。如何有效地获取、处理并利用这些信息，成为每个人都需要面对的问题。在心理学和教育学的领域中，信息加工模型和认知学习理论为我们提供了理解和解决这一问题的有力工具。

（二）信息加工模型概述

信息加工模型是一个理论框架，用于描述人类获取、处理和利用信息的过程。该模型最早由美国心理学家乔治·米勒（George A. Miller）在20世纪50年代提出，旨在解释人类如何对外部刺激进行感知、加工和存储，并最终转化为有意义的知识和行动。

信息加工模型主要包括以下三个主要组成部分：

输入阶段：个体通过感觉器官接收外界刺激，如视觉、听觉等，并将这些刺激转换为可处理的形式。

处理阶段：在处理阶段，个体对输入的信息进行加工、储存、整理与组合，以产生有意义的结果。这一过程可能涉及记忆、思维、判断等复杂的心理过程。

输出阶段：个体将经过加工后的信息转化为适当的行动或者表达。这一阶段包括言语表达、动作执行等多种形式。

(三) 认知学习理论概述

认知学习理论是一种强调人的内部心理过程在学习中的核心作用的理论。该理论认为学习是一个主动建构知识的过程，涉及信息的接收、编码、存储、提取和使用。认知学习理论的核心观点包括：

人是学习的主体，具有主动学习的能力。学习者通过感知、注意、记忆、理解和问题解决等认知活动，主动地对信息进行加工和处理。

知识的组织和结构对学习效果至关重要。学习者的认知结构是一个网络，新的知识通过与已有的知识相互关联而被理解和记忆。

学习策略的运用对学习具有重要影响。有效的学习策略可以帮助学习者更好地连接已有知识和新知识，促进对学习材料的深入理解和记忆。

(四) 信息加工模型与认知学习的关系

信息加工模型与认知学习理论之间存在密切的联系和互补关系。具体来说，两者在以下几个方面相互呼应和支持：

强调内部心理过程：信息加工模型和认知学习理论都强调人的内部心理过程在学习中的核心作用。信息加工模型关注个体如何对信息进行加工和处理，而认知学习理论则关注学习者如何通过内部心理过程来主动建构知识。

关注知识的组织和结构：两者都强调知识的组织和结构对学习效果的重要性。信息加工模型通过输入、处理和输出三个阶段来描述知识的获取和利用过程，而认知学习理论则强调学习者需要通过建立清晰、系统的知识结构来促进新旧知识的联系和整合。

重视学习策略的运用：信息加工模型和认知学习理论都认为学习策略的运用对学习具有重要影响。有效的学习策略可以帮助学习者更好地连接已有知识和新知识，提高学习效率和效果。

(五) 信息加工模型与认知学习在教育实践中的应用

在教育实践中，信息加工模型和认知学习理论为我们提供了有益的指导。具体来说，以下是一些应用示例：

教学设计：教师可以根据信息加工模型来设计教学流程，确保学生能够在输入、处理和输出三个阶段都充分参与并深入理解知识。同时，教师还可以根据认知学习理论来组织教学内容和知识结构，帮助学生建立清晰、系统的知识体系。

学习策略培养：教师可以通过教授学生有效的学习策略来帮助他们更好地连接已有知识和新知识。例如，教师可以引导学生使用思维导图、概念图等工具来整理和组织知识，或者使用复述、提问等策略来加深对知识的理解和记忆。

个性化教学：由于不同学生的认知结构和特点存在差异，因此教师可以根据学生的实际情况来提供个性化的教学。例如，对于认知结构较为清晰的学生，教师可以提供更多的拓展性内容来激发他们的学习兴趣；而对于认知结构较为混乱的学生，教师可以提供更多的支持和指导来帮助他们建立清晰的知识体系。

三、元认知与自我调节学习

（一）概述

随着教育心理学的深入发展，元认知和自我调节学习成了研究热点。元认知是个体对自身认知过程的认知，而自我调节学习则是个体通过自我监控、自我判断和自我调整来实现学习目标的过程。两者在个体的学习过程中发挥着至关重要的作用。

（二）元认知的概念与特点

元认知（Metacognition）是指个体对自身认知活动的认知，包括对自己认知过程的认识、监控和调节。元认知包括元认知知识、元认知体验和元认知监控三个基本要素。

元认知知识：指个体对自己或他人的认知活动、过程、结果以及相关信息的知识。元认知知识是元认知的基础，它影响着个体对认知活动的认知和评价。

元认知体验：指伴随认知活动而产生的情感体验和认知体验。元认知体验可以促使个体对自己的认知活动进行反思和调整。

元认知监控：指个体对自己的认知活动进行计划、监控和调节的过程。元认知监控是元认知的核心，它使个体能够主动地对自己的认知活动进行管理。

元认知具有以下特点：

反思性：元认知是个体对自身认知活动的反思，通过反思来认识自己的认知过程和结果。

监控性：元认知使个体能够对自己的认知活动进行实时监控，确保认知活动的有效进行。

调节性：元认知使个体能够根据自己的认知状态和目标，对自己的认知活动进行主动调节。

（三）自我调节学习的概念与过程

自我调节学习（Self-Regulated Learning）是指个体通过自我监控、自我判断和自我调整来实现学习目标的过程。自我调节学习强调个体的主动性、独立性和自我管理能力。

自我调节学习的过程包括以下几个阶段：

计划阶段：个体根据学习目标和任务，制订学习计划，明确学习策略和方法。

监控阶段：个体对自己的学习过程进行实时监控，关注自己的思维、情感和行为表现，收集学习过程中的信息。

判断阶段：个体根据收集到的信息，对自己的学习状态进行判断，分析自己的学习进展和存在的问题。

调整阶段：个体根据判断结果，对自己的学习策略和方法进行调整，以更好地实现学习目标。

（四）元认知与自我调节学习的关系

元认知与自我调节学习之间存在密切的关系，两者相互促进、相互影响。元认知使个体能够对自己的认知活动进行认知、监控和调节，为自我调节学习提供了可能。个体通过元认知来认识自己的学习状态和问题，从而制定出更加合理的学习计划和策略。

自我调节学习使个体能够主动地对自己的学习过程进行监控和调整，这种过程可以加深个体对自己认知活动的认识和理解，从而促进元认知的发展。元认知为自我调节学习提供了认知基础，而自我调节学习则是元认知在实际学习中的应用。两者相互支持，共同促进个体的学习过程。

（五）元认知与自我调节学习在教育实践中的应用

在教育实践中，元认知与自我调节学习具有重要的应用价值。教师可以通过多种教学方法和手段来培养学生的元认知能力，如引导学生对自己的学习过程进行反思、鼓励学生使用思维导图等工具来整理知识、提供元认知训练等。这些措施可以帮助学生更好地认识自己的认知过程，提高学习效率。教师可以通过设置明确的学习目标、提供及时的反馈和奖励等方式来激发学生的自我调节学习动力。同时，教师还可以引导学生制订学习计划、监控学习过程、调整学习策略等，帮助学生形成自我调节学习的习惯和能力。

每个学生的元认知能力和自我调节学习能力都存在差异，因此教师需要根据学生的实际情况来提供个性化的教学。例如，对于元认知能力较强的学生，教师可以提供更多的拓展性内容来激发他们的学习兴趣；而对于自我调节学习能力较弱的学生，教师可以提供更多的支持和指导来帮助他们建立自我调节学习的习惯和能力。

第二节　教学设计与认知学习理论

一、基于认知学习理论的教学设计模式

（一）概述

教学设计是教学过程中的关键环节，它涉及教学内容的选择、组织、呈现和评价。随着教育心理学的深入发展，认知学习理论在教学设计中的应用日益广泛。认知学习理论强调学习者的主动性、认知过程的重要性以及学习内容的组织与呈现方式对学习效果的影响。

（二）认知学习理论概述

认知学习理论关注个体内部心理过程对学习的影响，认为学习是学习者主动建构知识的过程。学习者不是被动地接受知识，而是主动地参与学习过程，通过自身的认知活动来建构知识。学习过程涉及感知、注意、记忆、思维等认知过程，这些过程对知识的获取、理解和应用至关重要。

学习内容的组织和呈现方式会影响学习者的认知加工过程，进而影响学习效果。

（三）教学设计模式

首先，需要对学习者和学习任务进行分析。学习者分析主要关注学习者的认知特点、学习风格、先前知识等；学习任务分析则关注学习目标的确定、学习内容的选择和组织。在了解学习者和学习任务的基础上，需要设计适合的学习环境和资源。学习环境应提供足够的刺激和信息，以激发学习者的学习兴趣和主动性；学习资源应丰富多样，包括教材、多媒体资源、网络资源等，以满足学习者的不同需求。

根据认知学习理论，学习过程涉及感知、注意、记忆、思维等认知过

程。因此，在教学设计中需要设计相应的认知过程活动，以促进学习者的认知加工和知识建构。例如，通过提问、讨论、案例分析等方式激发学习者的思考；通过演示、实验、模拟等方式提供直观的学习材料；通过复述、总结、练习等方式巩固学习者的记忆。

评价和反馈是教学设计中不可或缺的环节。设计合理的评价和反馈机制可以帮助教师了解学习者的学习情况和问题，及时调整教学策略；同时，也可以帮助学习者了解自己的学习进度和效果，增强学习动力和自信心。在评价方面，可以采用多种评价方式相结合的方法，如课堂观察、作业分析、测试等；在反馈方面，应及时给予学习者具体的指导和建议，帮助他们改进学习方法和提高学习效果。

教学设计的实施是一个动态的过程，需要教师在教学过程中不断调整和优化教学策略。在实施过程中，教师应关注学习者的反应和表现，及时发现问题并采取措施解决。同时，教师还应对教学过程进行反思和总结，分析教学设计的优点和不足，为今后的教学改进提供依据。

（四）基于认知学习理论的教学设计模式的特点

强调学习者的主动性：教学设计应充分考虑学习者的认知特点和学习风格，激发他们的学习兴趣和主动性，使学习者能够积极参与学习过程并主动建构知识。

注重认知过程的培养：教学设计应关注学习者的认知过程活动，通过设计相应的认知活动来促进学习者的感知、注意、记忆、思维等认知过程的发展和提高。

强调学习内容的组织和呈现方式：教学设计应关注学习内容的组织和呈现方式对学习效果的影响，通过合理的组织和呈现方式来提高学习者的认知加工效率和学习效果。

重视评价和反馈的作用：教学设计应设计合理的评价和反馈机制，及时了解学习者的学习情况和问题，并给予具体的指导和建议，帮助学习者改进学习方法和提高学习效果。

二、认知策略在教学中的应用

（一）概述

随着教育理念的不断发展，认知策略在教学中的应用越来越受到重视。认知策略是指个体在认知过程中所使用的思考方法和技巧，它对于提高学习效率、促进知识理解和迁移具有重要意义。

（二）认知策略概述

认知策略是个体在解决问题、学习和记忆等认知活动中所使用的一系列方法和技巧。它涉及对信息的加工、存储、提取和应用等过程，对于提高学习效果具有至关重要的作用。常见的认知策略包括复述策略、精细加工策略、组织策略和元认知策略等。

复述策略：通过反复阅读、背诵等方式来巩固所学知识，提高记忆效果。

精细加工策略：通过理解、分析、比较等方式对所学知识进行深入加工，形成深刻的理解和记忆。

组织策略：通过归纳、分类、建立联系等方式将所学知识进行组织，形成清晰的知识结构。

元认知策略：对自己的学习过程进行监控、评估和调节，以提高学习效率和学习效果。

（三）认知策略的应用

1. 复述策略在教学中的应用

复述策略是提高学生记忆效果的有效方法。在教学过程中，教师可以通过以下方式应用复述策略：

（1）课堂讲解后要求学生复述所学内容，以检验学生的理解和记忆情况。

（2）布置背诵任务，让学生课后自行复习并背诵所学知识。

（3）利用复述软件进行辅助教学，帮助学生巩固所学知识。

通过复述策略的应用，学生可以在不断重复的过程中加深对知识的理解和记忆，提高学习效果。

2.精细加工策略在教学中的应用

精细加工策略有助于学生深入理解所学知识。在教学过程中，教师可以通过以下方式应用精细加工策略：

（1）引导学生对所学知识进行深入分析和比较，找出知识之间的联系和区别。

（2）通过举例、解释等方式帮助学生理解抽象概念和原理。

（3）鼓励学生进行小组讨论和交流，共同探讨问题并分享见解。

通过精细加工策略的应用，学生可以更加深入地理解所学知识，形成自己的理解和见解，从而提高学习效果。

3.组织策略在教学中的应用

组织策略有助于学生形成清晰的知识结构。在教学过程中，教师可以通过以下方式应用组织策略：

（1）使用思维导图等工具帮助学生梳理知识脉络，形成清晰的知识结构。

（2）引导学生进行归纳总结，将所学知识进行分类和整理。

（3）布置综合性作业，让学生将所学知识应用于实际问题中，巩固所学知识并加深理解。

通过组织策略的应用，学生可以更好地掌握所学知识，形成清晰的知识结构，提高知识的系统性和整体性。

4.元认知策略在教学中的应用

元认知策略有助于学生监控和调节自己的学习过程。在教学过程中，教师可以通过以下方式应用元认知策略：

（1）引导学生制订学习计划，明确学习目标和任务。

（2）鼓励学生进行自我评估，发现自己的学习问题和不足。

（3）指导学生调整学习策略和方法，以适应不同的学习任务和要求。

通过元认知策略的应用，学生可以更加主动地参与学习过程，监控和调节自己的学习行为，提高学习效率和学习效果。

（四）认知策略应用的教学策略

为了充分发挥认知策略在教学中的作用，教师可以采取以下教学策略：

创设问题情境：通过创设具有挑战性和启发性的问题情境，激发学生的思考兴趣和求知欲，引导学生运用认知策略解决问题。

多样化教学方法：采用多种教学方法和手段，如讲解、演示、讨论、实验等，以激发学生的学习兴趣和主动性，促进学生对知识的深入理解和应用。

引导学生自主学习：鼓励学生自主学习和合作学习，通过独立思考和小组讨论等方式运用认知策略进行知识建构和问题解决。

提供及时反馈：在教学过程中及时给予学生反馈和指导，帮助学生发现自己的学习问题和不足，调整学习策略和方法，提高学习效果。

三、促进学生认知发展的教学方法

（一）概述

随着教育理念的更新和教育技术的发展，促进学生认知发展已成为教育教学的核心目标之一。认知发展是指个体在认知过程中，通过不断学习、思考和经验积累，逐渐提高思维能力和解决问题的能力。

（二）认知发展的重要性

认知发展是学生学习和成长的基础，对学生的未来发展具有深远的影响。首先，认知发展有助于提高学生的思维能力，使学生能够更好地理解和应用所学知识。其次，认知发展能够培养学生的创新精神和实践能力，使学生具备解决问题的能力。最后，认知发展还能增强学生的自信心和自主学习能力，为学生未来的学习和生活奠定坚实的基础。

（三）教学方法

启发式教学是一种以学生为中心的教学方法，强调教师通过提出问题、引导学生思考、鼓励学生发表观点等方式，激发学生的学习兴趣和求知欲。在启发式教学中，教师应注重培养学生的思维能力，引导学生从多个角度、多个层面思考问题，提高学生对问题的敏感性和分析能力。同时，教师还应关注学生的情感体验，让学生在轻松愉悦的氛围中学习，提高学习效果。

探究式教学是一种注重学生参与和实践的教学方法，强调学生通过观察、实验、调查等方式，自主探究知识、发现问题并解决问题。在探究式教学中，教师应为学生提供丰富的实践机会，让学生亲自动手、亲身体验，从而加深对知识的理解和记忆。同时，教师还应引导学生学会合作与交流，培养学生的团队协作能力和沟通能力。

项目式学习是一种基于真实情境的教学方法，强调学生通过完成一个具体的项目来学习和掌握知识。在项目式学习中，教师应根据学生的学习需求和兴趣，设计具有挑战性和实践性的项目任务。学生需要在教师的指导下，通过团队合作、调查研究、实践操作等方式完成项目任务，并在过程中学习和掌握知识。项目式学习能够培养学生的实践能力、创新能力和解决问题的能力，促进学生的全面发展。

思维导图是一种有效的认知工具，能够帮助学生将所学知识进行系统化、条理化的整理。在思维导图教学中，教师应引导学生利用思维导图工具将所学知识进行归纳、分类和整理，形成清晰的知识结构。通过思维导图的学习，学生能够更好地掌握所学知识，提高记忆效果和学习效率。同时，思维导图还能帮助学生发现知识之间的联系和规律，培养学生的逻辑思维能力和创新思维能力。

合作学习是一种注重团队合作和交流的教学方法，能够培养学生的团队协作能力和沟通能力。在合作学习中，教师应将学生分成若干小组，为每个小组分配具体的学习任务。学生需要在小组内分工合作、共同探究问题并完成任务。通过合作学习，学生能够相互学习、相互帮助，共同提高学习效果。同时，合作学习还能培养学生的责任感和集体荣誉感，促进学生的全面发展。

（四）实施促进学生认知发展的教学方法的策略

教师应树立以学生为中心的教学理念，关注学生的需求和兴趣，尊重学生的个性差异。在教学过程中，教师应注重培养学生的思维能力、创新能力和实践能力，促进学生的全面发展。教师应为学生创设良好的学习环境，提供丰富的学习资源和工具。同时，教师还应关注学生的情感体验，让学生在轻松愉悦的氛围中学习，提高学习效果。

教师应加强与学生的互动和交流，及时了解学生的学习情况和问题，并给予指导和帮助。同时，教师还应鼓励学生之间的交流和合作，培养学生的团队协作能力和沟通能力。教师应注重对学生的评价和反馈，及时了解学生的学习效果和问题，并给予具体的指导和建议。通过评价和反馈，学生能够更好地认识自己的学习情况和问题，及时调整学习策略和方法，提高学习效果。

第三节　学习策略与元认知能力培养

一、学习策略的分类与培养

（一）概述

学习策略是指学习者在学习过程中，为了提高学习效率和质量，而采取的一系列方法和技巧。学习策略的有效运用对于学习者的认知发展和学业成就具有至关重要的作用。

（二）学习策略的分类

认知策略是学习者在信息处理过程中所使用的方法和技巧。它涉及学习者如何对信息进行感知、编码、存储、提取和应用。常见的认知策略包括复述策略、精细加工策略、组织策略和元认知策略等。复述策略主要强调对信息的反复加工和记忆；精细加工策略则关注对信息的深入理解和分析；组织策略旨在帮助学习者建立知识的结构和联系；元认知策略则涉及学习者对自己学习过程的监控和调节。

资源管理策略是学习者在学习过程中如何有效管理自己的学习资源和时间。它包括时间管理策略、学习环境管理策略、努力管理策略和学业求助策略等。时间管理策略要求学习者合理安排学习时间，提高学习效率；学习环境管理策略关注学习环境的选择和优化，以营造适宜的学习氛围；努力管理策略则强调学习者在学习过程中需要付出的努力和坚持；学业求助策略则涉及学习者在遇到学习困难时如何寻求帮助和支持。

情感策略是学习者在学习过程中如何调节和管理自己的情感状态。它包括动机激发策略、情绪调节策略和意志培养策略等。动机激发策略关注如何激发学习者的学习兴趣和动力，情绪调节策略旨在帮助学习者在学习过程中保持积极的心态和情绪，意志培养策略则强调学习者在面对困难和挑战时需要具备的坚韧和毅力。

（三）学习策略的培养

学习策略的培养是一个长期而复杂的过程，需要教育者和学习者共同努力。首先，教育者应帮助学习者认识到学习策略的重要性，并激发他们学习策略的意识和兴趣。可以通过讲解学习策略的理论和实践案例，让学习者了解学习策略对提高学习效果的作用。同时，教育者还可以在学习过程中提供策略性的指导和支持，帮助学习者尝试和运用不同的学习策略。

教育者应根据学习者的需求和特点，提供多样化的学习策略训练。可以通过课堂教学、课外活动、小组讨论等方式，让学习者在实践中学习和掌握不同的学习策略。在训练过程中，教育者应注重培养学习者的自主学习能力和创新思维能力，鼓励他们尝试和探索新的学习策略。学习策略的运用是一个不断尝试和调整的过程。教育者应鼓励学习者在学习过程中不断反思和调整自己的学习策略。可以通过设置学习任务、提供反馈和指导等方式，帮助学习者发现学习策略的不足和问题，并提供相应的改进建议。同时，教育者还应引导学习者关注自己的学习过程和效果，培养他们的元认知能力和自我调节能力。

良好的学习氛围和支持系统对于学习策略的培养至关重要。教育者应努力营造一个积极、开放、合作的学习氛围，让学习者在轻松愉悦的环境中学习和成长。同时，教育者还应为学习者提供必要的支持和帮助，如学习资源、学习指导、学习伙伴等，以促进学习者之间的交流和合作。

每个学习者的认知特点和学习风格都有所不同，因此，学习策略的培养应注重个体差异和因材施教。教育者应根据学习者的认知特点和学习风格，提供个性化的学习策略指导和支持。同时，教育者还应关注学习者的学习需求和兴趣，引导他们根据自己的实际情况选择适合自己的学习策略。

二、元认知能力的内涵与重要性

（一）概述

随着教育改革的深入和心理学研究的进步，元认知能力逐渐成了教育领域和心理学领域关注的热点。元认知能力，作为个体对自我认知过程的觉察、反思、评价和调节的能力，对于个体的学习、成长和发展具有深远的影响。

（二）元认知能力的内涵

1. 定义

元认知能力，即个体对自己认知加工过程的自我觉察、自我反省、自我评价与自我调节的能力。它涉及个体对自己学习状态、学习策略、思维过程等方面的认知和理解。元认知能力的实质是对认知的认知，是个体对自我认知活动的监控和调节。

2. 特点

自我意识：元认知强调对自身思维和行为的认知，这需要个体具有较高的自我观察能力和反思能力。通过自我意识，个体能够对自己的学习过程进行监控和调节，及时发现和纠正问题。

主动性：元认知鼓励个体主动探索和发现问题，并积极寻求解决方案。在学习过程中，个体需要主动运用元认知能力来评估自己的学习状态，制定和调整学习策略。

全面性：元认知关注的是整个学习过程，而不仅仅是学习结果。它帮助个体了解自己的长处和短处，从而调整学习策略，提高学习效果。

（三）元认知能力的重要性

元认知能力能够帮助学生更好地了解自己的学习状态，从而调整学习策略，更好地掌握学习内容。例如，当学生发现自己的注意力难以集中时，可以运用元认知能力来识别问题，并采取相应的方法来提高注意力，如减少干扰、制订学习计划等。这样，学生就能够更好地理解和掌握知识，提高学习效率。通过元认知，学生可以更好地了解自己的学习状态、学习目标以及学习策略，并进行自我评价。自我评价能力有助于学生更好地了解自己的优势和不足，从而制订更好的学习计划，提高学习效率。同时，自我评价还能帮助学生建立自信心，激发学习动力。

元认知能够帮助学生培养自我调节能力。当学生发现自己的学习策略不太有效时，可以运用元认知能力来识别问题，并根据自己的情况进行调整。例如，当学生发现自己的笔记不够详细时，可以运用元认知能力来改进笔记方法，以便更好地掌握学习内容。这种自我调节能力有助于学生适应不同的学习环境和任务要求，提高学习的灵活性和适应性。元认知发展水平直接制约着个体智力的发展。研究发现，元认知能力与个体的智力水平呈正相关关系。通过提高元认知能力，可以促进个体智力的发展，提高个体的思维能力和解决问题的能力。这对于学生的学习和成长具有重要意义。

元认知能力对学生的学习具有重要影响。在教学过程中，对学生进行元认知开发、提高学生的元认知发展水平，对于教会学生学会学习、促进学生智力发展无疑具有重要作用。通过培养学生的元认知能力，可以帮助学生更好地掌握学习方法，提高学习效率，从而在学业上取得更好的成绩。

（四）元认知能力的培养方法

学生可以通过自我监控来了解自己的学习状态，从而调整学习策略。教师可以通过引导学生制订学习计划、记录学习过程、反思学习成果等方式来培养学生的自我监控能力。定期对自己的学习和生活进行反思是提升元认知能力的有效途径。教师可以通过布置反思作业、组织反思讨论等方式来鼓励学生进行自我反思，从而发现自己的不足并积极改进。

通过记录自己的思考过程和行为表现，了解自己的认知模式和行为习惯，为提升元认知提供参考。教师可以指导学生建立自己的学习档案或认知档案，记录自己的学习过程和成果，以便更好地了解自己的学习状况。通过专业的训练课程或自我指导的练习，培养自己的元认知能力。教师可以设计专门的元认知训练课程或活动，帮助学生了解元认知的概念和方法，并通过实践来提升自己的元认知能力。

三、学习策略与元认知能力的关系

（一）概述

学习策略与元认知能力作为学习过程中的两个重要方面，它们在学习者的认知发展中起着相辅相成的作用。学习策略是学习者为了提高学习效果和效率，有目的、有意识地制定的关于学习过程的方案，而元认知能力则是个体对自我认知过程的觉察、反思、评价和调节的能力。

（二）学习策略与元认知能力的定义与特点

学习策略是指学习者为了提高学习的效果和效率，有目的、有意识地制定的关于学习过程的方案。学习策略包括认知策略、元认知策略和资源管理策略等方面。其中，认知策略是加工信息的一些方法和技术，有助于有效地从记忆中提取信息；元认知策略是学生对自己认知过程的认知策略，包括对自己认知过程的计划策略、监视策略和调节策略；资源管理策略则是学习者如何有效管理自己的学习资源和时间。学习策略的特点在于它的目的性和意识性，学习者通过制定学习策略，可以有针对性地提高学习效果和效率。同时，学习策略还具有多样性和灵活性，不同的学习者可以根据自己的学习特点和需求，制定适合自己的学习策略。

元认知能力是指个体对自我认知过程的觉察、反思、评价和调节的能力。它包括对自己的知识、技能、信念、情绪和行为等方面进行了解和评估的能力，同时还包括对自己的学习、记忆、思维和解决问题等认知过程进行控制和调节的能力。元认知能力的特点在于它的自我意识和主动性，个体通过元认知能力可以对自己的学习过程进行监控和调节，及时发现和纠正问题。同时，元认知能力还具有全面性和动态性，它能够关注整个学习过程，并随着学习环境和任务要求的变化而进行相应的调整。

（三）学习策略与元认知能力的关系

学习策略与元认知能力在学习过程中是相互作用的。一方面，学习策略的制定和实施需要元认知能力的支持，而元认知能力的提高又有助于学习者更好地制定和实施学习策略。具体而言，元认知能力可以帮助学习者识别自己的学习需求和目标，制定适合自己的学习策略；同时，元认知能力还可以帮助学习者监控自己的学习过程，评估学习策略的有效性，并根据反馈进行相应的调整。另一方面，学习策略的实施也可以促进元认知能力的发展。通过不断地尝试和运用学习策略，学习者可以逐渐了解和掌握自己的学习过程，提高自己的自我意识和主动性。同时，学习策略的实施还可以帮助学习者积累学习经验和方法，为元认知能力的提高提供实践基础。

学习策略与元认知能力在学习过程中是相互促进的。一方面，学习策略的制定和实施可以提高学习者的学习效果和效率，而元认知能力的提高则可以帮助学习者更好地监控和调节自己的学习过程，从而进一步提高学习效果和效率。具体而言，学习策略可以帮助学习者更好地掌握学习方法和技巧，提高学习效率；而元认知能力则可以帮助学习者更好地管理自己的学习资源和时间，提高学习质量。另一方面，元认知能力的提高也可以促进学习策略的制定和实施。通过对自己学习过程的监控和调节，学习者可以更加清晰地了解自己的学习需求和目标，从而制定更加适合自己的学习策略。同时，元认知能力的提高还可以帮助学习者更加深入地理解学习策略的作用和原理，从而更加有效地运用学习策略。

四、通过教学策略提升学生元认知能力

（一）概述

元认知能力作为学习者对自身学习过程进行自我觉察、反思、评价和调节的能力，对于提高学习效果和培养学生的自主学习能力至关重要。然

而，传统的教学方式往往忽视了对学生元认知能力的培养，导致学生缺乏对自己学习过程的深刻理解和有效调节。

（二）元认知能力的重要性

元认知能力是个体在认知过程中对自己认知活动的觉察、反思、评价和调节的能力。它涉及个体对自己学习状态、学习策略、思维过程等方面的认知和理解。元认知能力的发展不仅有助于学生更好地掌握知识和技能，还能够培养学生的自主学习能力、批判性思维和问题解决能力。因此，提升学生的元认知能力对于提高学习效果和促进学生的全面发展具有重要意义。

（三）教学策略和学生元认知能力的关系

教学策略是教师在教学过程中为了达到教学目标而采用的一系列方法和手段。教学策略的选择和实施直接影响着学生的学习效果和元认知能力的培养。具体而言，教学策略可以通过以下几个方面来提升学生的元认知能力：

教学策略中应包含引导学生自我反思的环节。教师可以通过提问、讨论等方式，引导学生对自己的学习过程进行反思，思考自己的学习状态、学习策略是否有效，以及需要如何调整。通过自我反思，学生能够更加清晰地了解自己的学习过程，从而提高元认知能力。教师在教学过程中可以通过元认知示范来提升学生的元认知能力。教师可以展示自己的思考过程、决策过程和学习过程，让学生了解教师的元认知过程，从而学会如何对自己的学习过程进行监控和调节。通过元认知示范，学生可以模仿和学习教师的元认知策略，提高自己的元认知能力。

教学策略中应鼓励学生进行自主学习。自主学习是指学生在学习过程中能够主动探索、发现和解决问题，而不是被动接受知识。在自主学习过程中，学生需要不断调节自己的学习策略，对自己的学习过程进行监控和反思。通过自主学习，学生能够培养自己的元认知能力，提高学习效果。教师可以通过创设元认知训练任务来提升学生的元认知能力。元认知训练任务是指一些需要学生运用元认知策略来完成的任务，如制订学习计划、评估学习效果、调整学习策略等。通过完成这些任务，学生能够锻炼自己的元认知能力，提高自己的学习效果。

（四）提升元认知能力的具体教学策略

启发式教学是一种以学生为中心的教学策略，旨在通过引导学生主动思考和探索来培养他们的元认知能力。教师可以通过提出问题、创设情境等方式来激发学生的思考兴趣，引导他们主动探索知识，从而培养他们的元认知能力。合作学习是一种强调学生之间互动和合作的教学策略。在合作学习过程中，学生需要相互交流、讨论和协作，共同完成任务。通过合作学习，学生可以学会如何与他人合作、如何倾听他人的意见、如何调整自己的学习策略等，从而提升自己的元认知能力。

反思性教学是一种强调学生对自己学习过程进行反思的教学策略。教师可以通过引导学生对自己的学习过程进行反思和总结，让他们了解自己的学习状态、学习策略是否有效，以及需要如何调整。通过反思性教学，学生可以更加清晰地了解自己的学习过程，提高自己的元认知能力。

支架式教学是一种通过为学生提供适当的学习支持和引导来帮助他们构建知识体系的教学策略。在教学过程中，教师可以根据学生的实际情况和学习需求，为他们提供不同层次的支架，帮助他们逐步掌握知识和技能。通过支架式教学，学生可以逐渐学会如何独立学习和思考，提高自己的元认知能力。

第四节 技术辅助教学与认知学习理论的整合

一、多媒体教学与认知学习理论的结合

（一）概述

在当今数字化时代，多媒体教学以其独特的优势成为教育领域的一大

亮点。与此同时，认知学习理论作为现代教育心理学的重要组成部分，为我们理解学习过程提供了深刻的见解。

（二）多媒体教学的特点与优势

多媒体教学通过整合文字、图像、声音、视频等多种媒体形式，为学习者提供了丰富多样的学习体验。多媒体教学能够将抽象的概念和理论具象化，通过图像、动画等形式直观地呈现给学习者，有助于学习者更好地理解和掌握知识。多媒体教学支持人机交互，学习者可以根据自己的学习进度和需求，自主选择学习内容和方式，实现个性化学习。此外，多媒体教学还能够提供即时反馈，帮助学习者及时纠正错误，提高学习效果。

多媒体教学资源丰富多样，包括课件、视频、音频、网络课程等，能够满足不同学习者的学习需求，提供多样化的学习选择。

（三）认知学习理论的基本观点

认知学习理论强调学习是一个主动的、建构的过程，涉及信息的获取、加工、存储和应用。学习者在认知过程中处于主动地位，通过积极参与、主动思考来构建自己的知识体系。学习者在已有知识经验的基础上，通过不断地建构新的知识结构来理解和掌握知识。

学习是在特定情境下进行的，情境对于学习的发生和效果具有重要影响。因此，教学设计应关注学习情境的创设，为学习者提供真实、具体的学习体验。

（四）多媒体教学和认知学习理论的结合

多媒体教学的直观性特点有助于学习者更好地进行认知加工。教师可以通过图像、动画等形式将抽象的概念和理论具象化，帮助学习者建立清晰的知识表象。这种直观性不仅能够激发学习者的学习兴趣和积极性，还能够降低学习难度，提高学习效果。多媒体教学的互动性特点能够增强学习者的学习体验。教师可以设计各种交互式学习活动，如小组讨论、角色扮演、在线测试等，引导学习者积极参与学习过程。这种互动性不仅能够提高学习者的学习主动性和积极性,还能够促进学习者之间的交流和合作,培养学习者的团队协作能力。

在多媒体教学设计过程中,教师应充分考虑认知学习理论的基本原则。首先,教师应关注学习者的学习需求和特点,根据学习者的实际情况设计教学内容和方式。其次,教师应注重学习情境的创设,为学习者提供真实、具体的学习体验。例如,教师可以利用虚拟现实技术模拟真实场景,让学习者在虚拟环境中进行学习和实践。最后,教师应关注学习者的学习过程和学习效果,通过及时的反馈和评价来引导学习者调整学习策略和方法。

多媒体资源具有丰富性和多样性的特点,能够为学习者提供广阔的学习空间。教师可以利用多媒体资源拓展学习者的认知领域,让学习者接触到更广泛的知识和信息。例如,教师可以引导学习者利用网络资源进行自主学习和探究学习,培养学习者的自主学习能力和创新能力。同时,教师还可以利用多媒体资源设计跨学科的学习活动,促进不同学科之间的交叉融合,培养学习者的综合素养。

二、在线学习环境与认知学习效果的提升

(一)概述

随着信息技术的迅猛发展和互联网的普及,在线学习已经成为现代教育体系中的重要组成部分。与传统课堂相比,在线学习环境提供了更为灵活、便捷和个性化的学习方式。然而,如何在这种新型学习环境中有效提升认知学习效果,成了教育工作者和学者关注的焦点。

(二)在线学习环境的特点

在线学习环境以其独特的优势,为学习者提供了前所未有的学习体验。在线学习允许学习者根据自己的时间、地点和节奏进行学习,无须受到传统课堂的限制。这种灵活性使得学习者能够根据自己的实际情况进行个性

化学习。在线学习环境提供了多种互动方式，如在线讨论、实时交流、协作学习等。这些互动方式能够增强学习者之间的交流和合作，促进知识的共享和深化。

在线学习环境拥有丰富的学习资源，包括课件、视频、音频、网络课程等。这些资源能够为学习者提供多样化的学习选择，满足不同学习者的需求。在线学习环境能够根据学习者的学习进度、兴趣和需求，提供个性化的学习路径和推荐。这种个性化学习能够满足学习者的个性化需求，提高学习效果。

（三）认知学习理论的基本观点

认知学习理论强调学习是一个主动的、建构的过程，涉及信息的获取、加工、存储和应用。学习者在认知过程中处于主动地位，通过积极参与、主动思考来构建自己的知识体系。学习者在已有知识经验的基础上，通过不断地建构新的知识结构来理解和掌握知识。学习是在特定情境下进行的，情境对于学习的发生和效果具有重要影响。因此，教学设计应关注学习情境的创设，为学习者提供真实、具体的学习体验。

（四）在线学习环境与认知学习效果提升的关系

在线学习环境与认知学习效果的提升密切相关。在线学习环境的灵活性使得学习者能够根据自己的实际情况进行主动学习。学习者可以根据自己的时间、地点和节奏进行学习，无须受到传统课堂的限制。这种主动性能够激发学习者的学习兴趣和动力，促进学习者主动参与认知过程，从而提升学习效果。

在线学习环境的互动性为学习者提供了丰富的交流和合作机会。学习者可以通过在线讨论、实时交流、协作学习等方式与同伴和教师进行互动，分享彼此的观点和经验。这种互动能够促进知识的共享和深化，帮助学习者更好地理解和掌握知识，提升学习效果。在线学习环境的丰富性为学习者提供了多样化的学习选择。学习者可以根据自己的兴趣和需求选择适合自己的学习资源和学习方式。这种多样化能够满足不同学习者的需求，提高学习者的学习积极性和满意度，进而提升学习效果。

在线学习环境的个性化能够满足学习者的个性化学习需求。通过智能推荐和学习路径规划等方式，在线学习环境能够根据学习者的学习进度、兴趣和需求提供个性化的学习支持。这种个性化学习能够满足学习者的个性化需求，提高学习效果和满意度。

（五）提升在线学习环境中认知学习效果的策略

在在线学习环境中，教师应注重学习情境的创设，为学习者提供真实、具体的学习体验。例如，通过虚拟现实技术模拟真实场景，让学习者在虚拟环境中进行学习和实践。教师应鼓励学习者主动参与认知过程，积极思考和探索知识。例如，设计具有挑战性和趣味性的学习任务，激发学习者的学习兴趣和动力。在线学习环境应提供多样化的学习资源，满足不同学习者的需求。同时，教师应根据学习者的学习进度和兴趣推荐适合的学习资源，帮助学习者更好地掌握知识。

在线学习环境应提供及时的学习支持和反馈，帮助学习者解决学习中的问题和困难。同时，教师应对学习者的学习成果进行评价和反馈，引导学习者调整学习策略和方法。

三、教育技术对学生认知过程的支持

（一）概述

随着信息技术的飞速发展，教育技术已经深入到了教育的各个领域，从传统的课堂教学到远程在线教育，从简单的演示工具到复杂的学习管理系统，教育技术为学生提供了前所未有的学习体验。在这一过程中，教育技术不仅改变了教学方式和手段，更在深层次上影响着学生的认知过程。

（二）教育技术的定义与特点

教育技术是指运用各种技术手段和方法，优化教育过程，提高教育质量和效率的一种综合性技术。它涵盖了信息技术、媒体技术、网络技术等多个领域，具有以下几个显著特点：

交互性：教育技术提供了丰富的交互手段，使学生能够在学习过程中进行实时反馈、互动讨论、协作学习等，从而增强学生的学习体验。

多媒体性：教育技术能够整合文字、图像、声音、视频等多种媒体形式，为学生提供直观、生动的学习材料，帮助学生更好地理解和掌握知识。

个性化：教育技术能够根据学生的学习进度、兴趣和需求，提供个性化的学习资源和路径，满足学生的个性化学习需求。

开放性：教育技术打破了传统课堂的时空限制，使学生能够在任何时间、任何地点进行学习，实现学习的自主性和灵活性。

（三）教育技术对学生认知过程的支持

教育技术对学生的认知过程具有显著的支持作用，主要表现在以下几个方面：

1. 提高信息获取和处理能力

教育技术为学生提供了海量的学习资源和信息，学生可以通过搜索引擎、在线图书馆、数据库等途径获取所需的知识和信息。同时，教育技术还提供了多种信息处理和加工工具，如文本编辑器、图像处理软件、数据分析工具等，帮助学生整理、分析和应用所获取的信息。这些工具能够提高学生的信息获取和处理能力，为学生的认知过程提供有力支持。

2. 促进知识建构和深化

教育技术通过多媒体和交互性手段，能够将抽象的概念和理论具象化、生动化，帮助学生建立清晰的知识表象。同时，教育技术还能够提供多样化的学习情境和案例，让学生在具体情境中学习和应用知识，促进知识的建构和深化。此外，教育技术还支持协作学习和小组讨论等学习方式，让学生在交流和合作中共享知识、互相启发，进一步促进知识的深化和拓展。

3. 培养批判性思维和创新能力

教育技术鼓励学生主动参与学习过程，通过提出问题、分析问题、解决问题等过程来培养学生的批判性思维和创新能力。教育技术提供了多种探究性和创造性的学习活动和任务，如项目式学习、设计性实验、创新竞赛等，让学生在实践中锻炼自己的思维能力和创新能力。同时，教育技术还支持学生的自主学习和探究学习，让学生根据自己的兴趣和需求选择学习内容和学习方式，进一步培养学生的自主学习能力和创新精神。

4. 增强学习体验和兴趣

教育技术通过生动、直观、互动的学习材料和手段，为学生提供了丰富多样的学习体验。这些体验能够激发学生的学习兴趣和动力，让学生更加主动地参与学习过程。同时，教育技术还能够根据学生的学习进度和兴趣推荐适合的学习资源和路径，满足学生的个性化学习需求，进一步增强学生的学习体验和兴趣。

（四）教育技术在学生认知过程中的应用策略

为了充分发挥教育技术在学生认知过程中的支持作用，以下提出几点应用策略和建议：整合多种教育技术手段和方法，为学生提供多样化的学习体验和支持；关注学生的学习需求和兴趣，根据学生的实际情况设计合适的教学活动和任务；鼓励学生主动参与学习过程，通过探究性和创造性的学习活动和任务来培养学生的思维能力和创新能力；加强学习资源的建设和管理，为学生提供丰富、优质的学习资源；关注学生的学习进展和反馈，及时调整教学策略和方法，提高教学效果和效率。

第四章　建构主义理论在高校教学中的应用

第一节　建构主义理论基本概念

一、建构主义的学习观与教学观

（一）概述

建构主义，作为一种重要的学习理论，自 20 世纪末起便在教育领域引起了广泛关注。它强调学习的主动建构性、社会互动性和情境性，对传统的知识传递观提出了挑战。

（二）建构主义的学习观

建构主义认为，学习不是简单的信息输入和存储过程，而是学习者基于原有的知识经验，对新信息进行主动加工、建构和整合的过程。在这一过程中，学习者需要发挥自己的主观能动性，通过思考、分析和探索，形成对知识的独特理解和解释。因此，建构主义强调学习的主动性、探索性和创造性。

建构主义认为，学习是发生在社会互动中的。学习者通过与他人（如教师、同伴、专家等）的交流和合作，共同建构知识、分享经验、解决问题。这种社会互动不仅有助于学习者加深对知识的理解，还能培养他们的合作精神和沟通能力。

建构主义认为，学习是发生在特定情境中的。情境对于学习的发生和效果具有重要影响。因此，建构主义强调在教学过程中应关注学习情境的创设，为学习者提供真实、具体的学习环境和任务，帮助他们在实际情境中建构和应用知识。

（三）建构主义的教学观

建构主义的教学观强调以学生为中心，关注学生的个体差异和需求。教师应尊重学习者的主体地位，关注他们的学习过程和体验，提供个性化的学习支持和指导。同时，教师还应鼓励学生发挥自己的主动性和创造性，培养他们的自主学习能力和创新精神。建构主义认为，学习是解决问题的过程。因此，在教学过程中，教师应以问题为导向，设计具有挑战性和真实性的问题或任务，激发学习者的学习兴趣和动力。通过解决问题或完成任务的过程，学习者能够主动建构知识、培养能力和发展思维。

建构主义强调合作与互动在学习中的重要性。在教学过程中，教师应组织学生进行小组学习、协作探究等活动，促进他们之间的交流和合作。这种合作与互动不仅有助于学习者加深对知识的理解，还能培养他们的合作精神和沟通能力。建构主义认为，学习是发生在特定情境中的。因此，在教学过程中，教师应创设真实、具体的学习情境，为学习者提供与现实生活紧密相关的学习任务和活动。这种真实情境能够激发学习者的学习兴趣和动力，帮助他们在实际情境中建构和应用知识。

（四）建构主义在实际教育中的应用

项目式学习是一种典型的建构主义教学方法。它通过设计具有真实性和挑战性的项目任务，让学生在解决实际问题的过程中建构和应用知识。这种学习方式能够激发学生的学习兴趣和动力，培养他们的实践能力、创新精神和团队合作精神。合作学习是另一种重要的建构主义教学方法。它通过组织学生进行小组学习、协作探究等活动，促进他们之间的交流和合作。这种学习方式有助于学生加深对知识的理解，培养他们的合作精神和沟通能力。同时，合作学习还能促进学生的个性发展和创新能力的培养。

情境教学是一种强调学习情境的教学方法。它通过创设真实、具体的学习情境，让学生在情境中学习和应用知识。这种教学方法能够激发学生的学习兴趣和动力，帮助他们在实际情境中建构和应用知识。同时，情境教学还能培养学生的观察能力、分析能力和解决问题的能力。

二、建构主义的知识观与认知论

（一）概述

建构主义作为一种重要的学习理论，自其诞生以来，便在教育领域产生了深远的影响。与传统的知识观和认知论相比，建构主义提出了独特的见解和观点。

（二）建构主义的知识观

建构主义认为，知识并非绝对真理，而是个体基于自身经验对现实世界的解释和建构。这种解释和建构受到个体的认知结构、文化背景、社会环境等多种因素的影响，因此具有相对性和主观性。每个人对同一事物可能有不同的理解和解释，这些理解和解释都是基于个体的独特经验和认知结构。建构主义强调知识的动态性和发展性。知识不是静态的、不变的，而是随着个体的经验积累和认知发展而不断变化的。个体在不断的学习过程中，会根据自己的经验对原有知识进行修正、补充和重构，形成新的知识体系。因此，知识是一个不断发展、不断完善的过程。

建构主义认为，知识是与具体情境和实践密切相关的。知识不是脱离情境的抽象概念，而是在特定情境中产生的、与实践活动紧密相连的。个体在解决实际问题时，需要运用所学知识进行思考和判断，这种实践过程不仅有助于个体对知识的理解和应用，还能促进知识的深化和拓展。

(三)建构主义的认知论

建构主义认为，认知是个体主动建构知识的过程。个体不是被动地接受知识，而是通过主动的思考、探索和实践来建构知识。在认知过程中，个体需要发挥自己的主动性，积极参与到学习过程中，与外部环境进行互动和交流，从而实现对知识的建构和深化。建构主义强调认知的社会性。个体在认知过程中需要与他人进行交流和合作，共同建构知识。这种社会性不仅体现在学习过程中，还体现在知识的产生和发展过程中。个体通过与他人分享经验、交流思想、协作探究等方式，共同推动知识的进步和发展。

与知识观相一致，建构主义的认知论也强调认知的情境性。认知活动是在特定情境中进行的，个体在情境中通过观察和实践来获取信息、加工信息和形成知识。情境对于个体的认知过程具有重要影响，不同的情境可能导致不同的认知结果。因此，在教学过程中，教师需要关注学习情境的创设，为学生提供真实、具体的学习环境和任务，促进他们的认知发展。

(四)建构主义在教育实践中的应用

根据建构主义的知识观和认知论，教育实践应强调学生的主体地位。教师应尊重学生的个性差异和学习需求，关注他们的学习过程和体验，为他们提供个性化的学习支持和指导。同时，教师还应鼓励学生发挥自己的主动性和创造性，培养他们的自主学习能力和创新精神。建构主义强调知识的情境性和实践性，因此教育实践应注重学生的实践体验。教师可以通过设计实验、项目、任务等实践活动，让学生在实践中学习和应用知识，培养他们的实践能力和解决问题的能力。同时，教师还应关注学生的实践过程，及时给予指导和反馈，帮助他们更好地掌握和应用知识。

建构主义认为认知具有社会性，因此教育实践应倡导合作学习与探究学习。教师可以通过组织学生进行小组讨论、协作探究等活动，促进他们之间的交流和合作，培养他们的合作精神和沟通能力。同时，教师还应鼓励学生进行探究学习，引导他们自主发现问题、分析问题、解决问题，培养他们的创新思维和批判性思维。

三、建构主义理论的基本假设

（一）概述

建构主义理论，作为现代教育心理学的重要流派之一，自诞生以来就对教育领域产生了深远的影响。其核心观点在于强调知识的主动建构性、社会互动性和情境性，颠覆了传统的知识传递观。在深入探讨建构主义理论时，首先要理解其背后的基本假设，这些假设为建构主义理论提供了坚实的理论基础和实践指导。

（二）基本假设概述

知识的主动建构性假设是建构主义理论的核心。它认为知识并非简单地由教师传递给学生，而是学生基于自身的经验背景，通过主动的思考、探索和实践，对外部信息进行加工、处理和建构，形成自己独特的认知结构。这一假设强调了学生在学习过程中的主体地位和主动性。在实际教学中，教师可以设计各种问题情境和实践活动，引导学生积极参与其中，通过亲身体验和实际操作，自主探索和发现知识，从而促进学生知识的主动建构。

学习的社会互动性假设认为学习是一个发生在社会互动中的过程。学生通过与教师、同伴、专家等他人的交流和合作，共同建构知识、分享经验、解决问题。这种社会互动不仅有助于学生加深对知识的理解，还能培养他们的合作精神和沟通能力。在教学实践中，教师可以通过组织小组讨论、合作学习等活动，为学生提供交流和合作的机会，让学生在互动中学习和成长。同时，教师还应关注学生在互动中的表现和反馈，及时调整教学策略，以提高教学效果。

学习的情境性假设强调学习是发生在特定情境中的。情境对于学习的发生和效果具有重要影响。不同的情境可能导致不同的学习结果。因此，在教学过程中，教师应关注学习情境的创设，为学生提供真实、具体的学习环境和任务，帮助他们在实际情境中建构和应用知识。在情境性学习中，教师可以通过模拟真实场景、创设问题情境等方式，为学生提供与现实生活紧密相关的学习体验。同时，教师还应关注学生在情境中的表现和反应，引导他们深入思考和探究问题，从而提高学生的问题解决能力和实践能力。

知识的相对性与主观性假设认为知识并非绝对真理，而是个体基于自身经验对现实世界的解释和建构。每个人对同一事物可能有不同的理解和解释，这些理解和解释都是基于个体的独特经验和认知结构。因此，在教学过程中，教师应尊重学生的个性差异和学习需求，关注他们的学习经验和认知结构，为他们提供个性化的学习支持和指导。在教学实践中，教师可以通过了解学生的原有知识、兴趣爱好和学习风格等个体差异，为他们设计符合其特点和需求的学习任务和活动。同时，教师还应关注学生的反馈和反思，及时调整教学策略和方法，以满足学生的不同学习需求。

知识的动态性与发展性假设认为知识是一个不断发展、不断完善的过程。个体在不断的学习过程中，会根据自己的经验对原有知识进行修正、补充和重构，形成新的知识体系。因此，在教学过程中，教师应关注知识的动态性和发展性，鼓励学生不断质疑、探索和创新，培养他们的批判性思维和创新精神。在教学实践中，教师可以通过引导学生参与科研项目、参加学术竞赛等活动，培养他们的研究能力和创新精神。同时，教师还应关注学科前沿和最新研究成果，不断更新和拓展教学内容和方法，以满足学生日益增长的知识需求。

第二节　问题解决式教学与建构主义理论

一、问题解决式教学的定义与特点

（一）概述

在现代教育领域中，问题解决式教学已经成为一种广泛应用并受到广泛关注的教学方法。这种教学模式旨在通过引导学生面对并解决问题，激发他们的学习兴趣，培养他们的创新思维和实践能力。

（二）问题解决式教学的定义

问题解决式教学，是一种以学生为中心，以问题为导向的教学模式。它强调在教学过程中，教师不再是单纯的知识传授者，而是学生解决问题的引导者和辅助者。学生则在教师的引导下，通过独立思考、交流合作，发现并提出问题，进而通过探究和实践解决问题，从而达到学习知识、提升能力的目的。

问题是整个教学的起点和核心。这些问题通常来源于现实生活或学科领域，具有真实性和挑战性，能够激发学生的好奇心和求知欲。问题解决的情境是教学的重要载体。教师需要创设与问题相关的情境，让学生在情境中感受问题的存在，进而引发他们的思考和探索。

探究是问题解决的关键环节。学生需要在教师的引导下，通过查阅资料、观察实验、交流讨论等方式，对问题进行深入的探究和思考，从而找到解决问题的途径和方法。实践是问题解决式教学的重要特征。学生需要将探究得到的知识和方法应用到实际问题中，通过实践来检验知识的有效性和实用性。

(三) 问题解决式教学的特点

问题解决式教学强调以学生为中心，尊重学生的主体地位和个性差异。在教学过程中，教师注重引导学生发现并提出问题，鼓励学生通过自主探究和合作学习来解决问题。这种教学方式能够激发学生的学习兴趣和主动性，培养他们的自主学习能力和创新思维。问题解决式教学以问题为导向，通过问题的提出和解决来推动教学的进程。教师会根据教学目标和学生的实际情况，设计具有挑战性和启发性的问题，让学生在解决问题的过程中掌握知识、提升能力。这种教学方式能够培养学生的问题意识和解决问题的能力，使他们在面对实际问题时能够迅速找到解决途径。

问题解决式教学注重情境的创设和应用。教师会根据问题的性质和学生的特点，创设与问题相关的情境，让学生在情境中感受问题的存在和重要性。这种情境性的教学方式能够帮助学生更好地理解问题的本质和背景，提高他们的学习效果和应用能力。问题解决式教学强调实践性，注重将知识应用于实际问题中。学生需要将探究得到的知识和方法应用到实际问题中，通过实践来检验知识的有效性和实用性。这种实践性的教学方式能够帮助学生巩固所学知识，提高他们的实践能力和创新能力。

问题解决式教学注重合作学习和交流讨论。在解决问题的过程中，学生需要与同伴、教师等进行交流和合作，共同探究问题的解决方案。这种合作性的教学方式能够培养学生的团队合作精神和沟通能力，提高他们的协作能力和社会适应能力。问题解决式教学强调反思和总结。在解决问题的过程中，学生需要不断反思自己的思考过程和方法，总结经验和教训。这种反思性的教学方式能够帮助学生更好地认识自己的不足和优势，促进他们的自我提升和发展。

二、建构主义在问题解决式教学中的应用

（一）概述

随着教育理念的不断发展，问题解决式教学因其能够有效培养学生的创新思维和实践能力而备受推崇。同时，建构主义作为一种强调学生主动建构知识的教学理论，与问题解决式教学有着天然的契合点。

（二）建构主义的核心理念

建构主义理论主张，学习是学习者基于自身的经验背景，在外部环境的互动中主动建构内部心理表征的过程。它强调知识的动态性和情境性，认为知识不是简单的信息输入和存储，而是学习者通过新旧知识之间的相互作用，主动建构的结果。在建构主义理论框架下，学习被看作是一个积极、主动、建构性的过程，而不是被动接受的过程。

（三）问题解决式教学的特点

问题解决式教学是一种以问题为核心，通过引导学生发现问题、分析问题、解决问题，从而掌握知识、提升能力的教学方法。它强调学生的主体地位，注重培养学生的创新思维和实践能力，具有情境性、实践性、合作性和反思性等特点。在问题解决式教学中，学生需要积极参与、主动探究，通过亲身体验和实践来加深对知识的理解和应用。

（四）建构主义的应用

在问题解决式教学中，建构主义强调学生的主动建构过程。教师不再是知识的灌输者，而是学生建构知识的引导者和辅助者。学生需要在教师的引导下，基于自身的经验背景，通过独立思考、交流合作等方式，主动建构新的知识。这种主动建构的过程有助于学生深入理解知识，形成自己的认知结构。

建构主义认为学习是在特定的社会文化背景和情境下发生的。在问题

解决式教学中，教师应创设与现实生活或学科领域紧密相关的真实情境，让学生在情境中感受问题的存在，进而引发他们的思考和探索。这种真实情境能够帮助学生更好地理解知识的应用背景，促进知识的迁移和应用。

建构主义强调学习的社会性，认为学习是在与他人互动和合作中进行的。在问题解决式教学中，教师应注重培养学生的合作精神和沟通能力，鼓励他们进行合作学习。通过合作学习，学生可以共同解决问题、分享知识和经验，从而促进知识的共享和传递。这种合作学习不仅有助于培养学生的团队协作能力和社会适应能力，还有助于他们从不同角度理解和掌握知识。

在问题解决式教学中，建构主义强调反思和总结的重要性。学生在解决问题的过程中需要不断反思自己的思考过程和方法，总结经验和教训。这种反思和总结有助于学生加深对问题的理解和认识，促进知识的深化和巩固。教师可以通过引导学生进行自我评价、互相评价等方式，促进他们的反思和总结能力的发展。

建构主义认为每个学生都有自己独特的经验背景和认知结构，因此在学习过程中会表现出不同的学习方式和速度。在问题解决式教学中，教师应关注学生的个体差异，尊重他们的学习方式和选择，为他们提供个性化的学习支持和指导。通过个性化学习，学生可以更好地发挥自己的优势和特长，提高学习效果和兴趣。

三、教师在问题解决式教学中的角色

（一）概述

在当今日益复杂多变的教育环境中，问题解决式教学因其能够培养学生的创新思维和实践能力而备受推崇。在这种教学模式下，教师的角色发生了显著的变化，不再是单一的知识传授者，而是成了学生学习过程中的引导者、合作者和评估者。

（二）问题解决式教学的概述

问题解决式教学是一种以问题为核心，通过引导学生发现问题、分析问题、解决问题来掌握知识、提升能力的教学方法。它强调学生的主体地位，注重培养学生的创新思维和实践能力，具有情境性、实践性、合作性和反思性等特点。在这种教学模式下，学生需要积极参与、主动探究，通过亲身体验和实践来加深对知识的理解和应用。

（三）教师在问题解决式教学中的角色

在问题解决式教学中，教师首先需要承担起问题情境创设者的角色。教师需要深入了解学科知识和学生的实际情况，结合现实生活或学科领域的问题，创设具有挑战性和启发性的问题情境。这种问题情境能够激发学生的好奇心和求知欲，促使他们主动参与到问题解决的过程中来。通过创设问题情境，教师为学生提供了一个真实、有趣的学习环境，使他们能够在情境中感受问题的存在，进而引发他们的思考和探索。

在问题解决的过程中，教师需要成为学生的引导者。当学生面对问题时，教师不应直接给出答案或解决方案，而应通过引导、提示和启发的方式，帮助学生分析问题、梳理思路、寻找解决问题的方法。教师可以通过提问、讨论、展示等方式，引导学生逐步深入问题的本质，激发他们的创新思维和想象力。同时，教师还应关注学生的思考过程和方法，及时给予指导和帮助，确保学生能够顺利地解决问题。

问题解决式教学注重学生的合作学习。在这种教学模式下，教师需要成为小组合作的组织者。教师可以通过分组、分工、协作等方式，引导学生开展小组合作学习。在小组合作中，学生需要相互协作、互相支持、共同完成任务。教师可以通过观察、指导、协调等方式，确保小组合作的顺利进行。同时，教师还应关注每个学生的参与情况和贡献度，鼓励他们在小组中发挥自己的优势和特长。通过小组合作的组织和协调，教师可以培养学生的团队协作能力和社会适应能力。

在问题解决式教学中,教师需要为学生提供丰富的学习资源。这些学习资源可以包括图书、资料、网络资源等。教师可以通过收集、整理、筛选等方式,为学生提供与问题相关的学习资源。同时,教师还应引导学生学会利用这些资源来解决问题。例如,教师可以引导学生利用网络资源查找相关资料、观看教学视频等。通过学习资源的提供和引导,教师可以帮助学生拓宽视野、丰富知识、提高解决问题的能力。

在问题解决式教学中,教师需要成为学生学习过程的评估者。教师可以通过观察、记录、反馈等方式,了解学生的学习情况和学习效果。教师可以通过评估学生的参与度、合作能力、解决问题的能力等方面来评价学生的学习表现。同时,教师还应根据学生的实际情况,及时给予反馈和指导,帮助他们改进学习方法、提高学习效果。通过学习过程的评估,教师可以更好地了解学生的学习情况和发展需求,为他们提供更加精准的教学支持。

在问题解决式教学中,教师需要成为学生的情感支持者。当学生在解决问题的过程中遇到困难和挫折时,教师需要及时给予他们情感上的支持和鼓励。教师可以通过倾听、理解、安慰等方式,帮助学生缓解焦虑和压力,增强他们的自信心和勇气。同时,教师还应关注学生的情感变化和心理需求,为他们提供个性化的情感支持。通过情感支持的提供,教师可以建立更加和谐的师生关系,促进学生的全面发展。

第三节　合作学习与社会建构主义

一、合作学习的基本概念与原则

(一)概述

在当今教育领域中,合作学习因其独特的教学理念和实践价值而备受关注。合作学习旨在通过学生间的互助、交流与合作，促进学生的全面发展，提高学习效果。

（二）合作学习的基本概念

1. 定义

合作学习是指学生在小组或团队中为了完成共同的任务，有明确责任分工的互助性学习。它是一种以异质学习小组为基本形式，系统利用教学动态因素之间的互动来促进学生学习的学习方式。合作学习既是一种由教师分配学习任务和控制教学进程的教学活动，又是一种学生之间互帮互学、自主探究的学习活动。

2. 特点

（1）主体性：合作学习强调学生的主体地位，学生在小组或团队中拥有一定的自主权，能够根据自己的兴趣和特长选择任务和角色，从而激发学习的积极性和主动性。

（2）互动性：合作学习注重学生之间的互助、交流与合作，通过小组讨论、角色扮演、分工协作等方式，促进信息的交流和共享，提高学习效果。

（3）实践性：合作学习强调知识的实践性和应用性，学生需要在完成任务的过程中将所学知识应用到实际问题中，从而提高解决问题的能力。

（4）评价性：合作学习注重对学生学习过程和结果的评价，通过自评、互评和师评等方式，帮助学生了解自己的学习情况，及时调整学习策略。

（三）合作学习的原则

1. 合理分组原则

（1）组间异质，组内同质：合作学习小组以 4—6 人为宜，人数太多不利于学生间的交流和个人才能的充分展示，人数太少则不利于学生间的互助和合作。分组应遵循"组间同质，组内异质"的原则，使每个小组在整体水平上保持平衡，同时组内成员在知识、能力、性格等方面具有差异性，以便互补和合作。

（2）优势互补：分组时还应考虑学生的特长和兴趣，使不同特质、不同层次的学生进行优化组合，以实现优势互补。这样可以让学生在完成任务的过程中发挥各自的优势，提高合作效率。

（3）动态调整：小组成员应是动态的，可以根据实际情况进行组间的互换或流动，以及组内某些角色的互换或轮换。这样可以增加小组间的竞争性和小组内成员的互动性，使每个学生都有机会展示自己的才能和特长。

2. 明确目标原则

在合作学习展开之前，教师应让所有的学生明确本次合作学习的目的是什么，要完成什么任务，达到什么要求。这样可以使学生有明确的目标导向，根据学习目的不断修正自己的学习行为。同时，教师还应根据学科特点和教学目标，为学生设计具有挑战性和启发性的问题或任务，以激发学生的求知欲和探索精神。

3. 独立思考与合作探究结合原则

小组合作学习的成功必须依赖小组成员的个人学习。因此，在合作学习过程中，教师应注重培养学生的独立思考能力，鼓励他们在小组内分享自己的见解和想法。同时，教师还应引导学生进行有效的合作探究，通过讨论、交流、协商等方式，共同解决问题。这样可以使学生在独立思考的基础上，通过合作探究深化对知识的理解和应用。

4. 各尽所能，整体提高原则

小组合作学习的目的不是旨在培养尖子生，而是要让所有学生都得到发展的机会。因此，在合作学习过程中，教师应注重培养学生的团队协作精神，鼓励他们在小组内互相帮助、共同进步。同时，教师还应关注每个学生的发展情况，为他们提供个性化的指导和支持。这样可以使每个学生都能在合作学习中发挥自己的潜能和特长，实现整体提高。

5. 及时反馈与调整原则

在合作学习过程中，教师应及时给予学生反馈和指导。教师可以通过观察、记录、评价等方式了解学生的学习情况和学习效果，并根据实际情况对教学策略进行调整。同时，教师还应鼓励学生进行自我反思和互评互学，帮助他们发现自己的不足和优点，从而不断改进自己的学习方法和策略。这样可以使学生更加主动地参与到合作学习中来，提高学习效果和学习质量。

二、社会建构主义与合作学习的结合

（一）概述

在教育领域中，社会建构主义和合作学习是两个备受关注的理论和实践模式。社会建构主义强调知识的社会性和建构性，认为知识是通过社会互动和文化过程被个体所建构的。而合作学习则是一种通过小组形式，鼓励学生之间互助、交流、共同完成任务的教学策略。

（二）社会建构主义与合作学习结合的必要性

传统的教学模式往往以教师为中心，学生被动接受知识。而社会建构主义强调学生的主体性和知识的社会性，合作学习则注重学生的互动和合作。两者的结合可以弥补传统教学的不足，使学生在积极参与和互助合作中，更好地建构和掌握知识。社会建构主义与合作学习都注重学生的社会性和实践性。两者的结合可以为学生提供更多的实践机会和社交场合，让学生在互动和合作中锻炼自己的沟通、协作、创新等能力，促进学生的全面发展。

社会建构主义与合作学习都强调学生的主体性和参与性。两者的结合可以激发学生的学习兴趣和积极性，提高学生的学习效果和教师的教学质量。同时，合作学习中的小组互动和合作，还可以促进学生之间的交流和互动，形成良好的学习氛围。

（三）社会建构主义与合作学习结合的理论基础

社会建构主义认为，知识是社会的建构物，是个体在与他人互动的过程中逐渐形成的。而合作学习则强调学生之间的互助和合作，通过共同完成任务来建构知识。两者的结合可以让学生在合作中更好地理解和掌握知识，同时培养学生的合作精神和团队意识。社会建构主义认为，学习是一个社会化的过程，学生需要在与他人的互动中建构自己的知识体系。而合作学习则提供了这样的机会，让学生在小组中通过互助、交流、讨论等方式来共同学习。两者的结合可以让学生更加积极地参与到学习中来，提高学习效果。

社会建构主义强调学生的主体地位和教师的引导作用。而合作学习则注重学生的参与和合作，同时需要教师的指导和协调。两者的结合可以充分发挥教师的作用，引导学生积极参与合作学习，同时关注学生的个体差异和需求，提供个性化的指导和支持。

（四）社会建构主义与合作学习结合的实践应用

在社会建构主义与合作学习结合的教学中，教师需要创设一个有利于合作学习的环境。这包括组建异质小组、明确任务分工、提供学习资源等。同时，教师还需要关注学生的情感状态和学习需求，为他们提供必要的支持和鼓励。合作学习任务的设计是社会建构主义与合作学习结合的关键。教师需要设计具有挑战性和启发性的任务，让学生在完成任务的过程中进行知识的建构和合作的学习。同时，任务的设计还需要考虑学生的实际情况和能力水平，确保任务的可行性和有效性。

在合作学习过程中，教师需要引导学生积极参与、互相协作、共同完成任务。教师可以通过提问、讨论、展示等方式激发学生的思考和探索欲望，同时关注学生的互动和合作情况，及时给予指导和帮助。此外，教师还需要关注学生的学习过程和结果，及时进行评价和反馈，促进学生的持续改进和发展。合作学习结束后，教师需要引导学生进行反思和总结。学生可以通过自我评价、互评和师评等方式了解自己的学习情况和合作表现，同时分析在合作学习中存在的问题和不足。教师还可以组织学生进行小组讨论和分享会等活动，让学生分享自己的学习经验和成果，促进知识的共享和交流。

三、合作学习中的小组活动与互动

（一）概述

合作学习作为一种有效的教学策略，已经在全球范围内得到了广泛的关注和应用。其核心思想是通过小组活动，鼓励学生之间的互助、交流和合作，以促进学生知识的建构、技能的提升和情感的发展。在合作学习中，小组活动与互动是其核心要素，它们共同构成了合作学习的基本框架。

（二）小组活动在合作学习中的作用

小组活动为学生提供了一个相对自由、宽松的学习环境，使学生能够在轻松愉快的氛围中积极参与学习。通过小组合作，学生需要共同讨论、协作完成任务，这能够激发学生的学习兴趣和动力，使他们更加主动地投入到学习中去。小组活动需要学生之间进行密切的合作，通过互相协助、分工合作、共享资源等方式完成任务。在这个过程中，学生需要学会倾听他人的意见、尊重他人的观点、协调自己的行动等，这些都有助于培养学生的合作能力和团队精神。

在小组活动中，学生之间通过交流、讨论和分享，能够共同探索和理解知识。每个学生都可以从其他成员那里获得新的观点和信息，从而丰富自己的知识体系。同时，学生还可以通过实践、探索和创新等方式，将所学知识应用到实际问题中去，实现知识的内化和建构。

(三)互动在合作学习中的特点

互动是合作学习中的核心特点之一。在合作学习中，学生之间需要进行频繁的互动和交流，以完成任务、解决问题和分享经验。这种互动不仅包括言语上的交流，还包括肢体动作、面部表情等非言语形式的交流。

在合作学习中，每个学生都是平等的参与者。他们拥有相同的学习机会和资源，可以自由地表达自己的观点和想法。这种平等性有助于消除学生的自卑感和焦虑感，使他们更加自信地参与到学习中去。合作学习中的互动具有多样性。学生之间的互动可以是一对一的交流，也可以是多人之间的讨论和协商。同时，互动的形式也可以是多种多样的，如口头交流、书面交流、网络交流等。这种多样性为学生提供了更多的互动机会和选择，有助于激发他们的学习兴趣和创造力。

(四)合作学习中小组活动与互动的实施策略

在合作学习中，教师需要明确小组的目标和任务。这有助于学生了解他们需要完成什么任务、达到什么目标，从而更加有针对性地开展小组活动和互动。同时，明确的目标也有助于激发学生的学习动力和积极性。

分组是合作学习中的关键步骤。教师需要根据学生的实际情况和需求进行合理分组。在分组时，需要考虑学生的知识水平、兴趣爱好、性格特点等因素，确保每个小组在整体上保持平衡。同时，也需要关注学生的意愿和感受，让他们参与到分组过程中来。在合作学习中，教师需要为学生提供必要的指导与支持。这包括为学生提供学习资源、解答学生的疑问、帮助学生协调小组内部的矛盾等。同时，教师还需要关注学生的情感状态和学习需求，为他们提供个性化的指导和支持。

在合作学习中，教师需要鼓励学生之间的积极互动。这包括鼓励学生发表自己的观点、尊重他人的意见、积极参与小组讨论等。同时，教师还需要关注学生的互动情况，及时发现和解决问题，确保小组活动的顺利进行。在合作学习中，评价是不可或缺的环节。教师需要采用多元评价的方式，对学生的学习过程和结果进行全面、客观的评价。这包括自评、互评和师评等多种评价方式，以帮助学生了解自己的学习情况和发展方向。同时，评价也需要关注学生的合作能力和团队精神等方面的表现。

（五）合作学习中小组活动与互动面临的挑战

在合作学习中，有时会出现学生参与度不均的情况。一些学生可能会积极参与小组活动和互动，而另一些学生则可能被动地参与或者完全不参与。这会影响小组的整体学习效果和合作氛围。在小组活动中，有时会出现小组内部矛盾的情况。这可能是由于学生的性格、兴趣、目标等方面的差异所导致的。如果矛盾得不到及时解决，会影响小组的凝聚力和学习效果。

在合作学习中，教师的角色定位非常重要。如果教师过于强调自己的主导地位，会限制学生的主动性和创造性；而如果教师过于放任学生，又可能导致小组活动的无序和混乱。因此，教师需要在合作学习中扮演好引导者和支持者的角色。

第四节　学习环境设计与建构主义理论的融合

一、学习环境设计的原则与目标

（一）概述

学习环境设计是教育领域中至关重要的一个环节，它直接影响着学生的学习效果、兴趣和动力。一个优质的学习环境应当能够激发学生的学习兴趣，提供丰富的学习资源，促进学生的全面发展。

（二）学习环境设计的原则

学习环境设计的首要原则是以学生为中心。这意味着在设计学习环境时，需要充分考虑学生的需求、兴趣和能力，确保环境能够满足学生的学习需求。同时，还需要关注学生的情感发展，创造一个温馨、舒适、安全的学习环境，让学生能够放松身心，全身心地投入到学习中去。学习环境设计应当强调互动与合作。通过设计多样化的互动环节和合作任务，鼓励学生之间的交流和合作，促进知识的共享和创造。这样的学习环境有助于培养学生的团队精神、沟通能力和协作能力，为他们的未来发展打下坚实的基础。

学习环境设计需要提供丰富的学习资源。这些资源包括书籍、多媒体材料、网络资源等，能够满足学生多样化的学习需求。同时，还需要确保资源的更新和补充，以保证学习环境的时效性和先进性。每个学生都是独特的个体，他们具有不同的学习风格、兴趣和能力。因此，学习环境设计需要注重个性化和差异化。通过提供多样化的学习方式和途径，满足不同学生的学习需求，让每个学生都能够找到适合自己的学习方式，实现个性化发展。

学习环境设计应当鼓励创新与实践。通过设计具有挑战性的学习任务和项目，激发学生的创造力和想象力，让他们在实践中探索知识、解决问题。这样的学习环境有助于培养学生的创新精神和实践能力，为他们的未来发展提供有力的支持。

（三）学习环境设计的目标

学习环境设计的首要目标是激发学生的学习兴趣和动力。通过设计有趣、生动、富有挑战性的学习任务和活动，让学生感受到学习的乐趣和价值，从而更加积极地投入到学习中去。同时，还需要关注学生的学习需求和心理变化，及时给予他们鼓励和支持，让他们保持持续的学习动力。学习环境设计还需要培养学生的自主学习能力和终身学习习惯。通过提供丰富的学习资源和多样化的学习方式，引导学生学会自主学习、独立思考和解决问题。同时，还需要培养学生的自我管理和自我监控能力，让他们能够自觉地规划自己的学习时间和进度，形成终身学习的习惯。

学习环境设计的最终目标是提升学生的综合素质和创新能力。通过设计具有挑战性的学习任务和项目，让学生在实践中锻炼自己的思维能力、沟通能力、协作能力和创新能力等综合素质。同时，还需要关注学生的情感体验和人文关怀，培养他们的社会责任感和公民意识，让他们成为具有综合素质和创新能力的优秀人才。

（四）实践策略与建议

在设计学习环境之前，需要深入了解学生的需求、兴趣和能力。通过与学生交流、观察他们的学习行为等方式，了解他们的学习特点和需求，为设计提供有力的依据。学习环境设计需要创设多样化的学习空间，包括传统教室、实验室、图书馆、多媒体教室等。这些空间应当具有不同的功能和特点，能够满足学生多样化的学习需求。同时，还需要注重空间的布局和装饰，创造一个舒适、美观、富有文化氛围的学习环境。

学习环境设计需要提供丰富的学习资源，包括书籍、多媒体材料、网络资源等。这些资源应当具有多样性、时效性和先进性，能够满足学生多样化的学习需求。同时，还需要注重资源的更新和补充，以保证学习环境的时效性和先进性。在学习环境设计中，需要加强师生互动与沟通。教师可以通过设计多样化的互动环节和合作任务，鼓励学生之间的交流和合作，促进知识的共享和创造。同时，还需要关注学生的情感状态和学习需求，及时给予他们鼓励和支持，建立良好的师生关系。

在学习环境设计中，需要注重学生个性化和差异化发展。通过提供多样化的学习方式和途径，满足不同学生的学习需求，让每个学生都能够找到适合自己的学习方式，实现个性化发展。同时，还需要关注学生的差异性和特长，为他们提供个性化的指导和支持，促进他们的全面发展。

二、建构主义学习环境的设计要素

（一）概述

建构主义学习理论强调学习者在知识建构过程中的主动性和社会性，认为学习是学习者在一定的社会文化背景下，借助他人的帮助，利用必要的学习资料，通过意义建构的方式获得。在这一理论框架下，学习环境的设计显得尤为重要，因为它直接影响着学习者知识建构的过程和效果。

（二）情境要素

情境是建构主义学习环境设计的重要要素之一。建构主义认为，学习是在一定的情境下进行的，这个情境应该是真实或接近真实的，有利于学习者对所学内容的意义建构。因此，在设计学习环境时，需要充分考虑情境的创设。

真实性：情境应该尽可能真实，反映学习者在实际生活中可能遇到的问题和挑战。这有助于学习者将所学知识应用于实际情境中，提高学习的实用性和有效性。

复杂性：情境应该具有一定的复杂性，包含多个变量和因素，以激发学习者的思考和探索欲望。通过解决复杂问题，学习者可以深化对知识的理解和应用。

情境化：将学习内容嵌入到具体的情境中，使学习者在情境中学习、体验和感悟。这有助于学习者形成对知识的深刻理解和记忆，提高学习的效果。

（三）协作要素

协作是建构主义学习环境设计的另一个重要要素。建构主义认为，学习是学习者之间通过协作活动而实现的意义建构过程。因此，在设计学习环境时，需要充分考虑协作的促进。

小组活动：通过组织小组活动，鼓励学习者之间的交流和合作。在小组中，学习者可以共同讨论、分享和解决问题，促进知识的共享和创造。

角色分配：在小组活动中，为每个学习者分配不同的角色和任务，使每个学习者都能参与到协作过程中来。这有助于增强学习者的责任感和归属感，提高协作的效率和效果。

协作工具：提供合适的协作工具，如在线协作平台、实时聊天工具等，支持学习者之间的实时交流和协作。这些工具可以突破时间和空间的限制，使学习者能够随时随地进行协作。

（四）会话要素

会话是协作过程中的重要环节，也是建构主义学习环境设计的关键要素之一。会话有助于学习者之间的交流和沟通，促进知识的共享和创造。

提问与回答：鼓励学习者在会话中提出问题和回答问题。通过提问，学习者可以表达自己的疑惑和思考；通过回答，学习者可以展示自己的知识和见解。这有助于激发学习者的思考和探索欲望。

讨论与辩论：组织学习者进行讨论和辩论，让他们就某个问题或观点进行交流和辩论。这有助于培养学习者的批判性思维和表达能力，促进对知识的深入理解和应用。

反思与总结：在会话结束后，组织学习者进行反思和总结。让他们回顾自己在会话中的表现和思考过程，总结自己的收获和不足。这有助于学习者对自己的学习进行反思和改进，提高学习的效果和质量。

（五）意义建构要素

意义建构是建构主义学习环境的最终目标，也是学习环境设计的核心要素之一。意义建构是指学习者通过对所学知识的理解和应用，形成自己的认知结构和知识体系。

主动学习：鼓励学习者主动参与到学习过程中来，通过自己的探索和实践来建构知识。这有助于培养学习者的主动性和创造性，提高学习的效果和质量。

深度理解：引导学习者对所学知识进行深入的理解和思考，挖掘知识之间的内在联系和规律。通过深度理解，学习者可以形成对知识的深刻认识和记忆，提高学习的深度和广度。

应用实践：鼓励学习者将所学知识应用到实际情境中去，通过实践来检验和巩固所学知识。这有助于培养学习者的实践能力和创新精神，提高学习的实用性和有效性。

三、技术支持下的建构主义学习环境

（一）概述

随着信息技术的迅猛发展，教育领域也迎来了前所未有的变革。在建构主义学习理论的指导下，学习环境的设计更加注重学习者的主动性和社会性，而技术的支持则为实现这一理念提供了有力的工具。

（二）技术支持下的建构主义学习环境的特点

技术支持下的建构主义学习环境，具有以下几个显著的特点：

交互性：技术工具如互联网、多媒体、虚拟现实等，为学习者提供了丰富的交互方式。学习者可以通过这些工具与教师、同学或其他学习者进行实时或非实时的交流，分享信息、讨论问题、协作完成任务等。这种交互性有助于激发学习者的学习兴趣和动力，促进知识的共享和创造。

个性化：技术支持下的学习环境可以根据学习者的学习风格、兴趣和能力等个体差异，提供个性化的学习资源、路径和策略。学习者可以根据自己的需求选择适合自己的学习内容、进度和难度，从而实现个性化的学习和发展。

情境化：技术可以模拟真实或接近真实的情境，为学习者提供沉浸式的学习体验。在这种环境中，学习者可以更加深入地理解知识的实际应用和价值,增强学习的实用性和有效性。

协作性:技术工具如社交媒体、在线协作平台等,为学习者提供了便捷的协作工具和平台。学习者可以通过这些工具与他人进行协作学习,共同解决问题、完成任务和创新实践。这种协作性有助于培养学习者的团队精神和协作能力,促进知识的共享和创造。

(三)技术支持下的建构主义学习环境的优势

技术支持下的建构主义学习环境相比传统的学习环境具有以下几个优势:

提高学习效率:技术工具提供了丰富的学习资源和便捷的学习方式,使学习者能够更加高效地获取知识和信息。同时,技术还支持个性化学习路径的定制,使学习者能够根据自己的需求和能力进行有针对性的学习。

激发学习兴趣:技术工具可以呈现生动、有趣的学习内容,激发学习者的学习兴趣和动力。同时,技术还支持多样化的学习方式,如游戏化学习、虚拟实验等,使学习过程更加有趣和富有挑战性。

增强学习体验:技术支持下的学习环境可以模拟真实或接近真实的情境,为学习者提供沉浸式的学习体验。这种体验有助于学习者更好地理解和应用所学知识,增强学习的实用性和有效性。

培养创新能力:技术支持下的学习环境鼓励学习者进行探索、实践和创新。通过技术工具的支持,学习者可以更加便捷地进行实验、模拟和创造等活动,培养自己的创新能力和实践能力。

(四)技术支持下的建构主义学习环境的设计要素

在设计技术支持下的建构主义学习环境时,需要考虑以下几个要素:

学习目标:明确学习目标,确定学习者需要掌握的知识和技能。同时,还需要考虑如何将这些目标融入学习环境中,使学习者能够在学习过程中逐步达成这些目标。

学习者特征:了解学习者的学习风格、兴趣和能力等个体差异,为设计个性化的学习环境提供依据。同时，还需要考虑如何激发学习者的学习兴趣和动力，促进他们的主动学习和发展。

技术工具：选择合适的技术工具来支持学习环境的设计和实施。这些工具应该具有交互性、个性化、情境化和协作性等特点，能够满足学习者的学习需求和发展目标。

学习资源：提供丰富的学习资源，包括文本、图片、视频、音频等多种形式的内容。同时，还需要考虑如何对这些资源进行组织和分类，使学习者能够方便地找到所需的信息和资源。

学习活动：设计多样化的学习活动，如讨论、协作、实践等，以促进学习者的知识建构和能力提升。这些活动应该具有挑战性和趣味性，能够激发学习者的学习兴趣和动力。

（五）技术支持下的建构主义学习环境的实践应用

技术支持下的建构主义学习环境已经在许多教育实践中得到了应用。例如，在在线教育中，利用网络平台和多媒体工具为学习者提供个性化的学习资源和路径；在虚拟实验室中，利用虚拟现实技术模拟真实实验环境，使学习者能够安全、便捷地进行实验操作；在协作学习项目中，利用社交媒体和在线协作平台支持学习者之间的交流和协作等。这些实践应用证明了技术支持下的建构主义学习环境的有效性和实用性，为教育领域的创新和发展提供了新的思路和方向。

第五章　社会文化理论在高校教学中的应用

第一节　社会文化理论基本原理

一、社会文化理论的核心观点

（一）概述

社会文化理论，由苏联心理学家维果茨基（Lev Vygotsky）提出，是一种深入探索人类认知发展与社会文化环境之间相互关系的理论框架。该理论强调社会文化因素在人类认知功能发展中的核心作用，并揭示了语言、社会互动、文化工具等在人类心理发展中的重要性。

（二）社会文化理论的基本观点

社会文化理论的核心观点之一是强调社会文化因素在人类认知发展中的核心作用。维果茨基认为，人的心理机能从根本上来说是一个由文化产品、活动和概念充当中介的、并受中介调节的过程。语言作为首要的调节手段，在人类的认知活动中发挥着至关重要的作用。人们通过语言进行思维、交流和沟通，进而获取和掌握知识。社会文化理论强调语言是一种社会文化现象。语言不仅仅是交流的工具，更是社会文化的载体。语言学习者通过把语言运用到行为实践中，获得一定的语言文化知识，从而消除了语言使用和学习的界限。语言的使用、组织和构筑是中介的首要手段，人们通过语言来理解和解释世界，同时也通过语言来影响和塑造世界。

社会文化理论还强调社会互动在认知发展中的重要性。维果茨基认为，儿童与比他们更富有知识的社会成员之间的合作对话在儿童认知发展中起着关键作用。通过社会互动，儿童能够学习他们所处团体的文化，理解社会规则和价值观，并逐渐形成自己的认知结构和知识体系。社会文化理论指出，人类利用原有的文化工具创作新的文化工具，并由这些文化工具来调节他们的生理和行为活动。这些文化工具包括语言、符号、工具、艺术等，它们都是人类认知发展的中介。人们通过这些文化工具来理解和解释世界，同时也通过它们来创造和改变世界。

（三）社会文化理论的核心组成部分

社会文化理论的核心组成部分包括中介、内化、最近发展区、搭手架和活动理论等。

中介是社会文化理论中的一个核心概念。它认为人类生活在两个世界中：一个是具体的物质世界，由生物因素决定的低级心理机能；另一个是抽象符号的世界，由社会文化因素决定的高级心理机能。在这两个世界中，人类通过中介（如语言、符号等）进行转换和调节，以实现心理活动的目的。内化是指个体将外部的社会文化因素转化为内部的心理结构的过程。通过内化，个体能够将外部的知识、技能和价值观等融入自己的认知结构中，形成自己的思维方式和行为模式。最近发展区是指儿童在独立解决问题时所达到的实际发展水平与在成人指导下或在有能力的同伴合作中解决问题所可能达到的发展水平之间的距离。这个区域是儿童发展的潜力所在，也是教学的重点。搭手架是指教师或更有能力的同伴为儿童提供支持和帮助，以帮助他们达到更高的发展水平。这种支持和帮助是暂时的、有针对性的，旨在促进儿童的自主发展。活动理论强调活动在认知发展中的重要性。它认为活动是连接主体与客体的桥梁，是主体通过中介作用于客体的过程。在这个过程中，主体通过活动来认识世界、改造世界，并逐渐形成自己的认知结构和知识体系。

二、社会文化理论中的中介与内化

（一）概述

社会文化理论，作为教育心理学的重要分支，由苏联心理学家维果茨基提出并发展。该理论强调社会文化因素在人类认知发展中的核心作用，并深入探讨了中介与内化这两个核心概念在个体心理发展中的意义。中介作为连接个体与社会文化的桥梁，而内化则是将社会文化因素转化为个体心理结构的过程。

（二）社会文化理论概述

社会文化理论强调社会文化因素在人类认知发展中的核心作用，认为个体的心理发展是与社会文化环境相互作用的结果。该理论提出，人类的心理活动不是孤立存在的，而是受到社会文化因素的影响和制约。因此，要理解个体的心理发展，必须将其置于社会文化环境中进行考察。

（三）中介的概念与功能

1. 中介的定义

在社会文化理论中，中介是指连接个体与社会文化的桥梁，是个体通过社会文化因素进行认知活动的媒介。这些中介可以包括语言、符号、工具、艺术等，它们都是人类认知发展的工具。

2. 中介的功能

调节功能：中介在个体与社会文化之间起着调节作用，帮助个体适应社会文化环境。通过中介，个体可以理解和解释社会文化信息，从而与社会文化环境进行有效的互动。

转换功能：中介可以将社会文化信息转换为个体可以理解的形式，促进个体对知识的获取和理解。例如，教师可以通过使用生动的语言、图像或实验来帮助学生理解抽象的概念。

建构功能：中介可以帮助个体建构自己的知识体系。通过与社会文化环境的互动，个体可以利用中介来构建自己的认知结构，形成独特的思维方式和知识体系。

（四）内化的概念与过程

1. 内化的定义

内化是指个体将外部的社会文化因素转化为内部的心理结构的过程。通过内化，个体可以将社会文化信息融入自己的认知结构中，形成自己的思维方式和行为模式。

2. 内化的过程

感知与理解：个体首先通过感知器官接收外部的社会文化信息，然后通过大脑进行加工和理解。在这个过程中，中介起到了关键作用，帮助个体将外部信息转换为可以理解的形式。

认同与接纳：在理解外部信息的基础上，个体会根据自己的价值观、信仰和经验等因素进行判断和选择。如果个体认为这些信息与自己的价值观相符合，就会进行认同和接纳。

整合与运用：个体将认同和接纳的信息整合到自己的认知结构中，形成新的知识体系。然后，个体会将这些知识运用到实际生活中，指导自己的行为和实践。

（五）中介与内化的关系

中介与内化在社会文化理论中是相互依存、相互促进的。中介为个体提供了连接社会文化环境的桥梁，帮助个体获取和理解外部信息；而内化则是将外部信息转化为内部心理结构的过程，使个体能够将这些信息融入自己的知识体系并指导自己的行为。

具体而言，中介在个体认知发展的过程中起到了媒介和工具的作用。

它帮助个体感知和理解外部信息，同时也为个体提供了表达和交流的手段。通过中介，个体可以与社会文化环境进行有效的互动，从而获取更多的知识和经验。

而内化则是将外部信息转化为内部心理结构的关键过程。在这个过程中，个体需要借助中介来理解和解释外部信息，并将其与自己的知识体系进行整合。通过内化，个体可以将外部信息转化为自己的思维方式和行为模式，从而更好地适应社会文化环境。

（六）中介与内化在教育实践中的应用

在教育实践中，教师可以利用中介来促进学生的认知发展。例如，教师可以使用生动的语言、图像、视频等多媒体教学资源来帮助学生理解抽象的概念和原理；同时，教师还可以利用实验、社会实践等活动来为学生提供亲身体验和探究的机会，帮助学生构建自己的知识体系。

为了促进学生的内化过程，教师需要关注学生的个体差异和学习需求。教师可以通过个性化教学、差异化教学等方式来满足不同学生的学习需求；同时，教师还需要引导学生主动思考和探究问题，培养学生的自主学习能力和创新精神。此外，教师还可以通过评价反馈等方式来帮助学生反思自己的学习过程和成果，促进学生的自我认知和成长。

三、社会文化理论与教育实践的关联

（一）概述

随着全球化和信息化时代的到来，社会文化理论在教育领域的重要性日益凸显。社会文化理论强调文化、社会背景对个体认知和行为的影响，为教育实践提供了新的视角和方法。

（二）社会文化理论概述

社会文化理论起源于20世纪70年代的苏联心理学界，由维果茨基提出，后经其学生及后继者的发展和完善，形成了较为完整的理论体系。社会文化理论主张人类的认知发展是与社会文化环境密切相关的，个体通过与他人的互动和社会实践活动来建构和发展自己的认知。

社会文化理论包含以下核心观点：

社会互动与认知发展：个体通过社会互动和实践活动来建构和发展自己的认知。

文化中介作用：文化作为个体与社会互动的中介，对认知发展产生重要影响。

符号与工具的使用：个体使用符号和工具（如语言、文字、技术等）来理解和改造世界。

（三）社会文化理论和教育实践的关联

社会文化理论强调教育应满足社会文化需求，培养具有社会责任感、批判性思维和创新能力的人才。在教育实践中，教师需要关注社会文化的变迁和发展，不断调整教育目标，以适应社会发展的需要。社会文化理论认为教育内容应与社会文化背景相结合，注重培养学生的文化素养和跨文化交际能力。在教育实践中，教师应关注不同文化背景下的学生需求，设计具有文化敏感性和包容性的教育内容，以促进学生的全面发展。

社会文化理论强调教育方法应注重社会互动和实践活动，通过合作、讨论、探究等方式促进学生的认知发展。在教育实践中，教师应采用多样化的教学方法，如小组合作学习、项目式学习等，以激发学生的学习兴趣和主动性，提高学生的实践能力。

（四）社会文化理论在教育实践中的应用

在课堂教学中，教师可以融入社会文化元素，如通过讲述历史故事、分析文化现象等方式，引导学生关注社会文化的变迁和发展。同时，教师可以组织学生进行角色扮演、情景模拟等活动，让学生在实践中体验和理解社会文化。社会文化理论鼓励跨学科整合和多元文化教育。在教育实践中，教师可以打破学科壁垒，将不同学科的知识进行整合，形成跨学科的教学内容。同时，教师可以关注不同文化背景下的学生需求，设计具有文化敏感性和包容性的教学内容，以促进学生的跨文化交际能力。

社会文化理论强调教育评价应关注学生的全面发展和社会责任感。在教育实践中，教师应采用多元化的评价方式，如自我评价、同伴评价、教师评价等，以全面了解学生的学习情况和成长过程。同时，教师应引导学生进行反思和总结，发现自己的不足之处并寻求改进的方法。

（五）社会文化理论对教育实践的启示和影响

社会文化理论提醒教师要关注社会文化的变迁和发展，不断调整教育目标和内容以适应社会的需要。这要求教师具备敏锐的洞察力和判断力，能够及时发现社会文化的变化并做出相应的调整。社会文化理论强调学生的主体性和实践性，认为学生应成为学习的主体和参与者。这要求教师在教学过程中注重学生的主体地位和实践能力的培养，让学生在实践中学习和成长。社会文化理论倡导合作与共享的教育理念，认为教育应是一个合作和共享的过程。这要求教师在教学过程中注重师生之间的合作和互动，以及学生之间的合作和交流，共同促进学生的学习和发展。

第二节　教学实践中的社会文化理论应用

一、社会文化理论指导下的师生互动模式

（一）概述

在教育领域中，师生互动模式一直是影响教育效果的关键因素之一。随着社会文化理论的兴起和发展，它为理解和改善师生互动模式提供了新的视角和方法。社会文化理论强调文化、社会背景对个体认知和行为的影

响，并认为个体是在社会互动中构建和发展知识的。

（二）社会文化理论指导下的师生互动模式特点

社会文化理论指导下的师生互动模式强调师生之间的平等性。教师不再是知识的唯一传授者，而是与学生共同学习、探讨的伙伴。学生也不再是被动接受知识的容器，而是积极参与知识构建的主体。在这种模式下，师生之间的对话和交流更加平等、开放，有利于激发学生的主动性和创造性。

社会文化理论强调社会互动和文化交流在个体认知发展中的重要性。因此，在师生互动模式中，教师应注重与学生之间的社会互动和文化交流。通过合作、讨论、探究等方式，教师可以引导学生关注社会现象、分析文化问题，从而促进学生对知识的深入理解和应用。同时，教师还应关注学生的文化背景和个体差异，尊重不同文化背景下的学生需求，以促进学生的全面发展。

社会文化理论认为符号与工具的使用是个体认知发展的重要手段。在师生互动模式中，教师应注重利用符号和工具来辅助教学。例如，教师可以利用语言、文字、图像等符号来传递信息、解释概念；利用实验器材、多媒体设备等工具来展示现象、验证原理。这些符号和工具的使用可以帮助学生更好地理解和掌握知识，提高学习效果。

（三）社会文化理论指导下的师生互动模式实施策略

建立平等的师生关系是实施社会文化理论指导下的师生互动模式的前提。教师应尊重学生的个性、兴趣和需求，关注学生的成长和发展。同时，学生也应尊重教师的专业知识和经验，积极参与课堂学习和讨论。在这种平等的师生关系中，师生之间的对话和交流更加自然、顺畅，有利于激发学生的主动性和创造性。

创设丰富的社会互动和文化交流情境是实施社会文化理论指导下的师生互动模式的关键。教师可以通过组织小组合作、角色扮演、辩论等活动来创设社会互动情境；通过引入不同文化背景下的案例、故事、音乐等来创设文化交流情境。这些情境可以帮助学生更好地理解和运用知识，提高学习效果。

充分利用符号与工具辅助教学是实施社会文化理论指导下的师生互动模式的重要手段。教师可以通过使用生动形象的语言、丰富多样的文字材料、直观形象的图像等手段来传递信息、解释概念；利用实验器材、多媒体设备等工具来展示现象、验证原理。这些符号和工具的使用可以帮助学生更好地理解和掌握知识，提高学习效果。

（四）社会文化理论指导下的师生互动模式对教育实践的意义

社会文化理论指导下的师生互动模式强调学生的主体性和实践性，注重社会互动和文化交流。这种模式可以帮助学生更好地理解和应用知识，提高学习效果；同时，还可以培养学生的社会责任感、批判性思维和创新能力等综合素质，促进学生的全面发展。

社会文化理论指导下的师生互动模式注重师生的平等对话和交流，强调符号与工具的使用辅助教学。这种模式可以激发学生的学习兴趣和主动性，提高课堂参与度；同时，还可以促进师生之间的合作和共享，提高教育资源的利用效率和质量。

社会文化理论指导下的师生互动模式为教育改革和创新提供了新的思路和方法。这种模式强调社会文化的影响和作用，注重跨学科整合和多元文化教育；同时，还倡导合作与共享的教育理念和方法。这些思路和方法可以为教育改革和创新提供有益的借鉴和启示。

二、利用社会文化理论优化小组合作学习

（一）概述

小组合作学习作为一种有效的教学组织形式，已被广泛应用于各级教

育中。然而，在实际操作过程中，小组合作学习往往面临着诸多挑战，如学生参与度不均、合作效果不佳等。社会文化理论提供了一种新的视角来理解和优化小组合作学习。该理论强调文化、社会背景对个体认知和行为的影响，并认为个体是在社会互动中构建和发展知识的。

（二）小组合作学习面临的挑战

在小组合作学习中，一些学生可能过于活跃，而另一些学生则可能保持沉默，导致参与度不均。由于学生之间的性格、兴趣、能力等方面的差异，合作过程中可能出现沟通不畅、任务分配不均等问题，导致合作效果不佳。教师在小组合作学习中往往难以全面关注每个小组的情况，导致指导不足或指导效果不佳。

（三）利用社会文化理论优化小组合作学习的策略

1. 强调社会互动和文化交流

社会文化理论强调社会互动和文化交流在个体认知发展中的重要性。在小组合作学习中，教师可以通过以下方式强调社会互动和文化交流：

（1）设定共同目标：为每个小组设定明确的共同目标，以激发学生的合作意愿和团队精神。

（2）鼓励多元观点：鼓励学生表达自己的观点和想法，尊重不同意见和文化背景，促进多元文化交流。

（3）促进沟通协作：通过组织小组讨论、角色扮演等活动，促进学生之间的沟通和协作，提高合作效果。

2. 关注学生的文化背景和个体差异

社会文化理论强调文化中介作用在个体认知发展中的重要性。在小组合作学习中，教师应关注学生的文化背景和个体差异，以更好地满足学生的需求。

（1）了解学生文化背景：了解学生的家庭背景、文化背景等信息，以便更好地理解学生的需求和思维方式。

（2）尊重个体差异：尊重学生在性格、兴趣、能力等方面的差异，为每个学生提供适合其发展的学习机会和支持。

（3）设计多样化任务：设计多样化的学习任务，以满足不同学生的需求和兴趣，提高学生的参与度和学习效果。

3. 充分利用符号与工具辅助教学

社会文化理论认为符号与工具的使用是个体认知发展的重要手段。在小组合作学习中，教师可以充分利用符号与工具来辅助教学。

（1）使用多媒体资源：利用多媒体资源展示相关知识和信息，以丰富教学内容和形式。

（2）引入实物模型：通过引入实物模型或实验器材等工具，帮助学生更好地理解和掌握知识。

（3）提供学习资源：为学生提供多样化的学习资源，如书籍、网站等，以便学生自主学习和探究。

4. 加强教师的指导和支持

在小组合作学习中，教师的指导和支持至关重要。教师可以通过以下方式加强指导和支持：

（1）观察与记录：观察每个小组的合作情况，记录学生的表现和问题，以便后续指导和改进。

（2）及时反馈：对学生的表现给予及时、具体的反馈，指出优点和不足，并给出改进建议。

（3）提供策略指导：为学生提供有效的合作策略和技巧，如分工合作、轮流发言等，以提高学生的合作效果。

（四）社会文化理论在优化小组合作学习中的实践意义

促进学生全面发展：通过强调社会互动和文化交流，关注学生的文化背景和个体差异，以及充分利用符号与工具辅助教学等方式，可以促进学生全面发展，提高学生的综合素质和社会责任感。

优化小组合作学习可以提高学生的参与度和学习效果，使学生更好地理解和掌握知识，提高学习成绩。通过小组合作学习，学生可以学会与他人合作、沟通和分享，培养合作精神和团队意识，为未来的学习和工作打下基础。优化小组合作学习可以为教育改革和创新提供新的思路和方法，推动教育向更加注重学生主体性和实践性的方向发展。

第三节 学习社群与社会文化理论

一、学习社群的定义及其在教学中的作用

（一）概述

随着教育理念的更新与信息技术的飞速发展，学习社群（Learning Community）作为一种新型的学习组织形式，在教育领域得到了广泛的关注和应用。学习社群强调学习者之间的协作、交流和共享，旨在通过集体智慧和努力，促进个体学习者的知识构建和能力提升。

（二）学习社群的定义

学习社群是指由一群具有共同学习目标、兴趣或任务的个体组成的学习共同体。在这个共同体中，成员们通过参与各种学习活动、分享资源和经验、相互协作和讨论，共同构建和深化对知识的理解和应用。学习社群的成员具有共同的学习目标，这是他们聚集在一起的基础。这些目标可能是完成一项学习任务、掌握一种技能或解决一个实际问题。

学习社群的成员之间通过协作和交流来共同完成任务。他们分享各自的观点、经验和资源，相互帮助和支持，以达成共同的学习目标。学习社群强调集体智慧的重要性。成员们通过共同讨论、合作解决问题和反思学习经验，共同构建和深化对知识的理解和应用。学习社群是一个开放的系

统，成员可以自由地加入和退出。同时，社群也欢迎外部资源的加入和分享，以促进知识的传播和创新。

（三）学习社群在教学中的作用

学习社群为学生提供了一个自由、开放、互动的学习环境，使学生能够在轻松愉快的氛围中学习。在社群中，学生可以自由地表达自己的观点和想法，与同伴进行深入的交流和讨论。这种互动不仅有助于学生建立自信心和自尊心，还能激发他们的学习兴趣和动力，使他们更加主动地参与到学习中来。学习社群强调集体智慧和相互协作的重要性。在社群中，学生可以通过与同伴的合作和交流，共同构建和深化对知识的理解和应用。这种合作不仅有助于学生发现和理解知识的内在联系和规律，还能促进他们的思维发展和创新能力。同时，社群中的交流和讨论也有助于学生发现和纠正自己的错误和偏差，提高学习效果。

学习社群为学生提供了一个良好的合作和交流平台。在社群中，学生需要与同伴共同完成任务、分享资源和经验、相互帮助和支持。这种合作不仅有助于学生建立良好的人际关系和信任感，还能培养他们的合作精神和团队意识。这些能力在未来的学习和工作中都具有重要的意义和价值。学习社群具有开放性和多样性的特点，能够满足不同学生的个性化学习需求。在社群中，学生可以根据自己的兴趣、能力和需求选择适合自己的学习资源和活动。同时，社群中的其他成员也可以为学生提供个性化的学习支持和帮助，如解答问题、分享经验等。这种个性化的学习支持有助于学生更好地发挥自己的优势和特长，提高学习效果。

学习社群是一个开放的系统，成员可以自由地分享自己的资源和经验。这种资源共享不仅有助于学生获取更多的学习资源和信息，还能促进知识的传播和创新。在社群中，学生可以相互学习和借鉴他人的经验和成果，从而拓展自己的视野和思维方式。同时，社群中的交流和讨论也有助于激发学生的创新思维和创造力，促进知识的创新和发展。

（四）如何构建有效的学习社群

学习社群需要有一个明确的学习目标和任务，以便成员能够有针对性地开展学习和交流。学习社群需要建立一个良好的沟通机制，以便成员能够随时随地进行交流和讨论。这可以通过建立在线交流平台、定期举行线下活动等方式实现。学习社群需要鼓励成员积极参与和贡献，包括分享自己的资源和经验、解答他人的问题等。同时，也要对成员的贡献给予认可和奖励，以激发他们的积极性和动力。

学习社群需要营造一个积极、开放、包容的学习氛围，以便成员能够自由地表达自己的观点和想法，与同伴进行深入的交流和讨论。学习社群需要定期对成员的学习情况进行评估和反馈，以便及时发现问题和不足，并给出改进建议。这可以通过设置学习任务、进行在线测试、组织线下考试等方式实现。

二、社会文化理论视角下的学习社群构建

（一）概述

在当今的教育环境中，学习社群作为一种重要的学习组织形式，越来越受到教育工作者的关注。社会文化理论作为教育学和心理学的重要理论之一，为理解和构建学习社群提供了新的视角。

（二）社会文化理论概述

社会文化理论是由苏联心理学家维果茨基提出的，它强调人类认知的发展是在特定的社会文化环境中进行的。该理论认为，人的认知发展受到社会环境、文化背景、语言交流等多方面因素的影响。社会文化理论还提出了"中介作用"和"最近发展区"两个核心概念，前者指的是文化工具和符号在认知发展中的中介作用，后者则指的是个体在独立解决问题与借助他人帮助解决问题之间存在的差异。

(三)学习社群构建

社会文化理论强调社会互动与协作在个体认知发展中的重要性。在学习社群的构建中,应充分发挥社会互动与协作的作用。具体而言,可以通过组织小组讨论、角色扮演、项目合作等活动,促进学生之间的交流与协作。通过这些活动,学生可以相互学习、相互帮助,共同解决问题,从而实现知识的共享和构建。

社会文化理论还关注文化背景与个体差异对个体认知发展的影响。在学习社群的构建中,应充分考虑学生的文化背景和个体差异。首先,应尊重每个学生的文化背景和个性特点,鼓励他们表达自己的观点和想法。其次,应根据学生的不同需求和兴趣,提供多样化的学习资源和活动,以满足他们的个性化学习需求。最后,应关注学生在学习过程中的情感体验,为他们创造一个温馨、包容的学习环境。

社会文化理论中的"中介作用"概念强调了文化工具和符号在认知发展中的重要性。在学习社群的构建中,应充分发挥中介作用。首先,可以利用信息技术手段,如在线学习平台、社交媒体等,为学生提供丰富的学习资源和交流渠道。其次,可以引导学生利用符号和工具进行学习和思考,如使用思维导图、概念图等工具来整理知识点和思路。最后,可以鼓励学生将所学知识应用于实践中,通过实践来检验和巩固所学知识。

社会文化理论中的"最近发展区"概念指出了个体在独立解决问题与借助他人帮助解决问题之间的差异。在学习社群的构建中,应关注每个学生的最近发展区。具体而言,可以通过设置具有挑战性的学习任务,激发学生的求知欲和探索精神。同时,应为学生提供适当的帮助和支持,引导他们逐步解决问题并达到新的发展水平。在这个过程中,教师应扮演好引导者和支持者的角色,为学生提供及时的反馈和建议。

(四)学习社群构建的实践意义

通过构建学习社群,可以促进学生之间的交流与协作,培养他们的合作精神和团队意识。同时，关注文化背景和个体差异可以为学生提供个性化的学习支持，满足他们的不同需求。发挥中介作用和关注最近发展区则可以帮助学生更好地理解和掌握知识，提高他们的学习效果和兴趣。这些都有助于促进学生的全面发展。学习社群的构建可以提高教育质量。通过组织多样化的学习活动和提供丰富的学习资源，可以激发学生的学习兴趣和动力，提高他们的学习主动性和积极性。同时，学习社群还可以为学生提供更多的实践机会和反思空间，帮助他们更好地将所学知识应用于实践中。这些都有助于提高教育质量和学生综合素质。

学习社群的构建可以推动教育改革和创新。通过引入新的学习理念和组织形式，可以打破传统的教学模式和方法，为学生提供更加灵活、多样的学习选择。同时，学习社群还可以促进教育资源的共享和优化配置，提高教育资源的利用效率。这些都有助于推动教育改革和创新的发展。

三、学习社群中的知识共享与协同创新

随着互联网技术的快速发展和普及，学习社群逐渐成为人们获取知识、交流经验和协同创新的重要平台。在学习社群中，成员们通过共享知识、互相学习，不仅能够提升个人能力，还能促进群体智慧的积累和发展。

（一）学习社群中知识共享与协同创新的重要性

在学习社群中，成员们来自不同的背景和专业领域，他们各自拥有独特的知识和经验。通过知识共享，个体可以将自己的知识和经验传递给其他成员，从而实现知识的扩散和传播。这种知识的传递不仅可以提升个体的知识水平，还能促进整个群体知识水平的提升。知识共享有助于激发成员们的创新思维。当不同领域的知识相互碰撞、交融时，往往能产生新的想法和观点。这种跨领域的交流与合作有助于打破思维定式，激发创新思维，从而推动学习社群的创新发展。

知识共享与协同创新有助于增强社群的凝聚力。在共享与协作的过程中，成员们相互学习、共同进步，形成紧密的联系和共同的价值观。这种凝聚力有助于提高社群的稳定性和持续发展能力。

（二）实现学习社群中知识共享与协同创新的方式

为了实现知识共享与协同创新，学习社群需要建立有效的沟通机制。这包括定期的线上或线下交流活动、专题讨论会等，以便成员们能够充分交流思想、分享经验。同时，社群管理员应积极引导成员们参与讨论，营造良好的交流氛围。现代信息技术手段为学习社群中的知识共享与协同创新提供了有力支持。例如，可以利用网络平台（如论坛、微信群等）实现信息的即时传递与交流；使用在线教育工具进行远程协作学习；通过大数据和人工智能技术挖掘和分析社群中的知识资源，为成员们提供更精准的学习推荐。

良好的社群文化是知识共享与协同创新的基础。社群应倡导开放、包容、互助的价值观，鼓励成员们积极分享自己的知识和经验，同时尊重他人的观点和贡献。此外，社群还可以定期组织团建活动，增进成员间的友谊与信任，为协同创新创造良好的基础。

（三）学习社群中知识共享与协同创新面临的挑战及解决策略

在知识共享的过程中，可能会涉及知识产权问题。为了避免侵权纠纷，学习社群应建立完善的知识产权保护机制，明确知识产权归属，并要求成员们遵守相关法律法规。同时，社群还可以开展知识产权教育活动，提高成员们的知识产权意识。随着社群规模的扩大，信息量也会不断增加，可能导致信息过载问题。为了解决这个问题，社群可以利用信息技术手段对信息进行筛选和分类，为成员们提供高质量的知识资源。此外，社群还可以设立专门的信息管理团队，负责信息的整理和发布工作，确保信息的准确性和时效性。

在知识共享与协同创新过程中，成员参与度的高低直接影响着社群的发展。为了提高成员参与度，社群可以采取以下措施：一是设立激励机制，对积极参与知识共享和协同创新的成员给予奖励；二是定期举办线上线下活动，增进成员间的互动与交流；三是鼓励成员们提出建设性意见和建议，共同推动社群的发展。

四、学习社群对提升学生参与度的影响

（一）概述

在当今信息化、网络化的时代，学习社群作为一种新兴的学习模式，逐渐受到广大教育者和学生的青睐。学习社群不仅为学生提供了一个交流、协作的平台，还有助于提升学生的学习参与度。

（二）学习社群的定义与特点

学习社群是指由一群具有共同学习目标的学生、教育者以及其他相关人员组成的网络或现实社区。在这个社群中，成员们通过交流、分享、协作等方式，共同学习、成长。学习社群的成员通常具有共同的学习目标，这使得他们能够在共同的目标下形成紧密的联系和合作。

学习社群强调成员间的互动和交流，通过讨论、分享、协作等方式，促进知识的传播和深化。学习社群中的成员可以根据自己的兴趣和需求，自主选择学习内容、方式和进度，这有助于激发学生的学习兴趣和主动性。

（三）学习社群对提升学生参与度的影响

学习社群为学生提供了一个多样化的学习环境，其中包含了丰富的学习资源和多元化的学习方式。学生可以通过参与讨论、分享经验、观看视频、阅读资料等方式，获得更加全面、深入的学习体验。这种多样化的学习方式能够激发学生的学习兴趣，使他们更加积极地参与到学习中来。在学习社群中，学生可以根据自己的兴趣和需求，自主选择学习内容、方式和进度。这种自主学习的方式能够培养学生的自主学习能力，使他们在学

习过程中更加主动、独立。同时，学生在自主学习过程中还能够不断发现问题、解决问题，从而提升自己的问题解决能力和创新能力。

学习社群强调成员间的互动和协作，学生可以通过参与小组讨论、共同完成任务等方式，与其他同学进行交流和合作。这种协作学习的方式能够培养学生的团队协作能力和沟通能力，使他们在未来的学习和工作中更加具备竞争力。学习社群中的成员通常具有共同的学习目标和兴趣，这使得他们能够在社群中形成紧密的联系和合作。学生在社群中能够感受到归属感和凝聚力，从而更加愿意参与到学习中来。同时，社群中的互助和支持也能够帮助学生克服学习中的困难和挑战，增强他们的学习信心和动力。

（四）提升学习社群中学生参与度的策略与建议

为了提升学习社群中学生的参与度，首先需要营造一个积极、健康的学习氛围。教育者可以通过制定明确的社群规则、鼓励成员间的互动和交流、定期举办线上或线下活动等方式，为社群成员创造一个良好的学习环境。为了满足不同学生的学习需求，学习社群需要提供多样化的学习资源。这包括各种学习资料、教学视频、在线课程等。同时，教育者还可以根据学生的学习情况，为他们推荐合适的学习资源，帮助他们更好地参与学习。

为了培养学生的自主学习能力，教育者需要激发学生的主动性。这可以通过设置有趣的学习任务、鼓励学生提出问题、引导学生自主探索等方式实现。同时，教育者还可以对学生的学习成果进行及时反馈和评价，帮助他们更好地认识自己的学习情况和进步。为了提高学生的协作能力，教育者需要加强学习社群中的互动与协作。这可以通过组织小组讨论、开展团队项目、举办线上或线下活动等方式实现。同时，教育者还需要关注成员间的交流和合作情况，及时给予指导和帮助，促进社群成员之间的和谐共处和共同进步。

第四节 多元文化教育与社会文化理论的融合

一、多元文化教育的意义与目标

（一）概述

随着全球化进程的加速和人口迁移的增多，多元文化教育逐渐成为教育领域的重要议题。多元文化教育旨在促进不同文化之间的理解、尊重和融合，以培养学生的全球视野和跨文化交流能力。

（二）多元文化教育的定义与发展历程

多元文化教育是指在教育过程中，尊重和包容不同文化群体的多样性，通过教育手段促进不同文化之间的交流与融合，以实现教育的公平性和包容性。多元文化教育的发展历程可以追溯到 20 世纪 60 年代的美国，当时随着民权运动的兴起，人们开始关注少数族裔和弱势群体在教育领域的权益问题。随后，多元文化教育逐渐在全球范围内得到推广和实践，成为教育领域的一个重要趋势。

（三）多元文化教育的意义

多元文化教育强调尊重和包容不同文化群体的多样性，有助于打破文化隔阂和偏见，促进不同文化之间的交流与融合。在教育过程中，学生将接触到来自不同文化背景的同龄人、教师和课程内容，从而拓宽视野，增强对不同文化的理解和尊重。这种理解和尊重不仅有助于学生在个人生活中建立和谐的人际关系，还有助于在国际交往中更好地维护国家利益和形象。在全球化的背景下，跨文化交流能力已成为现代社会不可或缺的一项技能。多元文化教育通过提供多元化的课程内容和教育环境，帮助学生了解不同文化背景下的价值观、习俗和信仰等，拓宽全球视野和培养跨文化交流能力。这将有助于学生更好地适应国际化的学习和工作环境，提高他们在全球竞争中的竞争力。

多元文化教育的实施有助于提高教育质量和学生全面发展。在多元文化教育的背景下，学校将更加注重学生的个体差异和多元化需求，为学生提供更加个性化、多样化的教育服务。同时，多元文化教育还将促进学生在认知、情感、社交和身体等方面的全面发展，提高他们的综合素质和适应能力。多元文化教育的实施有助于促进社会和谐与稳定。通过尊重和包容不同文化群体的多样性，多元文化教育有助于打破文化隔阂和偏见，促进不同文化之间的交流与融合。这将有助于减少文化冲突和社会矛盾，增强社会的凝聚力和向心力。同时，多元文化教育还有助于培养学生的公民意识和责任感，使他们更加关注社会问题和公共利益，为社会的发展做出积极贡献。

（四）多元文化教育的目标

多元文化教育的首要目标是培养学生具备跨文化交流能力。这包括了解不同文化背景下的价值观、习俗和信仰等，以及掌握有效的跨文化沟通技巧和策略。通过教育手段，帮助学生建立开放、包容的心态，以更好地适应全球化的学习和工作环境。多元文化教育的另一个目标是促进学生全面发展。这包括在认知、情感、社交和身体等方面的发展。通过提供多元化的课程内容和教育环境，帮助学生拓宽视野、增强自信、培养创新精神和实践能力。同时，多元文化教育还将注重学生的情感教育和社交技能培养，使他们具备良好的人际关系和合作精神。

多元文化教育的核心目标是培养学生对不同文化的尊重与理解。这包括尊重不同文化群体的传统、习俗和信仰等，以及理解不同文化背景下的价值观和思维方式。通过教育手段，帮助学生建立正确的文化观念和价值观，以更好地应对多元文化背景下的挑战和机遇。多元文化教育的最终目标是促进社会和谐与稳定。通过尊重和包容不同文化群体的多样性，减少文化冲突和社会矛盾，增强社会的凝聚力和向心力。同时，多元文化教育还将培养学生的公民意识和责任感，使他们更加关注社会问题和公共利益，为社会的发展作出积极贡献。

二、社会文化理论在多元文化教育中的应用

（一）概述

随着全球化的深入发展和文化多样性的日益凸显，多元文化教育成为教育领域的重要议题。社会文化理论，作为理解人类学习和发展的一种重要理论框架，为多元文化教育提供了有力的理论支撑和实践指导。

（二）社会文化理论在多元文化教育中的应用

社会文化理论强调不同文化之间的相互影响和融合，有助于促进学生对文化多样性的理解和尊重。在多元文化教育中，教师可以运用社会文化理论，引导学生关注不同文化背景下的价值观、习俗和信仰等，帮助他们认识到文化的多样性和复杂性。通过组织文化交流活动、开设多元文化课程等方式，学生可以在实践中感受不同文化的魅力，增强对文化多样性的认同感和尊重感。社会文化理论强调语言、符号等文化工具在个体认知和社会互动中的重要作用，有助于培养学生的跨文化交流能力。在多元文化教育中，教师可以运用社会文化理论，指导学生掌握不同文化背景下的语言和非语言交流技巧，如礼仪、习俗、肢体语言等。通过模拟跨文化交流场景、开展角色扮演等活动，学生可以在实践中锻炼自己的跨文化交流能力，提高在国际交往中的适应性和竞争力。

社会文化理论强调社会互动和合作学习的重要性，有助于构建包容性教育环境。在多元文化教育中，教师可以运用社会文化理论，倡导学生之间的平等、尊重和合作，营造一个包容不同文化背景的和谐氛围。通过组织小组讨论、团队项目等活动，学生可以学会倾听他人的意见、尊重他人

的差异、与他人协作完成任务，从而培养自己的包容性和团队协作精神。社会文化理论强调个体在特定社会文化背景下的学习和发展，有助于促进学生的全面发展。在多元文化教育中，教师可以运用社会文化理论，关注学生的个体差异和多元化需求，为他们提供个性化的教育服务。通过提供多样化的课程内容和教育环境，如艺术、体育、科技等领域的学习机会，学生可以拓展自己的兴趣爱好和知识面，提高综合素质和适应能力。同时，教师还可以关注学生的情感教育和社交技能培养，帮助他们建立健康的人际关系和自信心。

（三）社会文化理论在多元文化教育中的实施策略

政府和教育部门应制定多元文化教育政策，明确多元文化教育的目标、内容和要求，为学校和教师提供指导和支持。同时，应加强对多元文化教育的宣传和普及，提高社会各界对多元文化教育的认识和重视程度。教师应具备多元文化教育的意识和能力，能够关注学生的文化背景和多元化需求。因此，需要加强师资培训，提高教师的跨文化交流能力和多元文化教育的专业素养。可以通过组织专家讲座、研讨会、实地考察等方式，为教师提供多元文化教育的理论和实践指导。

学校应开发多元文化课程资源，包括教材、课件、教学视频等，为学生提供多样化的学习内容和资源。同时，可以邀请不同文化背景的专家和学者来校举办讲座和交流活动，拓宽学生的文化视野和知识面。家庭是学生学习和成长的重要场所，家长的态度和行为对学生产生深远影响。因此，需要加强家校合作，共同推动多元文化教育的实施。可以通过家长会等方式，向家长介绍多元文化教育的理念和方法，引导家长关注和支持多元文化教育的实施。

三、跨文化交流能力的培养策略

（一）概述

随着全球化的不断深入，跨文化交流能力已成为现代社会中不可或缺的一项基本能力。无论是在国际商务、文化交流、国际旅游还是日常生活中，都需要与来自不同文化背景的人进行有效沟通。因此，培养跨文化交流能力具有重要意义。

（二）跨文化交流能力的定义与重要性

跨文化交流能力是指个体在与来自不同文化背景的人进行交流时，能够充分理解并尊重对方的文化差异，有效传递信息，并达成共同目标的能力。这种能力不仅涉及语言沟通，还包括非语言沟通、文化敏感性、跨文化适应性等多个方面。

在当今全球化的背景下，跨文化交流能力的重要性日益凸显。首先，它有助于消除文化隔阂和误解，促进不同文化之间的和谐共处。其次，跨文化交流能力能够增强个体的国际竞争力，提高在全球化环境中的适应性和创新能力。最后，跨文化交流能力还有助于推动文化交流与合作，促进世界和平与发展。

（三）培养跨文化交流能力的策略

1. 提高文化意识与敏感性

培养跨文化交流能力的首要策略是提高个体的文化意识与敏感性。这要求个体能够认识到不同文化之间的差异和相似之处，尊重并接纳这些差异。教师可以通过以下途径来提高学生的文化意识与敏感性：

（1）开设跨文化课程：通过专门的跨文化课程，让学生了解不同文化的历史、传统、价值观等方面的知识，从而增强对不同文化的理解和尊重。

（2）举办文化交流活动：组织学生参与各种文化交流活动，如国际文化节、文化讲座、艺术展览等，让学生亲身体验不同文化的魅力，加深对文化多样性的认识。

（3）培养文化反思能力：鼓励学生进行文化反思，思考自己在跨文化交流中的行为和态度是否符合文化多样性的要求，从而不断提高自己的文化敏感性。

2. 加强语言沟通能力的训练

语言沟通是跨文化交流的核心能力。为了提高学生的语言沟通能力，可以采取以下策略：

（1）提供多样化的语言环境：在学校中设置外语角、语言实验室等场所，为学生提供与不同文化背景的人进行语言交流的机会。

（2）加强口语和听力训练：通过模拟真实场景、角色扮演等方式，加强学生的口语和听力训练，提高他们的语言交流能力。

（3）学习非语言沟通技巧：非语言沟通在跨文化交流中同样重要。教师应教授学生如何观察他人的面部表情、肢体语言等非语言信息，并学习运用这些信息进行有效沟通。

3. 培养跨文化适应性

跨文化适应性是指个体在跨文化环境中能够迅速适应并融入新环境的能力。为了培养学生的跨文化适应性，可以采取以下策略：

（1）提供实践机会：组织学生参与国际交流项目、海外实习等实践活动，让他们亲身体验不同文化环境的生活和工作方式，从而提高跨文化适应性。

（2）培养心理韧性：跨文化交流过程中难免会遇到挫折和困难。教师应引导学生正确看待挫折和困难，培养他们的心理韧性，使他们能够在跨文化环境中保持积极的心态。

（3）学习跨文化冲突解决策略：在跨文化交流中，冲突是难以避免的。教师应教授学生如何识别和解决跨文化冲突的策略和方法，提高他们的冲突解决能力。

4. 构建多元化的教育体系

构建多元化的教育体系是培养学生跨文化交流能力的重要保障。这要求教育体系在课程设置、教学方法、师资力量等方面都要体现多元化。

（1）设置多元化的课程：学校应设置包括国际政治、世界经济、跨文化心理学、国际商法等在内的多元化课程，以满足学生对不同文化领域知识的需求。

（2）采用多元化的教学方法：教师应采用多种教学方法和手段，如案例分析、小组讨论、角色扮演等，以激发学生的学习兴趣和积极性，提高他们的跨文化交流能力。

（3）培养多元化的师资队伍：学校应引进具有不同文化背景的教师和专家，为学生提供更加丰富和多元的教育资源。同时，教师也应不断提升自己的跨文化交流能力，以更好地指导学生进行跨文化交流。

第六章 情感教育理论在高校教学中的应用

第一节 情感教育理论基础

一、情感教育的定义与重要性

（一）概述

情感教育是教育领域中的重要组成部分，它关注学生的情感体验和情感发展，旨在培养学生健全的情感素质，促进其全面发展。随着社会对人才素质要求的不断提高，情感教育的重要性日益凸显。

（二）情感教育的定义

情感教育是指通过关注学生的情感体验、情感需求以及情感发展，以培养学生健全的情感素质为目标的教育活动。它涵盖了情感认知、情感表达、情感调节、情感交往等多个方面，旨在帮助学生建立积极的情感态度，提高情感素养，促进其全面发展。

情感教育强调关注学生的情感体验，关注学生的内心感受，关注他们在学习和生活中的情感体验和需求。这有助于教师更好地理解学生的内心世界，为学生提供更有针对性的教育服务。情感教育的目标是培养学生健全的情感素质，包括情感认知、情感表达、情感调节、情感交往等方面的能力。这些能力对于学生的成长和发展具有重要意义，能够帮助他们更好地适应社会生活，建立健康的人际关系。

情感教育关注学生的全面发展，不仅关注学生的认知能力和学术成绩，还关注学生的情感、态度、价值观等方面的发展。这有助于培养学生的综合素质，提高他们的适应能力和竞争力。

（三）情感教育的重要性

情感教育是促进个体心理健康的重要途径。在成长过程中，学生面临着各种情感问题和挑战，如焦虑、抑郁、自卑等。情感教育能够帮助学生建立积极的情感态度，提高情感调节能力，有效应对各种情感问题。同时，情感教育还能够培养学生的自信心和自尊心，提高他们的自我认知和自我价值感，有助于预防心理问题的发生。情感教育对于提高人际交往能力具有重要意义。在人际交往中，情感交流是不可或缺的组成部分。情感教育能够帮助学生学会如何表达自己的情感，如何理解他人的情感，如何建立和维护良好的人际关系。通过情感教育，学生能够更好地与他人沟通、合作和分享，提高人际交往的效率和质量。

情感教育有助于培养学生的社会责任感。在情感教育中，学生不仅关注自己的情感体验和需求，还关注他人的情感体验和需求。通过关注他人、帮助他人、关爱他人等活动，学生能够体验到帮助他人的快乐和成就感，从而培养起强烈的社会责任感。这种责任感能够激励学生积极参与社会事务，为社会的发展贡献自己的力量。情感教育还能够提升学业成就。研究表明，情感因素对于学生的学习成绩和学业成就具有重要影响。情感教育能够帮助学生建立积极的学习态度和学习动机，提高他们的学习兴趣和学习效果。同时，情感教育还能够帮助学生解决学习中的情感问题，如学习焦虑、学习压力等，从而提高他们的学习效率和学业成就。

情感教育是塑造健全人格的重要途径。在情感教育中，学生不仅关注自己的情感体验和需求，还关注自己的情感发展和成长。通过情感教育，学生能够学会如何管理自己的情绪、如何面对挫折和困难、如何建立积极的人生观和价值观等。这些能力对于塑造健全人格具有重要意义，能够帮助学生成为具有责任感、自信心、自尊心、同理心等优秀品质的人。

二、情感教育理论的发展历程

（一）概述

情感教育作为教育领域的重要组成部分，其理论发展经历了漫长的历史过程。从古代教育思想的萌芽阶段，到近现代心理学与教育学理论的深入融合，再到现代情感教育理论的丰富与完善，情感教育理论不断演进，为教育实践提供了坚实的理论基础。

（二）古代教育思想中的情感教育萌芽

情感教育的起源可以追溯到古代教育思想的萌芽阶段。在古希腊，柏拉图强调"德智体美"四位一体的教育理念，其中"体"和"美"就涉及情感和品德的培养。中国古代的儒家思想也强调人的道德情感修养，提倡"仁爱""礼义"的教育观念，将情感培养视为教育的根本任务之一。这些古代教育思想虽未明确提出"情感教育"的概念，但已蕴含了情感教育的思想精髓，为情感教育的发展奠定了基础。

（三）近现代情感教育思想的兴起

随着近代教育心理学的发展，情感教育思想逐渐兴起。19世纪末至20世纪初，心理学家和教育学家开始关注情感在学生学习和发展中的作用。他们发现，学生的情感状态对学习效果和个性发展具有重要影响。因此，情感教育开始成为教育领域的研究热点。

20世纪60年代初，美国教育心理学家克拉斯沃尔和布卢姆提出了情感领域教育目标。他们将情感目标分为接受、反应、价值评价、组织、价值或价值体系的性格化五个层次，为情感教育目标的制定提供了依据。这一理论的提出，使得情感教育开始具有明确的教育目标和评价体系。20世纪70年代以后，人本主义心理学强调人的高峰体验、积极情感对生活和人生的意义。这一思想对情感教育产生了深远影响。情感教育开始关注学生的内在需求和情感体验，注重培养学生的积极情感，促进其全面发展。

20世纪80年代以来，专门设立情感师范教育，培养善于进行情感教学，能对学生的情感素质施加影响的师资。这一举措为情感教育的实施提供了有力的人才保障。

（四）现代情感教育理论的丰富与完善

进入21世纪，随着教育理念的更新和教育技术的发展，情感教育理论得到了进一步的丰富与完善。

20世纪90年代，美国心理学家丹尼尔·戈尔曼提出了情商（EQ）理论。他认为，情商与智商同样重要，甚至在某些方面比智商更重要。情商包括情绪知觉、情绪理解、情绪表达、情绪调节等方面的能力。这一理论的提出，为情感教育提供了更加科学的理论基础，使得情感教育更加注重培养学生的情感智商。随着全球化的不断深入，跨文化交流成为现代社会的重要特征。跨文化情感教育开始受到关注。这一领域的研究旨在培养学生具备跨文化交流能力，能够在不同文化背景下进行有效沟通。跨文化情感教育的兴起，使得情感教育更加具有全球视野和跨文化意识。

现代情感教育实践方法涵盖了多种形式，如情感反应课程、角色扮演、情感沟通、情感评估等。这些方法的采用有助于提高学生的情感识别和处理能力，培养情感智慧。同时，情感教育也开始借助新技术手段，如虚拟实境、人工智能等，为情感教育注入了新的活力和可能性。

三、情感教育的主要目标与原则

(一) 概述

情感教育作为现代教育体系中的重要组成部分，旨在关注并促进学生的情感发展，以培养出具备健康情感、积极态度和良好人际关系的学生。情感教育的实施需要明确的目标和原则作为指导，以确保其有效性和针对性。

(二) 情感教育的主要目标

情感教育的首要目标是培养学生健康的情感素质。这包括让学生具备正确的情感认知，能够识别、理解和表达自己的情感，以及理解和尊重他人的情感。同时，还需要培养学生具备积极的情感态度和情感体验，如乐观、自信、同情心等，以面对生活中的挑战和困难。情感教育的目标是促进学生的全面发展，而不仅仅是学习成绩的提高。这包括学生的认知、情感、意志、身体等多方面的发展。通过情感教育，学生可以学会如何管理自己的情绪，如何与他人建立良好的人际关系，如何面对挫折和失败等，从而提高其综合素质和适应能力。

情感教育的另一个重要目标是培养学生积极的社会责任感。通过情感教育，学生可以学会关注社会、关心他人，积极参与社会公益活动，为社会作出贡献。这种社会责任感的培养有助于学生形成正确的价值观和人生观，成为具有社会责任感和使命感的人。人际交往能力是现代社会中不可或缺的一项能力。情感教育的目标之一是提高学生的人际交往能力，包括学会倾听、理解、尊重和信任他人，以及有效地表达自己的观点和感受。通过情感教育，学生可以建立良好的人际关系，提高团队合作和沟通能力，为未来的职业发展和社会生活打下坚实的基础。

(三) 情感教育的原则

情感教育的核心是以人为本，关注学生的情感体验和需求。在教育过程中，要尊重学生的个性差异和主体地位，关注学生的内心世界和情感变化，为学生提供个性化的教育服务。同时，要注重培养学生的自主性和创造性，激发学生的内在动力和潜能。情感教育与认知教育是相辅相成的。在教育过程中，要将情感教育与认知教育相结合，让学生在获取知识的同时，也能够体验到学习的乐趣和成就感。同时，要注重培养学生的情感认知和情感表达能力，帮助学生建立正确的情感态度和情感体验。

情感教育是一种实践性很强的教育活动。在教育过程中，要注重实践环节的设计和实施，让学生在实践中体验情感、表达情感、调节情感。通过实践活动，学生可以更好地理解情感教育的内涵和意义，提高情感教育的效果和质量。情感教育是一个系统工程，需要各个环节的协调配合。在教育过程中，要注重情感教育的系统性原则，从课程设置、教学方法、评价体系等方面入手，构建完整的情感教育体系。同时，要加强家庭、学校、社会之间的合作与沟通，形成合力，共同推动情感教育的实施和发展。

情感教育的实施需要具有针对性。在教育过程中，要针对不同年龄段、不同性别、不同性格特点的学生制定不同的教育方案和教育策略。同时，要关注学生的情感需求和情感问题，及时给予指导和帮助，确保情感教育的有效性和针对性。

第二节　情感教育与课堂管理

一、情感教育在课堂管理中的作用

（一）概述

课堂管理是教师为了完成教学任务、调控人际关系、和谐教学环境、引导学生学习的一系列教学行为方式。在这个过程中，情感教育扮演着至关重要的角色。它不仅能够帮助学生建立积极的情感态度和情感体验，还能够有效促进课堂管理的顺利进行。

（二）情感教育的作用

情感教育通过关注学生的情感体验和需求，有助于营造和谐融洽的教学环境。在这种环境中，学生感受到教师的关爱和尊重，愿意积极参与课堂活动，与教师和同学建立良好的关系。这种积极的情感氛围有助于减少课堂冲突和不良行为，提高学生的学习效果和满意度。具体来说，教师可以通过以下方式营造和谐融洽的教学环境：尊重学生个性差异，关注每个学生的情感体验和需求；倾听学生的意见和建议，鼓励学生参与课堂管理和决策；营造积极、正面的课堂氛围，让学生感受到学习的乐趣和成就感。

情感教育有助于培养学生的自我管理能力，使他们能够更好地控制自己的情绪和行为。这种能力对于课堂管理至关重要，因为学生需要具备一定的自控能力才能遵守课堂纪律、积极参与课堂活动。在情感教育中，教师可以通过以下方式培养学生的自我管理能力：教授学生情感调节的方法，如深呼吸、放松训练等；引导学生学会自我反思和自我激励，提高自我认知和自信心；设定明确的课堂规则和奖惩制度，让学生明确自己的行为后果。

情感教育强调学生之间的情感交流和互动，有助于提高学生的合作意识和团队精神。这种精神对于课堂管理同样具有重要意义，因为学生需要相互合作、相互支持才能共同完成学习任务和维护课堂秩序。在情感教育中，教师可以通过以下方式培养学生的合作意识和团队精神：组织小组合作活动，让学生共同完成任务；鼓励学生相互帮助、相互支持，建立和谐的同学关系；设立团队奖励机制，激励学生为团队荣誉而努力。

情感教育关注学生的情感体验和需求，有助于培养学生的责任感和自律性。这种责任感和自律性对于课堂管理具有积极作用，因为学生需要对自己的行为负责并自觉遵守课堂纪律。在情感教育中，教师可以通过以下方式增强学生的责任感和自律性：引导学生明确自己的学习目标和责任；设立明确的课堂规则和奖惩制度，让学生明确自己的行为后果；鼓励学生自我监督和自我评估，提高自律性和自我管理能力。

情感教育通过关注学生的情感体验和需求，有助于激发学生的学习兴趣和求知欲。这种兴趣和求知欲是推动学生积极参与课堂活动、提高学习效果的重要动力。在情感教育中，教师可以通过以下方式激发学生的学习兴趣和求知欲：创设有趣、生动的课堂情境，吸引学生的注意力；引入学生感兴趣的话题和内容，增加课堂的趣味性和实用性；鼓励学生提出问题和发表意见，培养学生的批判性思维和创新能力。

二、情感因素在课堂纪律与氛围营造中的应用

（一）概述

课堂纪律与氛围是教育教学活动中的重要组成部分，它们直接影响着学生的学习效果、教师的教学质量和整个教育环境的和谐稳定。在传统的教学观念中，课堂纪律往往被视为一种外在的、强制性的约束，而课堂氛围则更多地被看作是教学效果的副产品。然而，随着教育理念的不断更新和教育实践的深入发展，人们越来越认识到情感因素在课堂纪律与氛围营造中的重要作用。

（二）情感因素在课堂纪律中的应用

情感因素在课堂纪律中的应用首先体现在培养学生的自律意识上。自律意识是指学生能够自觉遵守课堂纪律、规范自己的行为，而不是仅仅依靠外部的约束。在情感教育中，教师通过关注学生的情感体验和需求，帮助学生建立正确的价值观和道德观，培养他们的责任感和自律性。当学生意识到自己的行为对课堂纪律的重要性时，他们就会更加自觉地遵守课堂纪律，形成良好的行为习惯。

积极的师生关系是课堂纪律得以维护的重要基础。在情感教育中，教师注重与学生之间的情感交流和互动，关注学生的情感需求和情感体验，努力营造一种和谐、融洽的教学氛围。这种氛围有助于学生感受到教师的关爱和尊重，增强他们的归属感和认同感，从而更加自觉地遵守课堂纪律。同时，教师也能够通过积极的师生关系及时了解学生的情感状态和行为表现，对不良行为进行及时干预和纠正。

情感激励策略是指教师通过关注学生的情感体验和需求，运用情感因素激发学生的学习动机和积极性。在课堂纪律的维护中，教师可以运用情感激励策略来激发学生的自律意识和责任感。例如，教师可以通过表扬、鼓励等积极情感反馈来强化学生的良好行为表现，让他们感受到成功的喜悦和成就感；同时，教师也可以通过适当的批评和惩罚来纠正学生的不良行为表现，让他们认识到自己的错误并努力改正。

（三）情感因素在课堂氛围营造中的应用

愉悦的学习氛围是课堂氛围营造的核心目标之一。在情感教育中，教师注重通过情感因素来创设愉悦的学习氛围。例如，教师可以通过幽默风趣的教学语言、生动形象的教学内容、多样化的教学手段等方式来激发学生的学习兴趣和好奇心；同时，教师还可以通过关注学生的情感体验和需求，及时调整教学策略和教学方法，以适应学生的个体差异和学习需求。这种愉悦的学习氛围有助于学生放松身心、减轻学习压力、提高学习效果。

和谐的人际关系是课堂氛围营造的重要保障。在情感教育中，教师注重通过情感因素来建立和谐的人际关系。首先，教师需要与学生建立积极、亲密的师生关系，关注学生的情感需求和情感体验，尊重学生的个性差异和主体地位；其次，教师还需要引导学生之间建立和谐的同学关系，鼓励他们相互尊重、相互帮助、相互支持；最后，教师还需要加强与家长之间的沟通和合作，共同关注学生的情感发展和学习进步。这种和谐的人际关系有助于营造一个积极向上、团结友爱的课堂氛围。

学生的参与热情是课堂氛围营造的关键因素之一。在情感教育中，教师可以通过情感因素来激发学生的参与热情。首先，教师可以通过创设有趣、生动的教学情境来吸引学生的注意力，激发他们的学习兴趣和好奇心；其次，教师可以通过组织丰富多彩的教学活动来让学生积极参与其中，培养他们的团队合作精神和创新能力；最后，教师还可以通过关注学生的情感体验和需求，及时调整教学策略和教学方法，以满足学生的个体差异和学习需求。这种参与热情的激发有助于学生更加积极地投入到课堂学习中去，提高学习效果和课堂氛围的整体质量。

三、情感教育视角下的课堂激励机制设计

（一）概述

在当今的教育环境中，情感教育越来越受到重视。它关注学生的情感需求，旨在培养学生的情感素质，促进学生全面发展。课堂激励机制作为提升学生学习动力、优化教学质量的重要手段，同样需要融入情感教育的理念。

（二）情感教育在课堂激励机制中的重要性

情感教育关注学生的内心世界，强调学生的情感体验和需求。课堂激励机制作为教学过程中的重要环节，应当以满足学生的情感需求为出发点。通过设计符合学生心理特点和情感需求的激励机制，可以激发学生的学习兴趣，增强学生的学习动力。情感教育的核心理念是建立和谐的人际关系，营造积极向上的氛围。课堂激励机制的设计应当有助于营造和谐融洽的课堂氛围。通过表扬、鼓励等积极反馈方式，教师可以增强学生的自信心和归属感，使学生更加愿意参与课堂活动，形成积极向上的学习风气。

情感教育旨在培养学生的情感素质，包括自我认知、情绪管理、人际交往等方面的能力。课堂激励机制的设计应当融入情感教育的目标，通过

激励机制的实施，帮助学生建立正确的价值观、人生观和世界观，提高学生的情感素质。

（三）情感教育视角下的课堂激励机制设计原则

课堂激励机制的设计应当以学生为本，关注学生的个体差异和需求。教师应当了解学生的兴趣爱好、性格特点、学习风格等方面的差异，根据学生的实际情况设计个性化的激励机制，以满足不同学生的需求。课堂激励机制的设计应当以正面激励为主，注重表扬、鼓励等积极反馈方式的应用。通过正面激励，教师可以增强学生的自信心和归属感，激发学生的学习兴趣和动力。同时，教师也应当注意避免过度批评和惩罚，以免对学生的情感造成负面影响。

课堂激励机制的设计应当采用多元化的激励手段，包括言语激励、物质激励、精神激励等。不同的激励手段可以满足不同学生的需求，提高激励效果。同时，多元化的激励手段也有助于丰富课堂教学形式，提高学生的学习兴趣和参与度。课堂激励机制的设计应当注重及时反馈。教师应当及时关注学生的表现，对学生的进步和成就给予及时的肯定和鼓励。及时反馈可以帮助学生及时了解自己的学习成果和不足之处，调整学习策略和方法，提高学习效果。

（四）情感教育视角下的课堂激励机制设计策略

教师可以根据学生的个性差异设计个性化的激励策略。例如，对于性格内向的学生，教师可以采用更加温和、细致的激励方式；对于性格外向的学生，教师可以采用更加直接、明确的激励方式。通过个性化的激励策略，教师可以更好地满足学生的情感需求，提高激励效果。教师可以通过与学生建立情感共鸣来增强激励效果。教师可以通过关注学生的情感体验和需求，了解学生的内心世界和感受，与学生建立情感联系。当学生感受到教师的关心和理解时，他们更加愿意接受教师的激励和指导，从而增强学习效果。

情感激励和认知激励是课堂激励机制的两个方面。情感激励关注学生的情感体验和需求，认知激励关注学生的知识掌握和能力提升。在课堂激励机制的设计中，教师应当将情感激励和认知激励相结合，既满足学生的情感需求，又促进学生的知识掌握和能力提升。

（五）情感教育视角下的课堂激励机制在教育实践中的应用

教师可以通过创设有趣、生动的教学情境来激发学生的学习兴趣。例如，教师可以通过游戏、故事、实验等方式将抽象的知识具体化、生动化，使学生更加容易理解和接受。同时，教师可以通过表扬、鼓励等激励方式激发学生的学习动力，让学生更加积极地参与课堂活动。在教学过程中，教师应当关注学生的情感状态，根据学生的情感变化调整教学策略。例如，当学生表现出焦虑、不安等负面情绪时，教师可以通过关心、安慰等方式帮助学生缓解情绪；当学生表现出积极、兴奋等正面情绪时，教师可以通过鼓励、挑战等方式激发学生的潜力。

教师应当建立多元化的评价体系，既关注学生的学习成果，又关注学生的学习过程和情感体验。在评价过程中，教师应当注重学生的自我评价和同伴评价，让学生更加了解自己的优点和不足之处，同时也可以通过同伴的鼓励和支持增强自信心和归属感。

第三节　师生关系与情感教育理论

一、情感教育理论在师生关系构建中的应用

（一）概述

情感教育理论强调在教育过程中关注学生的情感需求和情感体验，通过情感交流和情感培养来促进学生的全面发展。在师生关系构建中，情感

教育理论的应用具有重要意义。良好的师生关系是教育教学活动顺利进行的基础，也是提高教育质量和效果的关键因素。

（二）情感教育理论概述

情感教育理论强调教育过程中对学生情感的关注和培养。它认为，学生的情感状态对学习效果和个性发展具有重要影响。因此，教师应当关注学生的情感需求，通过积极的情感交流和情感培养来激发学生的学习兴趣，提高学生的自信心和自主性，从而促进学生的全面发展。

（三）情感教育理论在师生关系构建中的重要性

在师生关系构建中，情感教育理论的应用有助于增强学生的归属感和认同感。当学生感受到教师的关心和尊重时，他们会更加愿意与教师进行交流和互动，从而形成积极的师生关系。这种关系使学生感受到自己是班级和学校的一员，有助于提高他们的归属感和认同感。情感教育理论的应用还有助于激发学生的学习兴趣和动力。通过关注学生的情感需求和情感体验，教师可以根据学生的兴趣和爱好设计教学内容和教学方法，从而使学生更加积极地投入到学习中。同时，积极的师生关系也可以为学生提供一个良好的学习氛围，激发他们的学习热情。

情感教育理论的应用还有助于促进学生的心理健康发展。在教育教学过程中，教师关注学生的情感状态，及时发现和解决学生的心理问题，有助于培养学生的心理素质和抗压能力。同时，良好的师生关系也可以为学生提供情感支持，帮助他们在面对困难和挑战时保持积极的心态。

（四）情感教育理论在师生关系构建中的具体应用策略

在情感教育理论的指导下，教师应摒弃传统的权威式教学方式，与学生建立平等的师生关系。这意味着教师需要尊重学生的人格和权利，鼓励学生表达自己的观点和想法，倾听他们的声音。平等的师生关系有助于消除学生与教师之间的隔阂，增强彼此的信任和尊重。情感教育理论强调师生之间的情感交流。教师应主动与学生沟通，关心他们的学习、生活和情感状态。通过课堂上的互动、课后的谈心等方式，教师可以更好地了解学生的需求和困惑，为他们提供有针对性的帮助和支持。同时，教师还可以通过情感交流来传递积极向上的价值观和态度，引导学生形成正确的世界观和人生观。

情感教育理论要求教师在教学过程中创设积极的学习氛围。教师可以通过设计生动有趣的教学活动、采用多样化的教学方法、给予学生充分的自主权和选择权等方式来激发学生的学习兴趣和积极性。同时，教师还应鼓励学生之间的合作与交流，培养他们的团队协作精神和创新能力。在积极的学习氛围中，学生会更加愿意参与课堂活动，与教师和同学建立良好的关系。

情感教育理论强调关注学生的个体差异和需求。每个学生都是独一无二的个体，他们有着不同的兴趣、爱好和才能。在师生关系构建中，教师应关注学生的个体差异，尊重他们的选择和发展方向。通过个性化的教学设计和辅导方式，教师可以满足学生的不同需求，帮助他们实现个性化的发展目标。

二、教师在情感教育中的角色与责任

（一）概述

在现代教育体系中，情感教育的重要性日益凸显。它不仅是培养学生健全人格和良好情感品质的关键环节，也是促进学生全面发展的重要保障。教师在这一过程中扮演着举足轻重的角色，肩负着重要的责任。

（二）教师在情感教育中的角色

在情感教育中，教师首先应当成为学生的情感引导者。这要求教师具备敏锐的洞察力，能够及时发现学生的情感波动和变化，引导他们正确表达自己的情感，学会处理情感问题。教师需要通过言传身教的方式，向学生传递积极的情感态度和价值观，帮助他们建立健康的情感基础。教师的言行举止对学生具有潜移默化的影响。在情感教育中，教师应当成为学生的情感示范者。这要求教师在日常生活中展现出积极、乐观、向上的情感态度，用自己的实际行动影响学生，激发他们的情感共鸣。同时，教师还需要注重自身情感素质的提升，不断完善自己的情感品质，为学生提供更好的情感示范。

情感教育强调师生之间的情感交流和沟通。教师在这一过程中应当成为学生的情感沟通者。他们需要与学生建立亲密的师生关系，关注学生的情感需求和变化，倾听他们的心声，理解他们的困惑和烦恼。通过情感沟通，教师可以更好地了解学生的内心世界，为他们提供有针对性的情感支持和帮助。

情感教育是一个复杂而深奥的领域，需要教师不断学习和研究。在情感教育中，教师应当成为情感研究者。他们需要关注情感教育的前沿理论和实践经验，不断更新自己的教育观念和方法，提高自己的情感教育能力。同时，教师还需要深入研究学生的情感特点和需求，为他们提供更加精准的情感教育和支持。

（三）教师在情感教育中的责任

情感素质是指个体在情感方面所具备的基本素养和能力。在情感教育中，教师应当承担起培养学生情感素质的责任。他们需要关注学生的情感体验和变化，帮助他们学会表达自己的情感、理解他人的情感、处理情感冲突等。通过情感教育，学生可以逐渐形成良好的情感品质，如自信、乐观、坚韧、宽容等，为他们未来的成长和发展奠定坚实的基础。

心理健康是情感教育的重要组成部分。在情感教育中，教师应当关注学生的心理健康状况，及时发现和解决学生的心理问题。教师需要通过心理健康教育、心理咨询等方式，帮助学生了解自己的情绪和心理状态，学会调节自己的情绪和心态。同时，教师还需要注重培养学生的心理素质和抗压能力，帮助他们在面对困难和挑战时保持积极的心态和情绪状态。

积极的情感氛围是情感教育的重要保障。在情感教育中，教师应当承担起营造积极情感氛围的责任。他们需要通过课堂教学、课外活动等方式，为学生创造一个温馨、和谐、积极向上的学习和生活环境。同时，教师还需要注重班级文化的建设，通过班级活动、班会等方式，增强学生的凝聚力和归属感，形成积极向上的班级氛围。

家长是学生情感教育的重要参与者和支持者。在情感教育中，教师应当加强与家长的沟通和合作，共同关注学生的情感发展和心理健康。他们需要通过家长会、家访等方式，与家长保持密切的联系和沟通，了解学生在家庭中的情感状态和需求，共同制定针对性的情感教育方案。同时，教师还需要向家长传授情感教育的知识和方法，提高他们的情感教育能力，形成家校共育的良好局面。

（四）教师在情感教育中的挑战与对策

情感教育涉及学生的情感、心理、行为等多个方面，具有复杂性和多样性。教师在实施情感教育过程中，可能会遇到各种问题和挑战，如学生情感问题的多样性、情感教育的实施难度等。面对情感教育的复杂性和多样性，教师需要加强情感教育理论与实践研究，了解情感教育的最新理念和方法，提高自己的情感教育能力。同时，教师还需要注重情感教育的实践探索和经验总结，形成具有自己特色的情感教育模式和方法。

情感教育需要一定的资源支持，如时间、场地、设备等。然而，在实际教学中，教师可能会面临情感教育资源有限的问题，如教学时间紧张、教学设备不足等。面对情感教育资源有限的问题，教师需要充分利用现有资源，创新情感教育形式。他们可以通过课堂讨论、角色扮演、案例分析等方式，让学生在互动中体验情感教育的魅力；同时，他们还可以利用课余时间组织丰富多彩的课外活动，如心理讲座、情感沙龙等，为学生提供更多的情感教育机会和资源。

三、情感教育视角下的师生互动策略

（一）概述

在教育实践中，师生互动是教育教学过程中的重要环节，对于促进学生的学习和成长具有不可替代的作用。随着教育理念的更新和发展，情感教育逐渐成为教育领域关注的焦点。在情感教育的视角下，师生互动不仅是知识的传递和技能的训练，更是情感的交流、理解和共鸣。

（二）师生互动内涵

在情感教育的视角下，师生互动不仅仅是教师和学生之间的知识传递，更是一种情感的交流和理解。这种互动要求教师在教育过程中关注学生的情感体验，通过积极的情感交流和引导，促进学生的情感发展，进而提高学生的综合素质。同时，学生也需要在互动中表达自己的情感，学会理解和尊重他人的情感，形成良好的情感品质。

（三）师生互动策略

和谐的师生关系是师生互动的基础。在情感教育的视角下，教师应积极营造轻松、愉悦的教学氛围，让学生感受到教师的关爱和尊重。教师可以通过微笑、鼓励、肯定等方式，增强学生的自信心和自尊心，激发学生的学习热情和兴趣。同时，教师也需要尊重学生的个性差异，关注学生的情感需求，提供个性化的支持和帮助。在师生互动中，教师应注重倾听学生的心声，关注学生的情感体验。教师可以通过课堂观察、课后交流等方式，了解学生的情感状态和需求，及时发现学生的情感问题并予以解决。同时，教师还需要关注学生的情感变化，根据学生的情感特点进行有针对性的引导和教育。例如，对于自卑的学生，教师可以给予更多的鼓励和肯定；对于焦虑的学生，教师可以提供情感支持和安慰。

积极的情感氛围是师生互动的重要保障。教师可以通过多种方式来创设积极的情感氛围。首先，教师可以通过生动的教学语言、丰富的教学内容和多样化的教学方法，激发学生的学习兴趣和好奇心。其次，教师可以组织丰富多彩的课外活动，如情感沙龙、心理讲座等，让学生在参与中体验情感教育的魅力。最后，教师还可以鼓励学生之间的合作与交流，培养学生的团队协作精神和沟通能力。

情感教育的实践应用是师生互动的重要环节。教师可以通过多种方式来实践情感教育。首先，教师可以通过课堂教学来渗透情感教育。例如，在语文课上，教师可以通过文学作品来引导学生感受作者的情感表达；在数学课上，教师可以通过解决实际问题来培养学生的情感品质。其次，教师可以通过课外辅导来实施情感教育。例如，对于情感问题较严重的学生，教师可以进行个别辅导，帮助他们解决情感问题；对于情感需求较强烈的学生，教师可以进行心理疏导和安慰。最后，教师还可以利用家校合作来加强情感教育的实践应用。例如，教师可以与家长保持密切联系，共同关注学生的情感发展和心理健康。

教师的情感教育能力是师生互动的关键因素。为了提高教师的情感教育能力，学校可以组织相关的培训和学习活动。首先，学校可以邀请情感教育专家来校举办讲座和培训，让教师了解情感教育的理念和方法。其次，学校可以组织教师进行教学观摩和交流活动，让教师相互学习、相互借鉴。最后，学校还可以鼓励教师进行情感教育研究和实践探索，形成具有自己特色的情感教育模式和方法。

（四）师生互动策略的实践意义

在情感教育的视角下，师生互动策略的实践具有重要的意义。首先，这种互动策略有助于促进学生的情感发展，提高学生的情感素质。通过积极的情感交流和引导，学生可以更好地表达自己的情感、理解他人的情感、处理情感冲突等。其次，这种互动策略有助于建立和谐融洽的师生关系，增强学生的学习动力和兴趣。在和谐的师生关系中，学生可以感受到教师的关爱和尊重，从而更加积极地投入到学习中。最后，这种互动策略有助于提高学生的综合素质和社会适应能力。通过情感教育的实践应用，学生可以形成积极向上的人生观和价值观，提高自己的沟通能力和团队协作能力等。

第四节　全人教育与情感教育理论的结合

一、全人教育的核心理念与目标

（一）概述

随着社会的快速发展和教育理念的更新，全人教育作为一种新兴的教育理念，逐渐受到越来越多人的关注。全人教育强调以人为本，注重人的全面发展，旨在培养具有完整人格、丰富内涵和创新能力的人才。

（二）全人教育的核心理念

全人教育强调以人为本，将学生的全面发展作为教育的根本目标。在教育过程中，全人教育注重尊重学生的个性差异，关注学生的情感、心理、生理等方面的需求，为每个学生提供个性化的教育服务。这种教育理念强调了学生的主体地位，让学生在教育中感受到关爱和尊重，从而更加积极地投入到学习中。全人教育注重学生的全面发展，包括知识、技能、情感、态度、价值观等多个方面。在教育过程中，全人教育不仅关注学生的知识掌握和技能提升，还注重培养学生的情感素质、道德品质和社会责任感等综合素质。这种教育理念旨在培养具有完整人格、丰富内涵和创新能力的人才，以适应社会的快速发展和变化。

全人教育强调跨学科融合，注重知识的综合性与连贯性。在教育过程中，全人教育鼓励教师打破学科壁垒，将不同学科的知识进行有机融合，让学生在学习过程中形成跨学科的知识体系。这种教育理念有助于培养学生的综合思维能力和创新能力，提高学生的综合素质。全人教育认为教育是一个终身的过程，注重学生的持续发展。在教育过程中，全人教育不仅关注学生的当前发展，还注重培养学生的自主学习能力和终身学习能力，为学生的未来发展奠定坚实的基础。这种教育理念强调了学生的自我发展和自我完善，让学生在教育中不断追求更高的目标。

（三）全人教育的目标

全人教育注重培养学生的创新精神和实践能力。在教育过程中，全人教育鼓励学生勇于探索、敢于创新，培养学生的创新思维和解决问题的能力。同时，全人教育还注重培养学生的实践能力，让学生在实践中学习、在实践中成长。这种目标旨在培养具有创新精神和实践能力的人才，以适应社会的快速发展和变化。全人教育注重提高学生的综合素质和适应能力。在教育过程中，全人教育不仅关注学生的知识掌握和技能提升，还注重培养学生的情感素质、道德品质和社会责任感等综合素质。同时，全人教育还注重培养学生的适应能力，让学生具备应对各种挑战和困难的能力。这种目标旨在培养具有完整人格、丰富内涵和适应能力的人才，以适应社会的多元化和复杂化。

全人教育注重拓宽学生的国际视野和培养学生的跨文化交流能力。在教育过程中，全人教育鼓励学生关注国际形势和多元文化，了解不同国家和地区的文化特点和价值观念。同时，全人教育还注重培养学生的跨文化交流能力，让学生在与不同文化背景的人进行交流时能够相互理解和尊重。这种目标旨在培养具有国际视野和跨文化交流能力的人才，以适应全球化的趋势和挑战。全人教育注重塑造学生的健全人格和积极心态。在教育过程中，全人教育关注学生的心理健康和人格发展，注重培养学生的自尊、自信、自强等品质。同时，全人教育还注重培养学生的积极心态，让学生在面对困难和挑战时能够保持积极、乐观的态度。这种目标旨在培养具有健全人格和积极心态的人才，以适应社会的竞争和压力。

二、情感教育在全人教育中的重要地位

（一）概述

在现代教育体系中，全人教育作为一种强调人的全面发展的教育理念，已经得到广泛认可。全人教育不仅关注学生的知识学习和技能掌握，更重视学生的情感、道德、社会适应能力等方面的培养。其中，情感教育在全人教育中占有举足轻重的地位。

（二）情感教育的内涵与功能

1. 情感教育的内涵

情感教育，顾名思义，是关注人的情感需求，培养人的情感素质的教育过程。它旨在通过教育引导学生形成积极的情感态度、健康的情感品质以及良好的情感调控能力，进而促进学生的全面发展。

2. 情感教育的功能

促进学生个体发展：情感教育是培养学生健全人格的重要途径。通过情感教育，学生可以学会关心他人、尊重他人、理解他人，形成积极向上的情感态度，有利于个体的健康成长。

提升学生社会适应能力：情感教育有助于培养学生的社会交往能力、团队协作能力等，使学生能够更好地适应社会环境，实现个人价值。

促进学生心理健康：情感教育关注学生的心理健康，帮助学生建立自信、自尊、自强等积极心理品质，有效预防心理问题的发生。

（三）情感教育在全人教育中的价值

全人教育强调人的全面发展，包括知识、技能、情感、道德等多个方面。情感教育作为全人教育的重要组成部分，对于培养学生的情感素质、道德观念以及社会适应能力等方面具有不可替代的作用。在全人教育的实

施过程中，情感教育应当贯穿始终，为学生的全面发展提供有力支持。全人教育的目标是培养具有完整人格、丰富内涵和创新能力的人才。情感教育作为全人教育的重要组成部分，其目标也是为了实现学生的全面发展。通过情感教育，学生可以形成积极的情感态度、健康的情感品质以及良好的情感调控能力，这些素质对于学生的人格完善、创新能力的培养以及社会适应能力的提升都具有重要意义。因此，情感教育是实现全人教育目标的重要手段。

情感教育的实施可以提升全人教育的质量。首先，情感教育关注学生的情感体验和情感需求，使学生在学习过程中感受到关爱和尊重，从而增强学习动力和学习兴趣。其次，情感教育注重培养学生的情感素质和道德观念，使学生具备更高的社会责任感和使命感，有利于形成积极向上的校园文化。最后，情感教育强调学生的主体性和参与性，使学生成为教育活动的主体和参与者，有利于提高学生的自主学习能力和创新能力。因此，情感教育的实施可以使全人教育更加关注学生的需求和发展，提升全人教育的质量。

（四）如何在全人教育中有效实施情感教育

良好的师生关系是情感教育的基础。教师应当尊重学生、关心学生、理解学生，与学生建立深厚的情感联系。同时，学生也应当尊重教师、信任教师、理解教师，积极参与教育活动。通过构建良好的师生关系，可以为情感教育的实施提供有力保障。课堂是情感教育的重要场所。教师应当注重课堂情感氛围的营造，创造轻松、愉悦、和谐的课堂氛围。通过生动的教学语言、丰富的教学内容以及多样化的教学方法等手段，激发学生的学习兴趣和热情，培养学生的积极情感体验。

家校合作是情感教育的重要支撑。学校应当加强与家长的联系和沟通，共同关注学生的情感发展和心理健康。通过家长会、家访等方式，了解学生在家庭中的情感需求和问题，为情感教育的实施提供有力支持。

三、全人教育视角下情感教育的实施策略

（一）概述

随着教育理念的不断发展，全人教育作为一种强调人的全面发展的教育理念，越来越受到人们的关注。全人教育不仅关注学生的知识学习和技能掌握，更注重学生的情感、道德、社会适应能力等方面的培养。情感教育作为全人教育的重要组成部分，其实施策略对于促进学生的全面发展具有重要意义。

（二）全人教育与情感教育的关系

全人教育是一种强调人的全面发展的教育理念，它认为教育应该关注学生的知识、技能、情感、道德、社会适应能力等多个方面的发展。而情感教育作为全人教育的重要组成部分，旨在培养学生的情感素质，提高学生的情感认知、情感表达和情感调控能力，进而促进学生的全面发展。

在全人教育的视角下，情感教育与知识教育、道德教育等相互渗透、相互促进。情感教育不仅为学生提供了情感上的支持和关爱，还有助于培养学生的道德观念和社会责任感，促进学生的身心健康和全面发展。因此，实施情感教育是全人教育不可或缺的一部分。

（三）情感教育的实施策略

1.建立情感教育的目标体系

在全人教育的视角下，情感教育的目标应该包括以下几个方面：

培养学生的情感认知能力：使学生能够识别和表达自己的情感，理解他人的情感需求，增强同理心。

提高学生的情感表达能力：鼓励学生积极表达自己的情感，学会用合适的方式表达自己的需求和感受。

培养学生的情感调控能力：帮助学生学会调节和控制自己的情绪，避

免过度情绪化，保持积极的心态。

增强学生的社会责任感：培养学生的道德观念和社会责任感，使其能够关心他人、尊重他人、帮助他人。

2. 构建情感教育的课程体系

在情感教育的实施过程中，需要构建完善的课程体系。课程体系应该包括以下几个方面：

情感认知课程：通过情感认知课程，帮助学生识别和表达自己的情感，理解他人的情感需求，增强同理心。

情感表达课程：通过情感表达课程，鼓励学生积极表达自己的情感，学会用合适的方式表达自己的需求和感受。

情感调控课程：通过情感调控课程，帮助学生学会调节和控制自己的情绪，避免过度情绪化，保持积极的心态。

社会责任感课程：通过社会责任感课程，培养学生的道德观念和社会责任感，使其能够关心他人、尊重他人、帮助他人。

3. 采用多样化的教学方法和手段

在情感教育的实施过程中，需要采用多样化的教学方法和手段，以激发学生的学习兴趣和积极性。具体方法包括：

情境教学法：通过创设具体的情境，让学生在情境中体验情感，增强情感体验的真实性和深刻性。

角色扮演法：通过角色扮演的方式，让学生扮演不同的角色，体验不同的情感，加深对情感的理解和认知。

小组讨论法：通过小组讨论的方式，让学生分享自己的情感体验和感受，增强情感交流和沟通能力。

案例分析法：通过分析具体的案例，让学生了解情感问题的原因和解决方法，提高情感问题的应对能力。

4. 加强师资队伍建设

情感教育的实施需要有一支专业的师资队伍作为支撑。因此，需要加强师资队伍建设，提高教师的情感教育教学能力。具体措施包括：

加强教师情感教育教学培训：通过培训，提高教师对情感教育的认识和重视程度，增强教师的情感教育教学能力。

鼓励教师参与情感教育研究：鼓励教师积极参与情感教育研究，探索情感教育的有效方法和手段，提高情感教育的质量和效果。

建立情感教育教师交流平台：建立情感教育教师交流平台，让教师可以互相交流情感教育的经验和心得，共同提高情感教育的水平。

5. 构建家校合作机制

家庭是学生情感发展的重要场所，家校合作对于情感教育的实施具有重要意义。因此，需要构建家校合作机制，加强学校与家庭之间的沟通和合作。具体措施包括：

定期召开家长会：定期召开家长会，让家长了解学生在学校中的情感发展情况，共同关注学生的情感问题。

开展家长培训：开展家长培训，提高家长对情感教育的认识和重视程度，让家长能够更好地支持和配合学校的情感教育工作。

建立家校沟通渠道：建立家校沟通渠道，如微信群、QQ群等，让家长和学校之间能够及时沟通，共同关注学生的情感发展。

第七章　个性化教育理论在高校教学中的应用

第一节　个性化教育理论概述

一、个性化教育的定义与特点

（一）概述

随着教育理念的更新和社会发展的需求，个性化教育逐渐成为教育领域的一个重要议题。个性化教育强调以学生为中心，尊重学生的个性差异，通过多样化的教育方式和手段，满足学生个性化发展的需求。

（二）个性化教育的定义

个性化教育，顾名思义，是一种注重个体差异、强调学生中心地位的教育理念和教育实践。它旨在通过深入了解每个学生的独特性格、兴趣、能力和需求，为他们量身定制适合的教育方案，以实现学生潜能的充分挖掘和全面发展。个性化教育不仅关注知识的传授，更重视学生的情感、态度、价值观等方面的培养，以及学生自主学习、创新能力和社会适应能力的提升。

（三）个性化教育的特点

个性化教育的核心特点是尊重每个学生的个体差异。每个学生都是一个独立的个体，他们在性格、兴趣、能力和需求等方面都存在差异。个性化教育强调教育者要深入了解每个学生的特点，尊重他们的差异，避免一刀切的教育方式。在教育过程中，教育者应根据学生的实际情况，制定个性化的教育方案，以满足他们不同的发展需求。个性化教育强调以学生为中心，关注学生的主体地位。在教育过程中，教育者应尊重学生的意愿和选择，鼓励他们积极参与教育活动，发挥他们的主动性和创造性。同时，教育者还应关注学生的情感体验和心理健康，为他们提供情感支持和关爱，帮助他们建立自信、自尊和自强的品质。

个性化教育采用多样化的教育方式和手段，以满足学生个性化发展的需求。教育者应根据学生的特点和需求，选择适合的教育方法和手段，如情境教学、项目式学习、合作学习等。同时，教育者还应充分利用现代教育技术，如互联网、人工智能等，为学生提供更加丰富、多元的学习资源和环境。个性化教育关注学生的全面发展，不仅注重知识的传授，更重视学生的情感、态度、价值观等方面的培养。在教育过程中，教育者应关注学生的情感体验和心理健康，帮助他们建立积极、健康的人生观和价值观。同时，教育者还应注重培养学生的自主学习能力、创新能力和社会适应能力等，以帮助他们更好地适应未来的社会发展。

个性化教育强调教育的动态性和适应性。学生的成长和发展是一个不断变化的过程，他们的需求和兴趣也会随着时间的推移而发生变化。因此，个性化教育要求教育者要具备敏锐的洞察力和灵活的应变能力，能够根据学生的实际情况及时调整教育方案和方法，以适应学生的变化和发展需求。个性化教育有助于促进教育公平。在传统教育中，由于教育资源的有限性和教育方式的单一性，往往导致部分学生无法获得适合自己的教育资源和机会。而个性化教育通过深入了解每个学生的特点和需求，为他们量身定制适合的教育方案，使得每个学生都能获得适合自己的教育资源和机会，从而促进了教育公平的实现。

个性化教育强调师生之间的平等和互动，有助于构建和谐的师生关系。在个性化教育的过程中，教育者不再是知识的传递者，而是学生成长道路上的引导者和合作伙伴。他们通过与学生进行深入的交流和互动，了解学生的需求和困惑，为他们提供个性化的指导和支持。这种平等的师生关系有助于增强学生的自信心和归属感，促进他们的健康成长和全面发展。

二、个性化教育理论的发展历程

（一）概述

随着社会的进步和人们对教育本质的深入理解，个性化教育理论逐渐在教育领域中占据重要地位。它强调以学生为中心，尊重个体差异，追求教育的个性化和差异化。

（二）个性化教育的起源

个性化教育的起源可追溯到古希腊时期的哲学家和教育家，如苏格拉底、柏拉图和亚里士多德等。他们提出了"因材施教"的教育思想，强调根据学生的天赋和兴趣进行教育，为个性化教育的发展奠定了基础。然而，这一时期的个性化教育更多地停留在思想层面，尚未形成系统的理论体系。

（三）个性化教育的初步探索

文艺复兴时期：文艺复兴时期，人文主义思想兴起，强调人的尊严和价值。在教育领域中，这一思想推动了个性化教育的初步探索。法国思想家蒙田提出人文教育思想，认为教育应从学生的兴趣出发，激发学生的积极性。同时，他主张教师应关注学生的个性差异，因材施教。

18—19世纪：随着工业化时代的到来，传统教育模式面临挑战。卢梭在《爱弥儿》中倡导自然教育观，强调教育应适应学生的自然发展，尊重学生的个性差异。这一时期，英国出现了贝尔—兰卡斯特制（导生制）教学形式，被视为西方个性化实践的代表。

（四）个性化教育理论的形成

19世纪末至20世纪初：这一时期，个性化教育理论逐渐形成。美国教育家哈利斯在1868年创立的"活动分团制"（又称"弹性进度制"）开启了个性化教学的初步探讨。此后，个性化教学经历了衰落与恢复期，至20世纪60—70年代开始盛行。这一时期，关于个性化教学的教育理论应运而生，如苏联赞科夫的"一般发展"理论及实验、巴班斯基的"教学最优化"理论、美国布卢姆的"掌握学习"理论、罗杰斯的"人本主义教育"理论等。这些理论为个性化教育的发展提供了理论支撑和实践指导。

中国个性化教育思想的传承与发展：在中国，个性化教育思想有着悠久的历史。早在春秋时期，孔子就提出了"因材施教"的教育主张，对个性化教学的探索产生了极其深远的影响。唐代学者韩愈强调的"各得其宜"、明朝教育家王守仁主张的"随人分限所及"、清初王夫之提出的学生"质有不齐"，教师要"因人而进"等观点都是个性化教学的典范。近代以来，朱之善在1914年实验的"分团教授法"算是中国分层教学实验之始。新中国成立后，个性化分层教学曾一度兴盛，"文革"时期被废止。

（五）个性化教育的发展繁荣

进入21世纪，个性化教育理论研究不断深入。研究者们开始从多个角度探讨个性化教育的内涵、特点、实施策略等方面的问题，形成了一系列具有指导意义的理论成果。

在教育实践中，个性化教育得到了广泛应用。各国教育者不断探索个性化教育的有效方式和手段，如项目式学习、翻转课堂、混合式学习等，以满足学生个性化发展的需求。同时，各国政府和教育部门也加大对个性化教育的投入和支持，推动个性化教育的普及和发展。

（六）个性化教育的当代趋势

随着信息技术的发展，个性化教育将迎来更多技术驱动的创新。人工智能、大数据、云计算等技术将为个性化教育提供更加精准的数据支持和智能化的教育方案。在全球化背景下，各国教育者开始加强交流与合作，共同探索个性化教育的有效实践和发展方向。这将有助于推动个性化教育在全球范围内的普及和发展。

随着社会的快速发展和知识的不断更新换代，终身化学习成为必然趋势。个性化教育将更加注重培养学生的自主学习能力、创新能力和社会适应能力等终身化学习的关键能力。

三、个性化教育的基本原则

（一）概述

个性化教育，作为一种强调以学生为中心、尊重个体差异的教育理念，其核心在于满足每个学生的独特发展需求。在教育实践中，个性化教育需要遵循一系列基本原则，以确保教育的有效性和公平性。

（二）尊重个体差异原则

尊重个体差异是个性化教育的首要原则。每个学生都是独一无二的个体，他们在性格、兴趣、能力、学习风格等方面存在差异。个性化教育强调教育者要深入了解每个学生的独特之处，尊重他们的差异，避免一刀切的教育方式。在教育过程中，教育者应关注学生的个性化需求，提供多样化的教育资源和活动，以满足不同学生的发展需要。

（三）以学生为中心原则

个性化教育强调以学生为中心，关注学生的主体地位。这意味着在教育过程中，教育者应以学生为中心，根据学生的实际情况和需求制订教育计划和策略。教育者应尊重学生的意愿和选择，鼓励他们积极参与教育活动，发挥他们的主动性和创造性。同时，教育者还应关注学生的情感体验和心理健康，为他们提供情感支持和关爱，帮助他们建立自信、自尊和自强的品质。

（四）全面发展原则

个性化教育追求学生的全面发展，不仅关注知识的传授，更重视学生的情感、态度、价值观等方面的培养。在教育过程中，教育者应关注学生的全面发展需求，通过多样化的教育方式和手段，培养学生的自主学习能力、创新能力和社会适应能力等。同时，教育者还应关注学生的兴趣爱好和特长发展，为他们提供个性化的指导和支持，帮助他们实现个性化的发展目标。

（五）因材施教原则

因材施教是个性化教育的重要原则之一。它要求教育者根据学生的个体差异和学习特点，制定个性化的教育方案和策略。在教育实践中，教育者应深入了解每个学生的特点，包括他们的学习风格、兴趣爱好、能力水平等，然后针对这些特点制定相应的教学方法和手段。例如，对于喜欢动手实践的学生，教育者可以采用项目式学习的方式；对于喜欢阅读的学生，教育者可以推荐适合他们的阅读材料。通过因材施教，教育者可以更好地满足学生的个性化需求，提高教育效果。

（六）灵活性原则

个性化教育强调教育的灵活性和适应性。学生的成长和发展是一个动态变化的过程，他们的需求和兴趣也会随着时间的推移而发生变化。因此，个性化教育要求教育者具备灵活应变的能力，能够根据学生的实际情况和需求及时调整教育方案和方法。同时，教育者还应关注社会发展和科技进步对教育的影响，及时更新教育观念和教育手段，以适应不断变化的教育环境。

（七）个性化评估原则

个性化评估是个性化教育的重要组成部分。传统的教育评估方式往往以标准化的测试为主，难以全面反映学生的个性化发展情况。个性化教育强调采用个性化的评估方式，关注学生的个体差异和发展过程。教育者应根据学生的实际情况和需求,制定个性化的评估标准和指标,通过多样化的评估手段和方法,全面了解学生的发展情况。同时,教育者还应关注评估结果的反馈和应用,及时调整教育方案和方法,以促进学生的个性化发展。

(八)家校合作原则

个性化教育需要家庭和社会的共同参与和支持。家庭是学生的第一所学校,家长是学生的第一任老师。个性化教育强调家校合作,鼓励家长参与学生的教育过程,了解学生的个性化需求和发展情况。教育者应与家长建立良好的沟通机制,及时分享学生的教育情况和评估结果,共同制定个性化的教育方案和支持措施。同时,个性化教育还需要社会的支持和关注,包括政策制定、资源配置、舆论引导等方面。

第二节　不同学生特点的个性化教学策略

一、识别与评估学生个性特点

(一)概述

在现代教育中,个性化教育的理念越来越受到重视,其核心理念在于尊重并发展学生的独特个性。为了实现这一目标,教育者首先需要能够准确识别与评估学生的个性特点。个性特点是指个体在心理、行为、情感等方面所表现出的独特性和稳定性。

(二)个性特点的定义与重要性

个性特点是指个体在心理、行为、情感等方面所表现出的独特性和稳定性。它是个体在成长过程中受到遗传、环境、教育等多种因素影响而形成的独特品质。个性特点包括但不限于性格、兴趣、能力、价值观等方面。

在教育实践中,识别与评估学生的个性特点具有重要意义。首先,个性特点是个体发展的基础,它影响着个体的学习、生活、工作等各个方面。通过识别与评估学生的个性特点,教育者可以更好地了解学生的需求和潜能,为他们提供个性化的教育支持。其次,个性特点也是教育目标的重要参考。教育者应根据学生的个性特点制定教育目标,以帮助他们实现全面发展。最后,个性特点也是教育评价的重要依据。通过评估学生的个性特点,教育者可以了解教育效果,及时调整教育策略,提高教育质量。

(三)识别学生个性特点的方法

观察法是最直接、最常用的识别学生个性特点的方法。教育者可以通过观察学生的行为、言语、表情等方面,了解他们的性格、兴趣、能力等个性特点。例如,在课堂上,教育者可以观察学生的参与度、互动情况、思维方式等,以了解他们的学习风格和能力水平。此外,教育者还可以通过观察学生在课外活动中的表现,如社团活动、运动比赛等,了解他们的兴趣爱好和特长。

问卷调查法是一种常用的心理测量方法,可以通过收集学生的自我描述、评价等信息来了解他们的个性特点。教育者可以设计问卷,让学生填写自己的性格类型、兴趣爱好、能力特长等方面的信息。通过收集和分析问卷数据,教育者可以了解学生的个性特点分布情况,为个性化教育提供支持。

访谈法是一种深入了解学生个性特点的方法。教育者可以与学生进行面对面的交流,了解他们的成长经历、家庭环境、性格特点等方面的信息。在访谈过程中,教育者可以通过提问、倾听、引导等方式,鼓励学生表达自己的想法和感受,从而更全面地了解他们的个性特点。

作品分析法是通过分析学生的作品来了解他们的个性特点的方法。作品可以包括学生的作文、绘画、手工制品等。通过分析学生的作品内容、风格、表现力等方面,教育者可以了解他们的兴趣爱好、能力特长、思维方式等个性特点。此外，作品还可以反映学生的情感状态和心理健康状况，为教育者提供心理教育的依据。

（四）评估学生个性特点的策略

个性特点具有多样性和复杂性，因此评估学生的个性特点需要采用多元化的评估方式。教育者可以从多个角度、多个维度来评估学生的个性特点，如性格、兴趣、能力、价值观等方面。同时，教育者还可以结合学生的行为表现、言语表达、作品展示等多种方式来评估他们的个性特点。评估学生的个性特点需要保持客观性。教育者应避免主观臆断和偏见，尽可能客观地评估学生的个性特点。在评估过程中，教育者可以运用心理测量工具、数据分析等方法来提高评估的客观性。同时，教育者还应关注学生的自我评价和同伴评价等信息，以更全面地了解学生的个性特点。

个性特点是不断发展变化的，因此评估学生的个性特点需要具有发展性。教育者应关注学生的个性特点变化和发展趋势，及时调整教育策略和方法。在评估过程中，教育者可以运用动态评估、追踪评估等方式来监测学生的个性特点发展情况，为个性化教育提供有力支持。评估学生的个性特点后，教育者需要向学生提供个性化的反馈。个性化反馈应根据学生的实际情况和需求进行定制，包括肯定、建议、鼓励等方面。通过个性化反馈，学生可以了解自己的优点和不足，明确发展方向和目标。同时，个性化反馈还可以帮助学生建立自信、自尊和自强的品质，促进他们的全面发展。

二、针对不同学习风格的教学策略

（一）概述

在当今的教育环境中，越来越多的教育者开始认识到学生之间存在学习风格的差异。学习风格是指个体在学习过程中所偏好的、相对稳定的、独特的学习方式和方法。了解学生的学习风格，并根据其特点制定相应的教学策略，对于提高教学效果、激发学生的学习兴趣具有重要意义。

（二）学习风格的定义与分类

学习风格是指个体在学习过程中所表现出来的具有个人特色的方式和方法。它受到遗传、环境、教育等多种因素的影响，具有稳定性和独特性。根据不同的分类标准，学习风格可以划分为多种类型。其中，较为常见的分类方法包括视觉型、听觉型和动觉型学习风格，以及场独立型和场依存型学习风格。

视觉型学习者偏好通过观察图形、图像、图表等视觉信息来学习；听觉型学习者则更喜欢通过听讲、讨论、听录音等听觉信息来学习；动觉型学习者则倾向于通过动手实践、亲身体验等活动来学习。这三种学习风格各有特点，需要教育者在教学过程中给予不同的关注和支持。

场独立型学习者具有较强的自主性和独立性，善于独立思考和解决问题；场依存型学习者则更依赖于外部环境和他人意见，容易受到外界影响。这两种学习风格在团队合作、自主学习等方面表现出不同的特点，需要教育者在教学过程中采取不同的教学策略。

（三）针对不同学习风格的教学策略

1. 视觉型学习风格的教学策略

对于视觉型学习者，教育者可以采用以下教学策略：

（1）使用多媒体教学资源：如幻灯片、视频、图片等，以丰富的视觉信息吸引学生的注意力，提高学习效果。

（2）提供图表和图形：将复杂的知识点通过图表和图形进行呈现，有助于学生更好地理解和记忆。

（3）鼓励学生做笔记：通过做笔记的方式，让学生将所学知识以视觉形式进行整理和总结，加深记忆。

（4）布置视觉化作业：如绘制思维导图、制作海报等，让学生在完成作业的过程中进一步巩固所学知识。

2.听觉型学习风格的教学策略

对于听觉型学习者，教育者可以采用以下教学策略：

（1）讲述和讲解：通过生动的讲述和详细的讲解，将知识传授给学生，激发他们的学习兴趣。

（2）讨论和交流：组织学生进行小组讨论或班级讨论，让他们通过言语交流来深化对知识的理解。

（3）听录音和广播：利用录音和广播等听觉资源，让学生在课余时间也能进行自主学习。

（4）举办讲座和报告：邀请专家或教师为学生举办讲座和报告，拓宽学生的知识面和视野。

3.动觉型学习风格的教学策略

对于动觉型学习者，教育者可以采用以下教学策略：

（1）实验和探究：通过实验和探究等活动，让学生亲自动手操作，体验知识的形成过程。

（2）角色扮演和模拟游戏：通过角色扮演和模拟游戏等方式，让学生在轻松愉快的氛围中学习知识。

（3）户外活动和实地考察：组织学生进行户外活动和实地考察，让他们在实践中学习和探索。

（4）制作和创作：鼓励学生进行手工制作、艺术创作等活动，培养他们的动手能力和创新思维。

4.场独立型和场依存型学习风格的教学策略

对于场独立型学习者，教育者应给予他们足够的自主权和独立性，鼓励他们独立思考和解决问题。同时，教育者还应为他们提供丰富的学习资源和机会，以满足他们的学习需求。对于场依存型学习者，教育者应关注他们的情感需求，为他们营造一个温馨、和谐的学习环境。同时，教育者还应引导他们关注外部环境和他人意见，培养他们的合作精神和团队意识。

（四）教学策略的灵活运用

在实际教学过程中，学生的学习风格可能并非单一类型，而是多种类型的混合体。因此，教育者需要灵活运用各种教学策略，以满足不同学生的学习需求。此外，教育者还应关注学生的学习风格变化和发展趋势，及时调整教学策略和方法，以适应学生的学习需求和发展特点。

三、针对不同学科兴趣的教学策略

（一）概述

在教育实践中，我们不难发现学生对不同学科的兴趣存在显著差异。有的学生对数学充满热情，有的则对文学情有独钟，还有的学生对科学探索充满好奇。这种学科兴趣的差异不仅影响学生的学习动力，也关系到他们的学习成效和未来发展。因此，针对不同学科兴趣的教学策略显得尤为重要。

（二）学科兴趣的定义与影响因素

学科兴趣是指个体对某一学科领域所持有的积极态度和情感倾向，它表现为对该学科内容的关注、喜爱和投入。个体的性格、智力、兴趣等个人特质会影响其对不同学科的兴趣。例如，喜欢逻辑思考和解决问题的学生可能对数学和物理等理科感兴趣，而善于表达和理解情感的学生可能对文学和艺术等文科感兴趣。

学校的教育环境、教师的教学风格、课程设置等因素也会影响学生的学科兴趣。一个充满活力和创新的教育环境能够激发学生的好奇心和求知欲，而一个单调乏味的环境则可能使学生对学习失去兴趣。家庭的教育观念、父母的职业和文化背景等因素也会影响学生的学科兴趣。例如，父母从事科技工作的学生可能对科学和技术类学科更感兴趣，而家庭文化氛围浓厚的学生可能对文学和艺术类学科更感兴趣。

(三) 针对不同学科兴趣的教学策略

针对不同学科兴趣的教学策略旨在根据学生的学科兴趣特点，调整教学策略和方法，以激发学生的学习兴趣和潜能，提高教学效果。以下是针对不同学科兴趣的教学策略：

1. 数学与理科类学科的教学策略

对于对数学和理科类学科感兴趣的学生，教学策略应注重培养他们的逻辑思维和解决问题的能力。教师可以通过以下方式进行教学：

（1）采用问题导向的教学方法：以实际问题为切入点，引导学生运用数学知识和理科知识进行分析和解决，激发学生的学习兴趣和求知欲。

（2）提供丰富的实验和探究机会：通过实验和探究等活动，让学生亲身体验知识的形成过程，培养他们的实践能力和创新精神。

（3）利用数字化教学资源：利用数学软件和科学模拟软件等数字化教学资源，为学生提供直观、生动的学习体验，提高他们的学习效果。

2. 文学与艺术类学科的教学策略

对于对文学和艺术类学科感兴趣的学生，教学策略应注重培养他们的审美情趣和创新能力。教师可以通过以下方式进行教学：

（1）注重文本解读和情感体验：引导学生深入解读文学作品和艺术作品，感受其中的情感内涵和艺术魅力，培养他们的审美能力和情感体验能力。

（2）鼓励创作和表达：鼓励学生进行文学创作和艺术创作等活动，培养他们的创新能力和表达能力，同时为他们提供展示和交流的平台。

（3）利用多媒体教学资源：利用多媒体教学资源如音频、视频等，为学生提供丰富的文学和艺术素材，拓宽他们的视野和知识面。

3. 社会与人文类学科的教学策略

对于对社会和人文类学科感兴趣的学生，教学策略应注重培养他们的社会责任感和人文关怀精神。教师可以通过以下方式进行教学：

（1）关注社会热点和时事新闻：引导学生关注社会热点和时事新闻，了解社会发展的动态和趋势，培养他们的社会责任感和公民意识。

（2）组织社会实践活动：组织学生进行社会实践活动如志愿服务、社会调查等，让他们亲身体验社会现实和问题，培养他们的实践能力和人文关怀精神。

（3）开展跨学科学习：通过跨学科学习的方式，将社会和人文类学科与其他学科进行融合和交叉，拓宽学生的知识视野和思维方式。

（四）教学策略的灵活运用

在实际教学过程中，学生的学科兴趣可能并非单一类型，而是多种类型的混合体。因此，教师在运用教学策略时需要灵活多变，根据学生的具体情况和需求进行调整和改变。同时，教师还应关注学生的学习动态和兴趣变化，及时调整教学策略和方法，以适应学生的学习需求和发展特点。

四、针对学习困难学生的教学策略

（一）概述

在教育实践中，我们不可避免地会遇到一些学习困难的学生。这些学生可能在认知、情感、行为或社交等方面存在障碍，导致他们在学习过程中遇到诸多困难。针对这些学生的教学策略，旨在帮助他们克服学习障碍，提高学习效果，培养他们的自信心和自主学习能力。

（二）学习困难学生的特点与原因分析

学习成绩不佳、注意力不集中、记忆力差、理解能力有限、学习动机不足等。这些困难可能源于多个方面的原因，如认知能力不足、家庭环境不利、教育方法不当、情绪问题等。为了更有效地帮助这些学生，我们需要深入了解他们的困难所在，从而制定有针对性的教学策略。部分学生可能在认知方面存在缺陷，如智力低下、注意力缺陷、学习障碍等。这些因素可能导致他们在学习过程中无法有效理解知识、记忆信息和应用所学内容。

家庭环境对学生学习的影响至关重要。一些学习困难的学生可能来自贫困、单亲或家庭暴力等不利环境，这些因素会导致他们缺乏学习资源、缺乏关爱和支持，从而影响学习效果。传统的教育模式无法满足所有学生的需求。一些学习困难的学生可能无法适应传统的授课方式和评价标准，导致他们在学习过程中感到挫败和无助。

情绪问题也是导致学习困难的一个重要原因。一些学生面临焦虑、抑郁等情绪困扰，这些问题可能影响他们的学习态度和动机，进而影响学习效果。

（三）针对学习困难学生的教学策略

针对学习困难学生的教学策略需要综合考虑他们的特点、困难和需求。根据学生的学习困难和特点，制订个性化的教学计划。这包括评估学生的认知能力、学习风格和兴趣，为他们量身定制合适的学习目标和内容。同时，教学计划应具有一定的灵活性，以便根据学生的进步和反馈进行调整。

采用多元化的教学方法，以满足不同学生的学习需求。例如，对于注意力不集中的学生，可以采用分段教学、互动游戏等方式提高他们的参与度；对于理解能力有限的学生，可以采用直观演示、案例分析等方式帮助他们理解抽象概念。此外，教师还可以利用信息技术手段，如多媒体教学资源、在线学习平台等，为学生提供丰富的学习体验。学习困难学生往往需要更多的支持和鼓励。教师应该关注他们的情感需求，为他们提供积极的反馈和激励。同时，教师可以与家长建立紧密的合作关系，共同关注学生的学习进展和困难，为他们提供必要的支持和帮助。

自主学习能力对于学习困难的学生尤为重要。教师可以通过引导学生制订学习计划、培养时间管理技能、教授学习策略等方式，帮助他们逐步建立自主学习能力。此外，教师还可以鼓励学生参加课外活动和兴趣小组，拓宽他们的知识视野和社交圈子，培养他们的综合素质。针对存在情绪问题的学习困难学生，教师应关注他们的心理健康状况。可以通过开展心理健康教育、提供心理咨询等方式，帮助学生缓解焦虑、抑郁等情绪困扰。同时，教师应营造一个宽松、包容的学习环境，让学生感受到关爱和支持。

学习困难学生可能面临多方面的困难，需要跨学科的合作来共同解决。教师可以与其他学科教师、学校心理咨询师、家长等建立合作关系，共同制订针对性的教学策略和计划。通过跨学科的合作，为学生提供更全面的支持和帮助。

（四）教学策略的实施与评估

教师应定期评估学生的学习进展和困难，及时调整教学策略和方法。同时，教师应鼓励学生积极反馈自己的学习体会和困难，以便更好地了解他们的需求。教学计划应具有一定的灵活性，以便根据学生的进步和反馈进行调整。教师可以根据学生的实际情况，适当增加或减少教学内容和难度，以确保教学计划的有效性。

在实施教学策略过程中，教师可以寻求外部支持，如参加专业培训、与其他教师交流经验等。这些支持可以帮助教师提高教学技能和方法，更好地满足学生的需求。教师应对教学效果进行定期评估，以了解教学策略的有效性。可以通过学生成绩、学生反馈、家长评价等方式进行评估，以便及时调整教学策略和方法。

第三节　技术支持下的个性化学习环境构建

一、技术在学习环境构建中的作用

（一）概述

随着科技的飞速发展，技术在教育领域的应用日益广泛，其在学习环境构建中的作用也日益凸显。技术不仅改变了传统的教学方式，还为学生提供了更加丰富、多样化的学习资源和工具，使得学习环境更加生动、有趣和高效。

（二）技术在学习环境构建中的基础作用

技术的应用使得学习资源不再局限于传统的教科书和课堂讲解，而是扩展到了网络、多媒体、模拟软件等多种形式。这些资源不仅内容丰富、形式多样，而且具有交互性、实时性和可定制性等特点，能够满足不同学生的学习需求。例如，通过在线课程平台，学生可以随时随地访问全球优质的教育资源，实现个性化学习；通过虚拟实验室和模拟软件，学生可以在虚拟环境中进行实验和模拟操作，加深对知识的理解和应用。

技术通过创造虚拟和增强的学习环境，为学生提供了更加生动、直观和真实的学习体验。例如，虚拟现实（VR）技术可以让学生身临其境地体验历史事件、科学现象等，增强学习的沉浸感和真实感；增强现实（AR）技术则可以将学习内容与现实生活相结合，使学生在实际环境中学习和应用知识。这些技术不仅提高了学生的学习兴趣和参与度，还有助于培养他们的实践能力和创新思维。

技术为学生提供了便捷的协作和交流工具，使得学习过程不再孤立和封闭。通过在线协作平台、社交媒体等工具，学生可以与他人分享学习心得、讨论问题、共同完成学习任务等。这种协作和交流不仅有助于拓宽学生的知识视野和思维方式，还有助于培养他们的合作精神和沟通能力。

（三）技术在学习环境构建中的具体作用

技术通过智能教育系统和数据分析工具，可以根据学生的学习能力和兴趣提供个性化的学习计划和资源。这些系统能够实时跟踪学生的学习进度和表现，为他们提供定制化的学习建议和资源推荐。这种个性化学习支持有助于提高学生的学习效率和满意度，促进他们的全面发展。技术的应用打破了传统学习的时空限制，使得学习更加灵活和便捷。通过在线课程和远程教育平台，学生可以随时随地访问学习资源和课程内容，实现自主学习和远程学习。这种学习方式不仅节约了学生的时间和精力，还有助于实现教育资源的共享和优化配置。

技术通过在线测试和评估工具，可以为学生提供实时的学习反馈和评估结果。这些工具能够自动批改作业、分析学生的答题情况并提供针对性的学习建议。这种实时反馈和评估有助于学生及时了解自己的学习状况和不足之处，从而调整学习策略和方法，提高学习效果。

（四）技术在学习环境构建中的挑战与应对

虽然技术在学习环境构建中发挥了重要作用，但也面临着一些挑战和问题。例如，技术更新速度快、应用门槛高、教育投入不足等问题都可能限制技术在教育领域的应用和发展。加强技术研发和普及是解决技术门槛高和更新速度快等问题的关键。需要政府、企业和教育机构等多方合作，共同投入资金和资源进行技术研发和推广，降低技术应用的门槛和成本。

提高教师技术素养是推广技术在教学中的应用的前提。需要加强教师培训和技术支持，提高教师的技术素养和应用能力，使他们能够更好地利用技术工具进行教学和创新。完善教育投入机制是解决教育投入不足问题的关键。需要政府加大对教育的投入力度，提高教育经费的使用效率和管理水平，同时鼓励社会资本进入教育领域，共同推动教育事业的发展。

二、个性化学习资源的整合与开发

（一）概述

在信息化和数字化时代，教育领域正经历着前所未有的变革。个性化学习作为一种新兴的教育理念，旨在满足不同学生的个性化需求，促进他们的全面发展。个性化学习资源的整合与开发是实现个性化学习的关键环节，对于提高教育质量和效率具有重要意义。

（二）个性化学习资源概述

个性化学习资源是指根据学生的个性化需求和学习特点，量身定制的、具有针对性的学习资源。这些资源可以包括数字教材、在线课程、虚拟实验、互动游戏等多种形式。与传统学习资源相比，个性化学习资源更加注重学生的主体地位，强调以学生为中心的教学理念。通过整合与开发个性化学习资源，可以更好地满足学生的个性化需求，激发他们的学习兴趣和动力，提高学习效果。

（三）个性化学习资源整合与开发的重要性

每个学生都具有独特的学习特点、兴趣爱好和发展需求。通过整合与开发个性化学习资源，可以为学生提供符合他们个性化需求的学习内容、方式和路径。这有助于激发学生的学习兴趣和动力，提高他们的学习积极性和参与度。在传统教育模式下，由于教学资源有限，不同地区的学校和学生往往难以获得优质的教育资源。而个性化学习资源的整合与开发，可以打破地域限制，实现教育资源的共享和优化配置。这使得所有学生都能够获得符合自己需求的优质学习资源，促进教育公平。

个性化学习资源的整合与开发，有助于实现精准教学和因材施教。通过为学生提供个性化的学习资源和支持，教师可以更加关注学生的学习过程和发展需求，及时调整教学策略和方法。这有助于提高教学质量和效果，促进学生的全面发展。

（四）个性化学习资源整合与开发的实施策略

要整合与开发个性化学习资源，首先要深入了解学生的需求。教师可以通过问卷调查、访谈、观察等方式，了解学生的兴趣爱好、学习特点和发展需求。这有助于为学生提供更加符合他们需求的个性化学习资源。为了方便学生获取个性化学习资源，可以建立个性化学习资源库。该资源库应包含多种形式的个性化学习资源，如数字教材、在线课程、虚拟实验等。同时，应根据学生的需求和反馈，不断更新和优化资源库中的资源。

通过利用大数据、人工智能等技术手段，可以实现对个性化学习资源的智能推荐。系统可以根据学生的学习历史、成绩表现等数据，为他们推荐符合其需求的学习资源。这有助于提高学生的学习效率和满意度。为了推广个性化学习资源的整合与开发，需要加强教师培训和技术支持。教师需要掌握相关的技术工具和教学方法，以便更好地利用个性化学习资源进行教学。同时，还需要提供必要的技术支持和维护服务，确保个性化学习资源的稳定运行和不断更新。

（五）个性化学习资源整合与开发面临的挑战

个性化学习资源的整合与开发需要借助先进的技术手段。然而，这些技术手段往往具有较高的技术门槛和成本投入。因此，需要投入大量的人力、物力和财力进行技术研发和应用推广。在个性化学习资源的整合与开发过程中，需要收集和处理大量的学生数据。这些数据的安全性和隐私保护问题不容忽视。需要建立完善的数据安全保护机制，确保学生数据的安全和隐私不被泄露。个性化学习资源的整合与开发需要得到足够的教育投入和政策支持。然而，在一些地区和学校，由于教育资源有限和政策支持不足，难以充分开展个性化学习资源的整合与开发工作。因此，需要政府和社会各界共同努力，加大对个性化学习资源的投入和支持力度。

三、线上线下融合的学习环境设计

（一）概述

随着信息技术的迅猛发展和教育理念的持续创新，线上线下融合的学习环境设计逐渐成为教育领域的重要议题。这种融合模式旨在打破传统学习环境的限制，提供更加灵活、多样化的学习方式，以满足不同学习者的需求。

（二）线上线下融合学习环境的必要性

线上线下融合的学习环境设计能够满足不同学习者的多样化需求。线上学习提供了时间、地点的灵活性，方便学习者根据自身情况安排学习进度；而线下学习则提供了实践、交流和合作的机会，有助于学习者深入理解知识和提升实际操作能力。线上线下融合的学习环境有助于提升学习效果。线上学习资源丰富，学习者可以随时随地获取所需知识；线下实践则能够让学习者将所学知识应用于实际情境中，加深理解和记忆。同时，线上线下融合的学习环境还有助于培养学习者的自主学习能力、合作精神和创新意识。

（三）线上线下融合学习环境的实施策略

在设计线上线下融合的学习环境时，首先要明确学习目标和内容。教育者应根据学习者的实际情况和需求，制订合理的学习计划，确保线上线下学习的内容相互衔接、互为补充。线上学习平台是线上线下融合学习环境的重要组成部分。教育者应选择功能完善、操作简便的线上学习平台，提供丰富的学习资源和互动工具，以便学习者随时随地进行自主学习和交流。同时，教育者还要定期更新和优化线上学习平台，确保其与时俱进，满足学习者不断变化的需求。

线下实践是线上线下融合学习环境中的关键环节。教育者应组织丰富多样的实践活动，如实验操作、社会调研、项目设计等，让学习者在实际操作中巩固和应用所学知识。此外，教育者还可以邀请行业专家举办讲座或指导，为学习者提供更广阔的视野和实践机会。为了确保线上线下融合学习环境的有效性，教育者需要建立科学的评估和反馈机制。通过对学习者的学习过程、学习成果和满意度进行评估，教育者可以及时发现问题并调整教学策略。同时，学习者也可以通过反馈机制向教育者提出建议和意见，促进教学双方的良性互动。

（四）线上线下融合学习环境面临的挑战与应对策略

线上线下融合学习环境的设计和实施过程中可能会遇到技术难题，如平台兼容性、网络安全等。为了解决这些问题，教育者可以与专业技术人员合作，共同研发和优化线上学习平台。同时，教育者还要加强对学习者的技术培训，提高他们的信息素养和技术应用能力。在线上线下融合学习环境中，学习者的参与度直接影响到学习效果。为了提高学习者的参与度，教育者可以采取以下策略：首先，设计具有挑战性和趣味性的学习任务，激发学习者的兴趣和动力；其次，加强线上线下的互动与交流，鼓励学习者分享经验和心得；最后，建立激励机制，对积极参与的学习者给予奖励和认可。

线上线下融合学习环境需要充分利用各种教育资源，包括教材、视频教程、实验设备等。为了实现教育资源的有效整合和利用，教育者可以加强与校内外机构的合作与交流，共享优质教育资源。同时，教育者还要根据学习者的需求和反馈，不断优化和更新教育资源库。

四、技术支持下的个性化学习评价

（一）概述

随着信息技术的飞速发展，教育领域也迎来了前所未有的变革。在个性化学习的趋势下，学习评价作为教育过程中的重要环节，其方式和方法也在不断地发展和完善。技术支持下的个性化学习评价，正是基于这一背景应运而生的一种新型评价方式。

（二）个性化学习评价的概念

个性化学习评价是指根据学生的学习特点和需求，量身定制的、具有针对性的学习评价方式。它强调以学生为中心，关注学生的个体差异和学习过程，旨在通过科学、合理的评价手段，全面、客观地反映学生的学习成果和发展潜力。个性化学习评价不仅关注学生的学习结果，更重视学生在学习过程中的表现、态度和能力。

（三）技术支持下的个性化学习评价的重要性

技术支持下的个性化学习评价能够根据学生的个体差异和学习需求，提供定制化的评价方案。这有助于学生更好地了解自己的学习情况，明确自己的优势和不足，从而调整学习策略，提高学习效果。传统的学习评价方式往往依赖于教师的经验和主观判断，难以做到全面、客观。而技术支持下的个性化学习评价，可以通过收集和分析学生的学习数据，形成科学、准确的评价结果。这有助于避免评价过程中的主观性和偏见，提高评价的准确性和公正性。

技术支持下的个性化学习评价可以激发学生的学习兴趣和动力，促进学生主动探索、合作学习等新型学习方式的形成。通过个性化评价，学生可以更加清晰地认识自己的学习风格和兴趣点，从而选择更加适合自己的学习方式。

（四）技术支持下的个性化学习评价的实施策略

为了实现技术支持下的个性化学习评价，需要构建一套完善的个性化学习评价系统。该系统应包括学生信息管理、学习数据收集、评价方案设计、评价结果呈现等功能模块。同时，该系统还需要具备高度的灵活性和可扩展性，以适应不同学生的学习需求和发展变化。学习数据是技术支持下的个性化学习评价的基础。教育者需要收集学生在学习过程中的各种数据，如学习进度、作业完成情况、测试成绩等。通过对这些数据的分析，教育者可以了解学生的学习情况和问题，为个性化评价提供有力支持。

在收集和分析学习数据的基础上，教育者需要设计个性化的评价方案。该方案应针对学生的个体差异和学习需求，制定具体的评价标准和指标。同时，评价方案还应注重过程性评价和终结性评价的结合，全面反映学生的学习成果和发展潜力。在个性化评价方案制定完成后，教育者需要按照方案实施评价。评价过程中，教育者应关注学生的个体差异和学习过程，采用多种评价方式和手段，如在线测试、项目作业、口头报告等。同时，教育者还需要及时向学生反馈评价结果，帮助学生了解自己的学习情况和问题，并提出针对性的改进建议。

（五）技术支持下的个性化学习评价面临的挑战与应对策略

技术支持下的个性化学习评价需要借助先进的技术手段来实现。然而，在实际应用中可能会遇到技术难题，如数据收集不全、系统稳定性差等。为了应对这些挑战，教育者需要加强与技术人员的合作与交流，共同研发和优化个性化学习评价系统。同时，教育者还需要不断提高自身的技术素养和操作能力，以便更好地利用技术手段开展个性化学习评价工作。

在个性化学习评价过程中，会涉及大量的学生数据。这些数据的安全性和隐私保护问题不容忽视。为了应对这一挑战，教育者需要建立完善的数据安全保护机制，确保学生数据的安全和隐私不被泄露。同时，教育者还需要加强对学生数据的监管和管理，防止数据被滥用或误用。

个性化学习评价需要保证评价的公正性和客观性。然而，在实际应用中可能会受到主观因素的影响，如教师的偏见、学生的自我认知偏差等。为了应对这一挑战，教育者需要制定科学的评价标准和方法，确保评价的公正性和客观性。同时，教育者还需要加强对评价过程的监管和管理，及时发现和纠正评价中的偏差和错误。

第四节　评价与反馈在个性化教育中的作用

一、个性化教育中的评价理念

（一）概述

随着教育理念的不断更新与发展，个性化教育已成为教育领域的重要趋势。个性化教育强调以学生为中心，关注学生的个体差异和独特需求，旨在促进学生的全面发展。在个性化教育过程中，评价作为不可或缺的一环，其理念和方法也需与时俱进，以更好地服务于个性化教育的目标。

（二）个性化教育的内涵

个性化教育是指根据每个学生的个体差异、兴趣、潜能和需求，量身定制教育方案，以实现学生的全面发展。个性化教育强调以学生为中心，尊重学生的主体性和主动性，关注学生的学习过程和学习体验。在个性化教育中，教师需要关注每个学生的独特性和需求，提供个性化的教学资源和支持，帮助学生发掘自身潜能，实现个性化发展。

（三）个性化教育中的评价理念

1. 评价的目的

在个性化教育中，评价的目的不再仅仅是检测学生的学习成果，更重要的是关注学生的学习过程、学习方法和学习态度。评价的目的在于帮助学生认识自己的优点和不足，激发学习动力，提高自主学习能力，促进个性化发展。同时，评价还需要为教师提供反馈，帮助教师了解学生的学习情况和需求，以便更好地调整教学策略，提高教学效果。

2. 评价的原则

个性化教育中的评价应尊重每个学生的个体差异，包括兴趣、潜能、学习方式等。评价过程中应避免一刀切的评价标准，而应根据学生的实际情况量身定制评价方案。个性化教育中的评价应关注学生的学习过程，而非仅仅关注学习结果。评价应关注学生在学习过程中的表现、态度、方法和进步，以全面反映学生的学习情况。

个性化教育中的评价应采用多元评价方式，包括自我评价、同伴评价、教师评价等。多种评价方式的结合可以更加全面、客观地反映学生的学习情况，同时也有助于培养学生的自我评价和反思能力。个性化教育中的评价应及时反馈给学生和教师。及时的反馈有助于学生及时调整学习策略，提高学习效果；同时也有助于教师及时调整教学策略，提高教学效果。

3. 评价的方法

档案袋评价法是一种关注学生学习过程的评价方法。通过建立学生的学习档案袋，收集学生在学习过程中的作品、反思、评价等，全面反映学生的学习情况。档案袋评价法有助于培养学生的自主学习能力和反思能力。

表现性评价法是一种关注学生在实际情境中表现的评价方法。通过设计真实或模拟的情境任务，让学生在完成任务的过程中展示其知识、技能和态度。表现性评价法有助于培养学生的实践能力和解决问题的能力。

自我评价法是一种培养学生自我评价和反思能力的评价方法。学生通过对自己的学习过程和成果进行自我评价和反思，发现自己的优点和不足，制订改进计划。自我评价法有助于提高学生的自主学习能力和自我管理能力。

4. 评价的意义

个性化教育中的评价理念和方法有助于关注学生的个体差异和独特需求，促进学生的全面发展。通过关注学生的学习过程、学习方法和学习态度，评价可以帮助学生认识自己的优点和不足，激发学习动力，提高自主学习能力。个性化教育中的评价理念和方法可以为教师提供及时反馈，帮助教师了解学生的学习情况和需求，以便更好地调整教学策略，提高教学效果。同时，评价还可以促进教师与学生之间的沟通和交流，建立良好的师生关系。

个性化教育中的评价理念和方法是推动教育改革的重要力量。通过关注学生的个体差异和独特需求，评价可以推动教育从传统的"一刀切"模式向更加注重个体差异和多样性的方向发展。这将有助于打破传统教育的束缚，推动教育创新和发展。

二、有效反馈机制的建立与实施

（一）概述

在教育、管理、企业培训等众多领域中，反馈机制的建立与实施都占据着举足轻重的地位。有效的反馈不仅能帮助个体或团队了解自身存在的问题，还能为未来的改进提供方向。然而，如何建立一个既高效又实用的反馈机制,并在实际中加以实施,却是一个值得深入探讨的问题。

(二)反馈机制的重要性

反馈机制在多个领域中都发挥着至关重要的作用。首先,在教育领域,有效的反馈能够帮助学生了解自己的学习状况,发现自己的不足,从而调整学习策略,提高学习效果。同时,教师也能通过反馈了解学生的学习需求和问题,以便更好地调整教学方法和内容。其次,在企业管理中,有效的反馈机制有助于员工了解自己的工作表现,明确改进方向,提高工作效率。同时,管理者也能通过反馈了解员工的需求和期望,从而优化管理策略,提升团队凝聚力。最后,在社会治理方面,有效的反馈机制能够促进政策制定者和民众之间的有效沟通,增强政策的针对性和实效性。

(三)建立有效反馈机制的原则

反馈的及时性对于其有效性至关重要。及时的反馈能够让接收者迅速了解自身的问题和不足,从而及时采取措施进行改进。准确的反馈能够客观地反映接收者的实际情况,避免误导和误解。因此,在提供反馈时,应确保信息的准确性和可靠性。

有效的反馈应针对接收者的具体问题和需求进行,避免泛泛而谈。通过针对性的反馈,接收者能够更清晰地了解自身的问题所在,从而更有针对性地进行改进。积极的反馈能够激发接收者的积极性和自信心,促进其持续进步。在提供反馈时,应尽可能以鼓励为主,避免过于严厉或苛刻的评价。

(四)有效反馈机制的实施策略

在建立反馈机制之前,应明确反馈的目的和意义。反馈的目的是帮助接收者了解自身的问题和不足,从而进行改进。因此,在提供反馈时,应关注接收者的需求和期望,确保反馈能够真正起到促进改进的作用。为了确保反馈的准确性和客观性,应制定明确的反馈标准。这些标准可以包括行为准则、绩效指标、学习成果等方面。在制定标准时,应充分考虑接收者的实际情况和需求,确保标准的合理性和实用性。

反馈方式的选择对于反馈的有效性具有重要影响。在选择反馈方式时,应根据接收者的特点和需求进行选择。例如,对于需要及时反馈的接收者,可以选择面对面沟通或电话沟通等实时反馈方式;对于需要长期跟进的接收者,可以选择书面反馈或定期会议等定期反馈方式。有效的反馈机制应鼓励双向沟通。在提供反馈时,应给予接收者充分的表达机会,了解其对反馈的看法和建议。同时,接收者也应积极回应反馈,提出自己的问题和困惑,以便更好地进行改进。

为了确保反馈机制的有效性,应对反馈进行跟踪和评估。通过跟踪接收者的改进情况,可以了解反馈的实际效果;通过评估反馈机制的运行情况,可以发现存在的问题和不足,从而进行改进和优化。

(五)面临的挑战与应对策略

在不同文化和组织背景下,反馈机制的建立和实施可能会面临文化差异的挑战。为了应对这一挑战,需要充分了解和尊重接收者的文化背景和价值观,采用符合其文化特点的反馈方式和语言。在反馈过程中,信任问题可能会影响反馈的有效性。为了建立信任关系,需要确保反馈的公正性和客观性,避免主观臆断和偏见。同时,也需要建立良好的沟通氛围,让接收者感受到被尊重和理解。

不同个体对反馈的接受度可能存在差异。为了提高反馈的接受度,需要采用温和、鼓励的反馈方式,避免过于严厉或苛刻的评价。同时,也需要充分了解接收者的需求和期望,确保反馈能够满足其实际需求。

三、学生自我评价与同伴评价

(一)概述

在教育的各个阶段,评价都是至关重要的环节。它不仅关乎学生的学习成果，更影响学生的自我认知、学习动机以及未来的发展方向。传统的教育评价多以教师评价为主，但近年来，随着教育理念的更新和教育模式的创新，学生自我评价和同伴评价逐渐受到重视。这两种评价方式有助于学生更加全面、客观地了解自己的学习状况，同时也能促进学生的自我反思和合作能力的提升。

（二）学生自我评价的意义与方法

1. 学生自我评价的意义

学生自我评价是指学生对自己的学习成果、学习过程以及学习态度进行自我评估。这种评价方式能够帮助学生更加清晰地认识自己的优点和不足，从而有针对性地制订学习计划，提高学习效率。同时，学生自我评价还有助于培养学生的自我反思能力，使其能够独立思考、自主解决问题。此外，学生自我评价还能增强学生的自我认同感和自信心，激发其学习动力。

2. 学生自我评价的方法

设定评价目标：学生需要根据学习目标和要求，明确自己要评价的内容。例如，可以针对某一学科的知识点、技能掌握情况、学习态度等方面进行评价。

收集证据：学生可以通过查阅作业、试卷、课堂表现等方式，收集自己在学习过程中的证据。这些证据能够帮助学生更加客观地评价自己的学习成果。

自我评价：在收集证据的基础上，学生需要对自己的学习成果进行自我评价。评价时应遵循客观、公正的原则，既要看到自己的优点，也要正视自己的不足。

反思与总结：学生需要对自己的评价进行反思和总结，找出自己的问题所在，并制订相应的改进计划。同时，学生还需要关注自己的学习进步，增强自信心。

(三)同伴评价的意义与方法

1. 同伴评价的意义

同伴评价是指学生之间相互评价对方的学习成果、学习过程以及学习态度。这种评价方式能够帮助学生更加全面、客观地了解自己的学习状况，发现自己的问题所在。同时，同伴评价还能促进学生的合作与交流，培养学生的团队协作能力。在评价过程中，学生能够相互学习、相互借鉴，共同提高。

2. 同伴评价的方法

组建评价小组：教师可以根据学生的学科特点和兴趣爱好，组建相应的评价小组。每个小组内的成员应具备一定的学科素养和评价能力。

明确评价要求：在评价开始前，教师应明确评价的要求和标准。这些要求可以包括评价的内容、评价的方式、评价的时间等。同时，教师还需要对评价过程中的注意事项进行说明。

实施评价：在评价过程中，学生需要遵循公正、客观的原则，对同伴的学习成果、学习过程以及学习态度进行评价。评价时可以采用口头评价、书面评价等多种方式。

反馈与交流：评价结束后，学生需要向同伴反馈自己的评价结果，并与同伴进行交流。在交流过程中，学生可以针对同伴的问题提出建议和意见，共同寻找解决方案。同时，学生还可以借鉴同伴的优点和经验，提高自己的学习能力。

(四)学生自我评价与同伴评价的实施策略

在实施学生自我评价和同伴评价时，教师应营造一种积极、开放、包容的评价氛围。在这种氛围下，学生能够敢于表达自己的观点和看法，积极参与评价过程。同时，教师还需要关注学生的情感体验，及时给予鼓励和支持。学生的评价能力是学生自我评价和同伴评价的基础。因此，教师应注重培养学生的评价能力。这包括培养学生的观察能力、分析能力、判断能力以及表达能力等。教师可以通过课堂讲解、案例分析、小组讨论等方式，帮助学生掌握评价的方法和技巧。

为了确保学生自我评价和同伴评价的有效性，教师应制定明确的评价标准。这些标准可以包括学科知识的掌握情况、技能的应用能力、学习态度以及合作与交流能力等方面。同时，教师还需要根据学生的学习情况和需求，不断调整和完善评价标准。在实施学生自我评价和同伴评价时，教师应关注学生的个性化需求。不同学生的学习特点和需求可能存在差异，因此教师应根据学生的实际情况制定个性化的评价方案。同时，教师还需要关注学生的情感体验和心理需求，给予适当的支持和帮助。

第八章　学习型组织理论在高校教学中的应用

第一节　学习型组织理论基础

一、学习型组织的定义与特征

(一) 概述

在快速发展的现代社会，企业面临着日益激烈的市场竞争和不断变化的市场环境。为了适应这种变化，提高组织的适应性和竞争力，学习型组织的概念应运而生。学习型组织是指通过培养弥漫于整个组织的学习气氛、充分发挥员工的创造性思维能力而建立起来的一种有机的、高度柔性的、扁平的、符合人性的、能持续发展的组织。

(二) 学习型组织的定义

学习型组织是一种通过不断学习、持续改进和创新来适应环境变化、提高组织绩效的组织形式。它强调组织内部的学习文化和氛围，鼓励员工积极参与学习和分享知识，以提高整个组织的综合素质和竞争力。学习型组织的构建是一个系统的工程，涉及组织文化、组织结构、管理策略等多个方面。

(三)学习型组织的特征

学习型组织的首要特征是拥有一个共同的愿景。这个愿景是组织内部成员共同认可的理想、目标、价值观等,能够激发员工的归属感和使命感,使他们愿意为实现这个愿景而共同努力。共同愿景的形成需要组织内部成员的广泛参与和讨论,以确保其能够真正反映组织的价值观和发展方向。学习型组织的组织结构通常是扁平化的,即决策层与操作层之间的层次较少,信息流通更加顺畅。这种结构有助于减少决策过程中的信息失真和延误,提高组织的反应速度和适应能力。同时,扁平化结构还能够增强员工的自主性和责任感,使他们更加积极地参与组织的决策和管理。

学习型组织强调个体的创造性和创新思维。它鼓励员工用新的视角和方法来看待问题,挑战旧有的观念和做法。组织会努力营造一个鼓励试错、接受失败、不断探索的学习氛围,让每一个成员都有勇气和信心去尝试新的东西。通过不断的创新和探索,组织能够发现新的机会和挑战,提高自身的竞争力和适应性。学习型组织强调人与人之间的紧密合作和互补性。在团队中,每个人都有自己的专长和角色,大家互相学习、互相支持、共同解决问题、实现共同的目标。这种团队合作的方式有助于增强组织的凝聚力和向心力,提高组织的整体绩效。

学习型组织鼓励员工自主管理自己的工作和学习。通过自主管理,员工能够发现工作中的问题、选择合作伙伴、制定改革目标、实施改进措施并检查效果。这种自主管理的方式能够激发员工的积极性和创造力,提高他们的工作效率和满意度。学习型组织具有持续改进的能力。它鼓励员工不断反思自己的工作和学习过程,发现问题并寻求改进的方法。同时,组织也会定期评估自身的绩效和表现,找出存在的问题和不足并制定改进措施。这种持续改进的能力有助于组织不断提高自身的竞争力和适应性。

学习型组织强调系统思考的方式。在处理问题时,组织会从全局的角度出发考虑各方面的因素,综合分析并制定出最优的解决方案。这种系统思考的方式有助于组织更好地应对复杂多变的环境和挑战。学习型组织的边界是开放的。它超越了传统的根据职能或部门划分的"法定"边界,与外部环境和资源进行互动和融合。这种开放的边界有助于组织获取更多的信息和资源,提高自身的创新能力和竞争力。

二、学习型组织理论的起源与发展

(一)概述

随着全球化竞争的加剧和信息技术的飞速发展,企业面临的外部环境愈发复杂多变。为了在这样的环境中保持竞争优势,企业不得不持续地进行学习和创新。在这样的背景下,学习型组织理论应运而生,成为指导企业适应环境变化、实现持续发展的重要理论。

(二)学习型组织理论的起源

学习型组织理论的起源可以追溯到20世纪70年代。当时,美国哈佛大学的克里斯·阿吉里斯(Chris Argyris)和D·A·舍恩(D·A·Schon)在《组织中的双环学习》一文中首次提出了"组织学习"的概念,并探讨了组织学习的过程和类型。他们认为,组织学习是组织内部成员通过共享信息、相互交流和合作,共同解决问题、实现目标的过程。这种学习过程包括适应性学习、单环学习和创造性学习三种类型,其中创造性学习是组织学习的发展阶段,能够帮助组织对规范进行探索与重建。

随后,在20世纪80年代,麻省理工学院的佛瑞斯特(Jay Forrester)教授提出了系统动力学理论,为学习型组织理论的发展提供了重要的理论基础。佛瑞斯特教授认为,组织是一个复杂的系统,其内部存在着各种相互关联、相互作用的因素。因此,要理解组织的运作规律,就需要从系统的角度出发,运用系统动力学的方法进行分析。在佛瑞斯特教授的影响下,许多学者开始关注组织学习的问题,并尝试将系统动力学理论应用于组织学习的研究中。

（三）学习型组织理论的发展

在20世纪90年代，麻省理工学院的彼得·圣吉（Peter Senge）教授发表了《第五项修炼——学习型组织的艺术与实务》一书，标志着学习型组织理论进入了新的发展阶段。在这本书中，彼得·圣吉提出了学习型组织的五项修炼，即自我超越、改善心智模式、建立共同愿景、团体学习和系统思考。他认为，通过这五项修炼，组织可以建立起一种持续学习、不断改进的文化氛围，从而适应环境变化、提高组织绩效。《第五项修炼》一书的出版引起了广泛的关注和讨论，许多企业开始尝试将学习型组织理论应用于实践中。这些企业通过建立学习型组织，培养员工的自我超越意识和团队合作精神，提高了组织的创新能力和竞争力。

随着学习型组织理论的不断发展，越来越多的企业开始尝试建立学习型组织。这些企业通过制订学习计划和目标、开展内部培训、鼓励员工分享知识和经验等方式，营造出一种浓厚的学习氛围。同时，这些企业还注重培养员工的自我反思和持续改进的能力，帮助员工不断提高自身的素质和能力。在实践过程中，学习型组织理论也不断得到完善和发展。许多学者和企业家开始关注如何将学习型组织理论与其他管理理论相结合，以更好地指导企业的实践。例如，一些企业尝试将学习型组织理论与敏捷开发、精益生产等管理方法相结合，以提高企业的研发效率和产品质量。

（四）学习型组织理论对企业实践的影响

学习型组织理论对企业实践产生了深远的影响。首先，它强调组织的持续学习和创新能力，使企业能够更好地适应环境变化、抓住市场机遇。其次，它注重员工的个人成长和团队合作能力的培养，提高了员工的积极性和忠诚度。最后，它倡导扁平化的组织结构和开放性的文化氛围，促进了组织内部的沟通和协作。

三、学习型组织的基本要素与模型

（一）概述

学习型组织，作为一种新型的组织管理模式，在快速变化的商业环境中展现出强大的适应性和竞争力。其核心思想是通过持续学习和创新来提高组织的整体绩效，实现组织与个人的共同发展。

（二）学习型组织的基本要素

学习型组织包含五个基本要素，这些要素相互关联、相互促进，共同构成学习型组织的核心框架。

自我超越是学习型组织的首要要素，它强调个体通过学习不断扩展自身的能力，追求更高的目标。在学习型组织中，每个成员都具备强烈的自我提升意识，愿意不断挑战自我、超越自我。这种自我超越的精神不仅体现在个人技能的提升上，更体现在个人思维模式的转变和视野的拓展上。通过自我超越，个体能够更好地适应组织发展的需要，实现个人与组织的共同发展。

心智模式是指个体对世界的认知方式和思维模式。在学习型组织中，心智模式的改善是关键的一环。组织需要不断地对个体的心智模式进行审视和反思，发现并纠正其中的错误和偏差。通过改善心智模式，个体能够更清晰地认识世界、更准确地把握问题、更高效地解决问题。这种心智模式的改善有助于提升组织的整体认知能力和创新能力。

共同愿景是学习型组织的动力源泉，它代表着组织成员的共同追求和期望。在学习型组织中，共同愿景的建立需要广泛征求成员的意见和建议，确保愿景能够真正反映组织的价值观和发展方向。共同愿景的存在能够激发成员的归属感和使命感，使他们更加积极地投入到工作中去。同时，共同愿景还能够为组织提供清晰的目标和方向，使组织在发展过程中保持高度的凝聚力和向心力。

团队学习是学习型组织的核心要素之一，它强调团队成员之间的合作与交流。在学习型组织中，团队学习不仅是成员之间分享知识和经验的过程，更是集体智慧和能力的体现。通过团队学习，成员能够发现自身的不足和潜力，实现个人与团队的共同成长。同时，团队学习还能够促进组织内部的沟通和协作，提高组织的整体运作效率。

系统思考是学习型组织的思维方式，它要求成员从全局的角度出发考虑问题。在学习型组织中，系统思考强调对组织内部各要素之间的相互关系进行分析和把握，以发现问题的本质和根源。通过系统思考，成员能够更全面地了解组织的运作规律和发展趋势，为组织提供更为科学和有效的决策支持。同时，系统思考还能够促进组织的持续改进和创新发展。

（三）学习型组织的模型

学习型组织的模型可以从多个角度进行构建和描述，其中最为经典的是彼得·圣吉提出的五项修炼模型。该模型包括自我超越、改善心智模式、建立共同愿景、团队学习和系统思考五个要素，它们共同构成了学习型组织的核心框架。除了五项修炼模型外，还有其他一些模型也可以用来描述学习型组织的特征。例如，学习子系统模型将学习型组织划分为个人、小组/团队和组织三个层次，并分别描述了不同层次的学习方式和技能。这种模型有助于我们更深入地理解学习型组织的运作机制和发展规律。

第二节　高校组织结构与学习型组织

一、高校组织结构的现状与挑战

（一）概述

随着社会的快速发展和知识的不断更新，高校作为人才培养和知识创新的重要基地，其组织结构也面临着日益复杂的挑战。

（二）高校组织结构的现状

目前，我国高校的组织结构主要采用传统的校－院－系三级结构。这种结构以专业划分为基础，实行金字塔式的层级管理体制。在这种模式下，学校作为最高层，负责制定总体战略和政策；学院作为中间层，负责学科建设和教学管理；系作为基层单位，负责具体的教学和科研工作。这种结构在一定程度上有利于政策的上传下达和资源的集中管理，但也存在一些问题。随着知识领域的不断扩展和学科交叉性的增强，高校的学科组织结构也日益复杂。除了传统的校—院—系三级结构外，还出现了校—院—系—研究所（室）、校—系／系级研究所—研究室等多种类型。这种复杂性既反映了高校在知识创新和学科发展方面的进步，也增加了管理的难度。

传统的直线职能制组织结构在一定程度上限制了高校的灵活性和适应性。随着外部环境的变化和内部需求的多样化，高校需要不断调整和优化组织结构以应对新的挑战。然而，由于历史原因和制度惯性，高校的组织结构往往表现出一定的僵化性，难以迅速适应新的变化。

（三）高校组织结构面临的挑战

随着现代科学技术的发展和知识创新的深入，学科之间的交叉和融合日益频繁。这要求高校在组织结构上能够打破传统的学科界限，促进不同学科之间的交流和合作。然而，当前的高校组织结构在一定程度上限制了这种跨学科的交流和合作，导致资源浪费和效率低下。

传统的校—院—系三级结构虽然有利于政策的上传下达和资源的集中管理，但也存在管理效率低下的问题。由于层级过多、职责不清等原因，导致信息传递不畅、决策效率低下、资源浪费等问题。这不仅影响了高校的运营效率，也制约了其创新能力和竞争力的提升。

随着社会对人才需求的多样化和个性化，高校需要不断创新人才培养模式以满足社会的需求。然而，当前的高校组织结构往往过于注重学科建设和科研工作，忽视了人才培养的重要性。这导致高校在人才培养方面存在一些问题，如课程设置不合理、教学方法陈旧、实践教学不足等。

（四）对策与建议

针对学科交叉性增强的问题，高校应该优化学科组织结构，打破传统的学科界限，促进不同学科之间的交流和合作。可以通过建立跨学科研究中心、开展跨学科课程等方式来加强不同学科之间的联系和合作。针对管理效率低下的问题，高校应该扁平化组织结构，减少层级和部门数量，提高管理效率。可以通过合并、撤销、重组等方式来精简行政机构，缩编减员。同时，应该加强信息化建设，提高信息传递的效率和准确性。

针对人才培养模式的变革问题，高校应该突出人才培养的重要性，加强课程建设和教学方法改革。可以通过引入新的教学理念和技术手段、加强实践教学环节等方式来提高人才培养的质量和效果。同时，应该加强与企业和社会各界的联系和合作，共同推动人才培养模式的创新和发展。

二、学习型组织对高校组织结构的启示

（一）概述

学习型组织理论自提出以来，便在全球范围内引起了广泛关注。其核心思想是通过持续学习、知识共享和创新来推动组织的持续发展。高校作为人才培养和知识创新的重要基地，其组织结构对于提高教育质量、促进科研进步和适应社会发展具有重要意义。因此，学习型组织理论对于高校组织结构的改革和发展具有重要的启示作用。

（二）学习型组织的基本特征

学习型组织强调持续学习和终身学习的理念，认为学习是组织和个人发展的基础。高校作为知识的殿堂，更应该树立持续学习的理念，推动师生不断学习和进步。学习型组织注重知识共享和团队合作，鼓励成员之间

互相学习和交流。高校作为知识创新的重要基地,应该建立开放、包容、合作的学术氛围,促进知识的共享和交流。

学习型组织通常采用扁平化的组织结构,减少层级和部门之间的障碍,提高信息传递的效率和决策的灵活性。高校也应该借鉴这种扁平化的结构,减少行政干预和官僚作风,提高教学和科研的自主性。学习型组织注重创新和变革,鼓励成员提出新的想法和解决方案。高校作为知识创新的前沿阵地,更应该培养师生的创新精神和创业能力,推动科研成果的转化和应用。

(三)学习型组织对高校组织结构的启示

传统的高校组织结构通常采用金字塔型的层级管理体制,导致信息传递不畅、决策效率低下等问题。学习型组织强调扁平化的组织结构,减少层级和部门之间的障碍,提高信息传递的效率和决策的灵活性。因此,高校应该借鉴这种扁平化的结构,减少行政干预和官僚作风,提高教学和科研的自主性。例如,可以通过合并部门、精简机构、下放权力等方式来减少层级和部门数量,使组织结构更加扁平化。

学习型组织注重知识共享和团队合作,鼓励成员之间互相学习和交流。高校作为知识创新的重要基地,应该建立开放、包容、合作的学术氛围,促进知识的共享和交流。首先,可以建立学科交叉的研究中心或实验室,鼓励不同学科之间的交流和合作。其次,可以加强师生之间的互动和交流,如开展学术沙龙、研讨会等活动,促进知识的共享和传播。最后,可以加强与企业和社会各界的联系和合作,共同推动知识创新和技术进步。

学习型组织强调持续学习和终身学习的理念,认为学习是组织和个人发展的基础。高校作为知识的殿堂,更应该树立持续学习的理念,推动师生不断学习和进步。首先,可以加强课程设置和教学方法的改革,引入新的教学理念和技术手段,提高教学效果和学习质量。其次,可以加强实践教学环节,如开展实验、实习、社会实践等活动,培养学生的实践能力和创新精神。最后，可以加强国际交流与合作，拓宽师生的国际视野和跨文化交流能力。

学习型组织注重创新和变革，鼓励成员提出新的想法和解决方案。高校作为知识创新的前沿阵地，更应该培养师生的创新精神和创业能力。首先，可以加强科研项目的立项和管理，鼓励师生开展原创性研究和探索性实验；其次，可以加强创新创业教育的开展，如开设创新创业课程、建立创新创业实践基地等，培养学生的创业意识和实践能力；最后，可以加强科研成果的转化和应用，推动科研成果的产业化和社会化。

三、构建学习型高校组织的实践案例

（一）概述

在当今知识经济时代，高校作为知识创新和人才培养的重要基地，其组织结构的灵活性和创新能力对于提高教育质量、推动科研进步以及适应社会发展具有重要意义。学习型组织理论以其持续学习、知识共享和创新驱动等核心理念，为高校组织结构的改革提供了重要的启示和指导。

（二）某综合性大学的实践背景

某综合性大学是一所历史悠久、学科门类齐全的高等学府。近年来，随着教育改革的深入和社会需求的变化，该校面临着诸多挑战，如教育资源紧张、学科交叉融合不足、创新能力有限等。为了应对这些挑战，该校决定引入学习型组织理论，构建学习型高校组织，以提高教育质量和科研水平。

（三）构建学习型高校组织的实践过程

该校首先明确了学习型组织的核心理念，即持续学习、知识共享和创新驱动。通过组织全校师生进行理念宣讲和培训，使大家深刻认识到学习型组织的重要性，并自觉将其融入日常工作和学习中。为了打破传统的层

级管理体制，该校进行了组织架构调整。首先，撤销了部分中层管理部门，减少了管理层级，使组织结构更加扁平化。其次，成立了跨学科研究中心和实验室，鼓励不同学科之间的交流和合作。最后，加强了基层学术组织的建设，如教研室、实验室等，提高了教学和科研的自主性。

为了促进知识的共享和交流，该校建立了开放、包容的学术氛围。首先，加强学术资源的建设和整合，如建立数字图书馆、开通学术期刊网等，为师生提供丰富的学术资源。其次，鼓励师生参加学术会议和研讨会，拓宽学术视野和交流渠道。最后，加强与企业和社会各界的联系和合作，共同推动知识创新和技术进步。

为了树立持续学习的理念，该校采取了一系列措施。首先，加强课程设置和教学方法的改革，引入新的教学理念和技术手段，提高教学效果和学习质量。其次，加强实践教学环节，如开展实验、实习、社会实践等活动，培养学生的实践能力和创新精神。最后，加强国际交流与合作，拓宽师生的国际视野和跨文化交流能力。

为了培养师生的创新精神和创业能力，该校采取了一系列措施。首先，加强科研项目的立项和管理，鼓励师生开展原创性研究和探索性实验。其次，加强创新创业教育的开展，如开设创新创业课程、建立创新创业实践基地等，培养学生的创业意识和实践能力。最后，加强科研成果的转化和应用，推动科研成果的产业化和社会化。

（四）实践成效与经验总结

通过改革教学方法和课程设置，引入新的教学理念和技术手段，该校的教学质量得到了显著提高。学生的综合素质和实践能力得到了明显提升。通过加强科研项目的立项和管理，鼓励师生开展原创性研究和探索性实验，该校的科研水平得到了不断提高。一批具有重大影响的科研成果相继涌现。

通过成立跨学科研究中心和实验室，该校加强不同学科之间的交流和合作。学科交叉融合现象日益普遍，为知识创新和技术进步提供了有力支持。通过加强创新创业教育的开展和科研成果的转化应用，该校师生的创新精神和创业能力得到了显著增强。一批具有创新精神和创业能力的优秀人才脱颖而出。

在总结实践经验时，该校认为构建学习型高校组织需要注重以下几个方面：明确学习型组织的核心理念并将其融入日常工作和学习中是构建学习型高校组织的前提和基础；构建扁平化的组织结构、加强基层学术组织建设是提高教学和科研自主性的关键；建立开放、包容的学术氛围、加强学术资源的建设和整合是促进知识共享和交流的重要保障；推动师生不断学习和进步是提高教育质量和科研水平的重要途径；激发师生的创新精神和创业能力是推动高校持续发展的重要动力。

第三节　教师专业发展与学习型组织理论

一、教师专业发展的内涵与重要性

（一）概述

在当今日益复杂和多变的教育环境中，教师作为教育的核心力量，其专业发展不仅关乎个人的成长与成就，更对教育质量、学生成长以及教育事业的持续发展具有深远的影响。因此，深入理解教师专业发展的内涵，认识其重要性，对于推动教师队伍建设、提高教育质量具有重要意义。

（二）教师专业发展的内涵

教师专业发展是一个多维度、多层面的过程，涉及知识、技能、情感、态度等多个方面。具体而言，教师专业发展的内涵可以包括以下几个方面：

教师的专业知识是其从事教育教学工作的基础。这包括学科知识、教育教学理论、心理学理论、教育技术等方面的知识。教师专业发展的一个重要方面就是不断更新和扩展自己的专业知识，以适应学科发展和教育改革的需要。教学技能是教师将知识有效传授给学生的关键能力。这包括教学设计、教学方法、课堂管理、学生评价等方面的技能。教师专业发展需要教师不断提升自己的教学技能，以更好地满足学生的学习需求。

教师的教育理念与态度对其教学行为具有深远的影响。随着教育改革的深入和社会的发展，教师需要不断更新自己的教育理念，树立以学生为中心、注重全面发展的教育观。同时，教师还需要培养积极向上的教育态度，以激发学生的学习兴趣和潜力。教师专业发展是一个持续不断的过程，需要教师具备自我反思和终身学习的能力。教师需要不断反思自己的教学实践，总结经验教训，寻找改进的方法。同时，教师还需要保持对新知识、新技能的学习热情，不断提升自己的专业素养。

（三）教师专业发展的重要性

教师专业发展对于教育事业的发展具有重要意义，具体表现在以下几个方面：

教师是教育教学的主体，其专业素养和教学能力直接影响教育质量。通过教师专业发展，教师可以不断提高自己的教育教学水平，为学生提供更优质的教育服务。这不仅可以提高学生的学习成绩和综合素质，还可以培养学生的创新精神和实践能力，为社会培养更多高素质的人才。

教师专业发展不仅关乎教育质量的提高，还关乎教师个人的成长与成就。通过专业发展，教师可以不断更新自己的知识和技能，拓展自己的视野和思维，实现自我价值和社会价值的统一。同时，教师专业发展还可以增强教师的职业认同感和幸福感，提高教师的职业满意度和忠诚度。

教育改革是教育事业持续发展的动力源泉。教师专业发展是教育改革的重要支撑和保障。通过专业发展，教师可以更好地理解教育改革的理念和目标，积极参与教育改革实践，推动教育改革向纵深发展。同时，教师专业发展还可以为教育改革提供有益的经验和启示，促进教育改革的不断完善和创新。在信息化、全球化的大背景下，构建学习型社会已成为时代发展的必然趋势。教师是学习型社会建设的重要力量。通过教师专业发展，教师可以更好地发挥自身的作用和优势，引导学生树立终身学习的理念，培养学生的自主学习能力和创新能力。同时，教师还可以将自身的专业知识和实践经验传授给社会其他成员，推动学习型社会的建设和发展。

二、学习型组织理论在教师专业发展中的应用

（一）概述

在快速变化的教育环境中，教师专业发展显得尤为关键。学习型组织理论，作为一种强调持续学习、知识共享、团队协作和自我超越的管理理念，为教师专业发展提供了新的视角和路径。

（二）学习型组织理论概述

学习型组织理论是由彼得·圣吉在《第五项修炼》一书中提出的，它强调组织应该成为一个不断学习的系统，通过培养学习氛围、促进知识共享、鼓励团队协作和激发创新思维，实现组织的持续发展。学习型组织具有以下几个核心特征：学习型组织鼓励成员不断学习和探索新知识、新技能，以适应不断变化的环境；学习型组织强调知识的流动和共享，鼓励成员之间交流经验、分享资源，共同提高；学习型组织注重团队成员之间的合作与协调，通过集体智慧和努力解决问题，实现共同目标；学习型组织鼓励成员不断挑战自我、超越自我，追求更高的成就和价值。

（三）学习型组织理论在教师专业发展中的应用

学习型组织理论强调持续学习的重要性，这对于教师专业发展至关重要。首先，学校应该营造一个积极的学习氛围，鼓励教师不断学习和探索新知识、新技能。可以通过组织定期的培训、研讨会、读书会等活动，为教师提供学习交流的平台。同时，学校还应该为教师提供丰富的学习资源，

如图书、期刊、网络课程等，以满足教师的学习需求。在教师专业发展过程中，知识共享与交流是至关重要的。学习型组织理论强调知识的流动和共享，这有助于教师之间互相学习、互相借鉴。学校可以通过建立教师社群、知识库等方式，为教师提供知识共享和交流的平台。同时，学校还可以鼓励教师之间的合作与交流，如组织教学观摩、教学研讨等活动，促进教师之间的经验分享和相互学习。

团队协作是学习型组织的重要特征之一。在教师专业发展中，团队协作同样具有重要意义。学校可以通过建立教学团队、科研团队等方式，促进教师之间的合作与协作。在团队中，教师可以共同研究问题、分享经验、互相支持，实现共同成长。同时，学校还可以为团队提供必要的支持和资源，如场地、设备、经费等，以保障团队工作的顺利进行。

自我超越是学习型组织的另一个重要特征。在教师专业发展中，激发教师的自我超越精神有助于教师不断挑战自我、超越自我，实现更高的成就和价值。学校可以通过设置激励机制、提供发展机会等方式，激发教师的自我超越精神。例如，可以设立教学成果奖、科研成果奖等奖项，表彰在教学和科研方面取得突出成绩的教师；可以鼓励教师参与课题研究、课程开发等活动，为其提供展示才华和实现价值的舞台。

（四）学习型组织理论在教师专业发展中的意义

通过学习型组织理论在教师专业发展中的应用，教师可以不断学习和探索新知识、新技能，提升自己的专业素养和教学能力。同时，通过知识共享和交流，教师可以互相学习、互相借鉴，共同提高教育教学水平。学习型组织理论强调组织的持续发展和创新。在教育组织中应用学习型组织理论，可以促进教育组织的持续发展和创新。通过营造学习氛围、促进知识共享、鼓励团队协作和激发自我超越精神，教育组织可以不断适应环境的变化和挑战，实现可持续发展。

教师专业发展是提高教育质量和效益的关键因素之一。通过学习型组织理论在教师专业发展中的应用，教师可以更好地掌握教育教学知识和技能，提高教育教学水平。同时，通过团队协作和共同研究，教师可以共同解决教育教学中的问题和挑战，提高教育质量和效益。

三、教师专业发展与学习型组织的互动关系

（一）概述

随着教育改革的不断深入，教师专业发展逐渐成为教育改革的重要议题。与此同时，学习型组织作为一种新型的组织管理理论，也在教育领域得到了广泛的关注和应用。教师专业发展与学习型组织之间存在着密切的互动关系，二者相互促进、相互影响，共同推动着教育事业的持续发展。

（二）教师专业发展的内涵与重要性

教师专业发展是指教师在教育教学实践中，通过不断学习、反思、探索和创新，不断提升自己的专业素养、教学能力和教育智慧的过程。教师专业发展对于提高教育质量、促进学生全面发展和推动教育改革具有重要意义。

首先，教师专业发展是提高教育质量的关键。教师作为教育教学的主体，其专业素养和教学能力直接影响着学生的学习效果和成长发展。只有不断提高教师的专业素养和教学能力，才能确保教育教学的质量和效果。其次，教师专业发展有利于促进学生的全面发展。在教师专业发展的过程中，教师不仅关注知识的传授，更注重培养学生的思维能力、创新能力、实践能力等综合素质。这有助于学生的全面发展，为他们未来的成长和发展奠定坚实的基础。最后，教师专业发展是推动教育改革的重要力量。教育改革需要教师的积极参与和推动，而教师专业发展正是教师参与教育改革的基础和前提。只有不断提高教师的专业素养和教学能力，才能使他们更好地适应教育改革的需求，为教育改革贡献自己的力量。

第八章 学习型组织理论在高校教学中的应用

（三）学习型组织的特征与优势

学习型组织是一种强调持续学习、知识共享、团队协作和自我超越的组织管理理论。学习型组织鼓励成员不断学习和探索新知识、新技能，以适应不断变化的环境。学习型组织强调知识的流动和共享，鼓励成员之间交流经验、分享资源，共同提高。学习型组织注重团队成员之间的合作与协调，通过集体智慧和努力解决问题，实现共同目标。学习型组织鼓励成员不断挑战自我、超越自我，追求更高的成就和价值。

学习型组织的优势在于其能够激发成员的创造力和创新精神，提高组织的适应能力和竞争力。在教育领域，学习型组织理论有助于构建一种积极的学习氛围，促进教师之间的合作与交流，推动教育教学的创新与发展。

（四）教师专业发展与学习型组织的互动关系

教师专业发展与学习型组织之间存在着密切的互动关系，二者相互促进、相互影响。教师专业发展是学习型组织构建的基础。在教师专业发展的过程中，教师不断提升自己的专业素养和教学能力，积极参与教育教学实践和创新活动。这种积极的学习态度和实践精神有助于营造一种积极的学习氛围，推动学习型组织的构建。同时，教师在专业发展过程中的经验分享和知识交流也有助于促进学习型组织内部的知识共享和团队协作。

学习型组织为教师专业发展提供了有力的支持。首先，学习型组织鼓励成员持续学习和探索新知识、新技能，为教师提供了丰富的学习资源和机会。其次，学习型组织强调知识共享和团队协作，为教师之间的合作与交流提供了平台。最后，学习型组织注重自我超越和创新精神的培养，激发了教师不断挑战自我、超越自我的勇气和动力。这些支持有助于教师更好地实现专业发展，提高自己的专业素养和教学能力。

教师专业发展与学习型组织之间存在着相互促进的关系。一方面，教师专业发展推动学习型组织的构建和发展；另一方面，学习型组织为教师专业发展提供支持和保障。二者相互促进、相互影响，共同推动着教育事业的持续发展。同时，这种互动关系也有助于提高教育教学的质量和效益，促进学生的全面发展和成长。

第四节 学校管理与学习型组织文化建设

一、学习型组织文化建设的意义与价值

（一）概述

在当今快速变化的社会环境中，组织面临着前所未有的挑战和机遇。为了应对这些挑战并抓住机遇，组织需要不断地学习、创新和发展。学习型组织文化作为一种强调持续学习、知识共享、团队协作和自我超越的组织文化，对于组织的长期发展具有重要意义和价值。

（二）学习型组织文化的内涵

学习型组织文化是指一种以学习为核心，强调持续学习、知识共享、团队协作和自我超越的组织文化。它要求组织内部形成一种积极向上的学习氛围，鼓励成员不断学习和探索新知识、新技能，以适应不断变化的环境。同时，学习型组织文化还强调知识的流动和共享，促进成员之间的合作与交流，共同提高组织的适应能力和竞争力。

（三）学习型组织文化建设的意义

学习型组织文化强调持续学习和创新，使组织能够迅速适应外部环境的变化。在快速变化的社会环境中，组织面临着各种挑战和机遇。只有不断学习、不断创新，才能抓住机遇、应对挑战。学习型组织文化通过培养成员的学习意识和学习能力，使组织能够保持敏锐的洞察力和快速的反应能力，从而提高组织的适应能力。学习型组织文化注重知识的积累和应用，使组织能够不断地发展壮大。在知识经济时代，知识是组织发展的核心驱

动力。学习型组织文化通过鼓励成员学习新知识、新技能，并将其应用于实际工作中，不断提高组织的竞争力和创新能力。同时，学习型组织文化还强调团队协作和自我超越，激发成员的积极性和创造力，推动组织的持续发展。

学习型组织文化强调成员的个人成长和发展，有助于提升成员的综合素质。在学习型组织文化中，成员被视为组织发展的重要资源。组织通过提供丰富的学习资源和机会，鼓励成员不断学习和成长。同时，学习型组织文化还强调知识的共享和交流，促进成员之间的合作与协作。这种积极的学习氛围和合作精神有助于提升成员的综合素质，使他们成为更加优秀的人才。学习型组织文化强调团队协作和共同目标，有助于增强组织的凝聚力。在学习型组织文化中，成员之间形成了紧密的合作关系和共同的价值观念。他们为了共同的目标而努力奋斗，相互支持、相互帮助。这种紧密的合作关系和共同的价值观念有助于增强组织的凝聚力，使组织成为一个更加团结、更加有战斗力的整体。

（四）学习型组织文化建设的价值

学习型组织文化建设有助于提升组织的竞争力。通过培养成员的学习能力和创新意识，使组织能够迅速适应外部环境的变化，抓住机遇并应对挑战。同时，学习型组织文化还注重知识的积累和应用，推动组织的持续发展。这种持续的竞争力和创新能力使组织在激烈的市场竞争中保持领先地位。学习型组织文化建设有助于优化组织内部环境。通过营造积极向上的学习氛围和合作精神，使成员之间形成紧密的合作关系和共同的价值观念。这种良好的内部环境有助于激发成员的积极性和创造力，提高工作效率和满意度。同时，学习型组织文化还强调成员的个人成长和发展，为成员提供了更多的发展机会和空间。

学习型组织文化建设有助于推动组织的创新发展。通过培养成员的创新意识和创新能力，使组织能够不断地推出新产品、新服务和新模式。同时，学习型组织文化还强调知识的共享和交流，促进成员之间的合作与协作，共同推动组织的创新发展。这种创新精神和创新能力使组织在市场中保持领先地位，实现可持续发展。学习型组织文化建设有助于塑造组织的品牌形象。通过营造积极向上的学习氛围和合作精神，使组织在社会中树立良好的形象。同时，学习型组织文化还强调成员的个人成长和发展，为组织培养了一批优秀的人才队伍。这些优秀的人才队伍不仅能够为组织创造更多的价值，还能够为组织赢得更多的社会认可和尊重。这种良好的品牌形象有助于提升组织的知名度和美誉度，增强组织的软实力。

二、学校管理与学习型组织文化的协同发展

（一）概述

随着教育改革的不断深化和社会对教育质量要求的不断提高，学校管理面临着前所未有的挑战。学习型组织文化作为一种强调持续学习、知识共享、团队协作和自我超越的文化形态，对于提升学校管理水平、推动学校持续发展具有重要意义。

（二）学校管理与学习型组织文化的内在联系

学校管理与学习型组织文化在价值观与目标上具有高度的一致性。学校管理旨在通过科学、规范的管理手段，提高教育质量，促进学生的全面发展。而学习型组织文化则强调持续学习、知识共享、团队协作和自我超越，以实现组织的持续发展。这种共同的价值观与目标使得学校管理与学习型组织文化在实践中能够相互促进、共同发展。

学校管理与学习型组织文化在实践中相互依存、互为支撑。一方面，良好的学校管理为学习型组织文化的构建提供了有力的保障。通过完善的管理制度和机制，学校能够营造一个积极向上、充满活力的学习氛围，为学习型组织文化的形成和发展奠定基础。另一方面，学习型组织文化又能

够推动学校管理的创新与发展。通过强调持续学习、知识共享和团队协作，学习型组织文化能够激发教师和学生的积极性、主动性和创造性，为学校管理提供源源不断的动力。

（三）学校管理与学习型组织文化的协同发展策略

学校需要树立一个共同的学习愿景，即全体师生共同追求的教育目标和发展方向。这个愿景应该体现学校的核心价值观和办学理念，激发师生的学习热情和动力。同时，学校还需要将学习愿景与日常管理相结合，通过制订具体的学习计划、开展多样化的学习活动等方式，推动师生在实践中不断学习和成长。

学校需要建立一种以学习为核心的管理机制，促进学习型组织文化的形成和发展。这种管理机制应该包括以下几个方面：一是完善学习制度，制订明确的学习计划和目标，确保师生有足够的时间和资源进行学习；二是营造学习氛围，通过举办学习讲座、开展学习竞赛等方式，激发师生的学习热情和兴趣；三是加强学习评估，定期对师生的学习成果进行评估和反馈，以便及时调整学习策略和方法。

学校需要搭建一个知识共享平台，促进师生之间的知识交流和共享。这个平台可以是一个实体空间，如图书馆、阅览室等；也可以是一个虚拟空间，如在线学习平台、社交媒体等。通过知识共享平台，师生可以获取更多的学习资源和信息，提高学习效率和质量。同时，知识共享平台还能够促进师生之间的合作与协作，增强团队的凝聚力和协作能力。

教师是学校教育的重要主体之一，他们的学习态度和能力直接影响着学生的学习效果。因此，学校需要注重培养学习型教师团队，提高教师的综合素质和教学水平。具体而言，学校可以采取以下措施：一是加强教师培训，提供丰富的学习资源和机会，帮助教师不断更新知识和技能；二是鼓励教师参与教学研究和实践探索，提高教师的创新意识和实践能力；三是建立教师学习共同体，促进教师之间的合作与交流，共同推动学校教育的发展。

校园文化是学校管理的重要组成部分之一，它对于学生的学习和成长具有重要影响。为了营造开放包容的校园文化，学校可以采取以下措施：一是尊重学生的个性差异和兴趣爱好，为学生提供多样化的学习和发展机会；二是鼓励师生积极参与校园活动和社会实践，拓宽视野和知识面；三是加强校园文化的传承与创新，形成独具特色的校园文化品牌。

（四）学校管理与学习型组织文化协同发展的实践意义

学校管理与学习型组织文化的协同发展能够提高教育质量。通过树立共同的学习愿景、建立学习型管理机制、搭建知识共享平台等措施，学校能够营造一个积极向上的学习氛围和合作环境，激发学生的学习积极性和创造力。同时，这些措施还能促进教师之间的合作与交流，提高教师的教学水平和教育质量。在学习型组织文化的熏陶下，师生能够形成持续学习、不断创新的习惯和态度，为学校的发展提供源源不断的动力。同时，学校管理与学习型组织文化的协同发展还能够促进学校内部资源的优化配置和合理利用，提高学校的整体竞争力和影响力。

学校管理与学习型组织文化的协同发展能培养全面发展的人才。在这种环境下成长的学生不仅能掌握丰富的知识和技能，还能形成积极的人生态度和价值观念。他们具备自主学习、团队协作、创新创造等多方面的能力素质，能更好地适应未来社会的发展需求。

第九章 跨学科教育理论在高校教学中的应用

第一节 跨学科教育理论概述

一、跨学科教育的定义与特点

（一）概述

随着现代社会科技的迅速发展和知识体系的不断膨胀，传统的单一学科教育模式已经难以满足现代社会对人才培养的需求。跨学科教育作为一种新兴的教育理念和教育模式，日益受到教育界的重视和关注。

（二）跨学科教育的定义

跨学科教育，顾名思义，是指通过跨学科性的研究和教学活动，促进传统学科和跨学科的协调发展，培养与当代世界科技革命和社会发展相适应的"专""博"相结合的创新型、复合型人才的过程。这一定义涵盖了跨学科教育的核心要素和目标，即打破学科壁垒，实现知识的交叉融合，培养具有综合素质和创新精神的人才。

（三）跨学科教育的特点

跨学科教育的最显著特点是知识的交叉融合性。它打破了传统学科之间的界限,将不同学科的知识、理论、方法、技能等进行有机融合,形成一个新的知识体系和教学模式。这种交叉融合性不仅有助于拓宽学生的知识视野,提高综合素质,还能够培养学生的创新思维和解决问题的能力。例如,在生物学和计算机科学的交叉融合中,产生了生物信息学这一新兴学科。它运用计算机科学的方法和技术手段,对生物信息数据进行收集、存储、分析和解释,为生物学研究提供了有力的支持。同时,生物信息学也促进了计算机科学在生物领域的应用和发展。

跨学科教育的教学方法具有多样性。它采用问题导向、项目驱动、案例分析等多种教学方式,让学生在实践中学习和掌握知识。这种多样化的教学方法有助于激发学生的学习兴趣和积极性,提高学习效果。例如,在跨学科教育中,教师可以设计一些跨学科的项目任务,让学生组成团队进行研究和实践。在项目过程中,学生需要运用不同学科的知识和技能进行合作和交流,共同完成任务。这种项目驱动的教学方式不仅培养了学生的团队合作精神和沟通能力,还提高了学生的实践能力和创新能力。

跨学科教育的教育目标具有综合性。它旨在培养具有综合素质和创新精神的人才,包括知识、能力、情感、态度等多个方面。这种综合性的教育目标有助于提高学生的综合素质和适应能力,使其更好地适应未来社会的发展需求。

具体来说,跨学科教育注重培养学生的以下几个方面的能力:

(1)跨学科知识的整合和应用能力:学生能够将不同学科的知识进行有机融合和应用,解决实际问题。

(2)批判性思维和创新能力:学生能够对问题进行独立思考和深入探究,提出新的观点和解决方案。

(3)团队合作和沟通能力:学生能够在团队中发挥自己的专长和优势,与他人进行有效的沟通和合作。

(4)自主学习和终身学习能力:学生能够根据自己的兴趣和需求进行

自主学习和终身学习,不断更新知识和技能。

跨学科教育具有教育资源的丰富性。它利用不同学科的教育资源,包括教师、教材、设备、场地等,进行跨学科的教学和研究活动。这种丰富的教育资源有助于提高教学效果和研究水平,促进知识的创新和发展。

二、跨学科教育理论的发展历程

(一)概述

跨学科教育,作为一种旨在打破传统学科界限、促进知识交叉融合的教育模式,近年来受到了广泛关注。其发展历程不仅反映了教育理念的演进,也体现了社会对人才培养需求的变化。

(二)萌芽阶段(20世纪初—20世纪50年代)

在20世纪初,随着科学技术的快速发展和社会问题的日益复杂,传统的单一学科教育模式开始受到挑战。人们逐渐认识到,单一学科的知识体系往往难以解决复杂的现实问题,需要多学科的知识和方法进行综合分析。在这一背景下,跨学科教育的概念开始萌芽。

1920年,"跨学科"一词被正式收录,其宗旨在于"促进孤立学科相互整合"。然而,在当时的教育实践中,跨学科教育并未得到广泛重视和应用。直到20世纪50年代,随着社会科学研究的深入,"跨学科"这一术语在社会科学界开始得到普遍使用。

(三)逐步成熟阶段(20世纪60年代—90年代)

进入20世纪60年代,跨学科教育的发展进入了逐步成熟阶段。这一时期,跨学科教育在教育实践中的应用逐渐增多,相关理论研究也开始深入。

20世纪初,跨学科教育开始出现。经过几十年的试验和探索,到90年代中期,跨学科教育已经逐步走向成熟。在这一过程中,许多高校开始尝试设置跨学科课程、建立跨学科研究机构、开展跨学科研究项目等。例如，美国的一些著名高校如斯坦福大学、麻省理工学院等，都设立了跨学科研究中心或学院，致力于推动跨学科教育的发展。

在理论研究方面，跨学科教育的定义、特点、目标等得到了深入探讨。1972年，经济合作与发展组织（OECD）教育研究与创新中心围绕跨学科组织了一场专题研讨会，并发表题为"跨学科：大学教学与研究问题"的论文集。该论文集明确提出"跨学科"的定义："跨学科是两门或以上不同学科之间的相互联系，从思想的简单交流到较大领域内教育与研究的概念、方法、程序、认识论、术语以及组织之间的相互联系。"这一定义至今仍为跨学科教育的重要理论基础。此外，还有一些学者从教育学、心理学、社会学等不同角度对跨学科教育进行了深入研究。例如，克莱恩出版的《跨学科的历史、理论与实践》一书，系统阐述了跨学科的历史、定义、与各学科的关系以及实践问题。这些研究成果为跨学科教育的进一步发展提供了理论支持。

（四）深化发展阶段（21世纪初至今）

进入21世纪以来，跨学科教育的发展进入了深化阶段。这一时期，跨学科教育不仅在高等教育领域得到广泛应用，还逐渐渗透到中小学教育中。同时，随着信息技术的快速发展和全球化的深入推进，跨学科教育也面临着新的挑战和机遇。

在高等教育领域，跨学科教育已经成为世界一流大学人才培养的重要途径。许多高校通过设立跨学科研究中心、开展跨学科课程和项目等方式，致力于培养具有复合知识结构、高阶思维和跨界能力的T型人才。此外，中小学教育也开始尝试引入跨学科教育理念和方法，通过整合不同学科的知识和资源，提高学生的综合素质和创新能力。

在信息技术快速发展的背景下，跨学科教育面临着数据共享、资源整合等新的挑战。同时，全球化也要求跨学科教育更加注重国际交流与合作。

为了应对这些挑战和机遇，跨学科教育需要不断创新教育模式和方法，加强国际合作与交流，提高教育质量和效果。

三、跨学科教育的重要性

（一）概述

在当今快速发展的社会，知识的更新和技术的迭代日新月异，单一学科的知识体系已经难以满足复杂问题的解决需求。因此，跨学科教育的重要性日益凸显。跨学科教育不仅有助于打破学科壁垒，促进知识的交叉融合，还能够培养学生的综合素质和创新能力，为社会培养更多具备跨界思维和解决问题能力的复合型人才。

（二）打破学科壁垒，促进知识交叉融合

跨学科教育的首要任务是打破传统学科之间的壁垒，促进不同学科知识的交叉融合。在传统教育模式下，学科之间的界限分明，学生往往只专注于自己所学专业的知识，对其他领域的知识知之甚少。然而，在现实生活中，许多问题都需要综合运用多个学科的知识来解决。因此，跨学科教育通过引入其他学科的知识和方法，使学生能够在更广阔的视野下理解和解决问题，从而打破学科壁垒，促进知识的交叉融合。

（三）培养学生的综合素质和创新能力

跨学科教育注重培养学生的综合素质和创新能力。在传统教育模式下，学生往往只注重知识的记忆和应试能力的训练，而忽视了对综合素质和创新能力的培养。而跨学科教育则强调通过综合实践项目、小组讨论等方式，让学生在实践中学习和成长，培养学生的团队协作、沟通表达、批判性思维等综合素质。同时，跨学科教育还鼓励学生勇于尝试、敢于创新，通过跨学科的研究和实践，培养学生的创新精神和创新能力。

（四）适应社会发展的需求

跨学科教育符合社会发展的需求。随着科技的进步和全球化的深入发展，社会对于人才的需求已经发生了深刻的变化。传统的单一学科人才已经难以满足社会的需求，而具备跨界思维和解决问题能力的复合型人才则越来越受到社会的青睐。因此，跨学科教育通过培养具备多学科知识和能力的人才，适应了社会发展的需求，为社会的进步和发展提供了有力的人才支持。

（五）促进教育创新和改革

跨学科教育对教育创新和改革具有重要意义。传统教育模式往往注重知识的灌输和应试能力的训练，而忽视了对学生综合素质和创新能力的培养。而跨学科教育则通过引入新的教育理念和方法，推动教育模式的创新和改革。例如，跨学科教育可以引入项目制学习、协作学习等新型教学模式，让学生在实践中学习和成长；同时，跨学科教育还可以利用信息技术等现代教学手段，提高教学效果和学生的学习体验。这些创新和改革有助于推动教育事业的进步和发展。

（六）增强国际竞争力

跨学科教育有助于增强国家的国际竞争力。在全球化的背景下，各国之间的竞争已经不再是单一领域的竞争，而是综合实力的竞争。因此，具备多学科知识和能力的复合型人才已经成为国家竞争力的重要组成部分。通过跨学科教育培养的人才不仅具备扎实的专业知识，还具备广泛的视野和跨界思维，能够更好地适应国际化的竞争环境，为国家的发展做出贡献。

（七）培养终身学习的能力

跨学科教育强调培养学生的终身学习能力。在知识爆炸的时代，人们需要不断更新自己的知识和技能以适应社会的发展。跨学科教育通过培养学生的综合素质和创新能力，使学生具备自主学习和终身学习的能力。这样，即使离开学校进入社会后，学生也能够通过自学和不断实践来更新自己的知识和技能，保持与社会的同步发展。

第二节 教学设计中的跨学科整合

一、跨学科整合的原则与方法

（一）概述

随着科技的不断进步和全球化趋势的加强，跨学科整合已成为教育领域的重要发展趋势。跨学科整合旨在打破传统学科的界限，促进不同学科知识的交叉融合，以培养学生的综合素质和创新能力。

（二）跨学科整合的原则

跨学科整合的首要原则是综合性。这意味着在整合过程中，要充分考虑不同学科之间的内在联系和互补性，将相关学科的知识、技能、方法等进行有机融合。综合性原则有助于打破学科壁垒，促进知识的交叉融合，培养学生的综合思维和解决问题的能力。跨学科整合要注重实践性。实践是检验真理的唯一标准，也是培养学生综合素质和创新能力的重要途径。在跨学科整合过程中，要紧密结合实际生活和社会需求，通过实践活动让学生亲身体验和感悟知识的价值，提高学生的学习兴趣和参与度。

跨学科整合要鼓励创新。创新是推动社会进步的重要动力，也是培养创新型人才的关键。在跨学科整合过程中，要激发学生的创新思维和创造力，鼓励学生勇于尝试、敢于创新，通过跨学科的研究和实践，培养学生的创新精神和创新能力。跨学科整合要遵循系统性原则。系统性原则要求将跨学科整合看作一个系统工程，从整体上把握整合的目标、内容、方法等方面，确保整合的全面性和有效性。同时，系统性原则还强调不同学科之间的协调性和一致性，避免出现知识重复或遗漏的情况。

跨学科整合要具有适应性。适应性原则要求跨学科整合要适应时代发展的需要和学生个性差异的需求。在整合过程中，要关注社会发展和科技进步的新趋势，及时调整整合内容和方式；同时，要尊重学生的兴趣和特长，提供多样化的学习资源和选择空间，以满足学生的个性化需求。

（三）跨学科整合的方法

课程设计法是跨学科整合的常用方法。通过重新设计课程结构和内容，将不同学科的知识、技能、方法等进行有机融合。在课程设计过程中，要充分考虑学生的认知规律和兴趣爱好，采用多种教学形式和手段，激发学生的学习兴趣和参与度。同时，课程设计法还要注重课程的系统性和连贯性，确保知识的连贯性和完整性。

项目驱动法是一种以项目为导向的跨学科整合方法。通过设定具有挑战性的项目任务，让学生在实践中学习和成长。在项目驱动过程中，学生需要综合运用不同学科的知识和技能来解决问题，这有助于培养学生的综合思维和解决问题的能力。同时，项目驱动法还强调团队协作和沟通表达能力的培养，有助于提高学生的综合素质和社会适应能力。

案例分析法是通过分析具体案例来进行跨学科整合的方法。在案例分析过程中，学生需要深入了解案例的背景、问题、解决方案等方面，并综合运用不同学科的知识和方法进行分析和讨论。这种方法有助于培养学生的批判性思维和问题解决能力，同时也有助于拓宽学生的视野和知识面。

主题活动法是以主题活动为载体的跨学科整合方法。通过组织一系列与主题相关的活动，让学生在参与中学习和体验知识的价值。主题活动法可以包括实验、制作、表演等多种形式，让学生在轻松愉快的氛围中学习和成长。这种方法有助于激发学生的学习兴趣和创造力，提高学生的实践能力和综合素质。

技术整合法是利用现代技术手段进行跨学科整合的方法。随着信息技术的不断发展，现代教学手段和工具为跨学科整合提供了更多的可能性。

例如，利用多媒体技术可以展示不同学科的知识点和案例；利用网络平台可以实现远程教学和资源共享；利用虚拟现实技术可以模拟真实场景进行实践教学等。技术整合法有助于丰富教学手段和提高教学效果，促进知识的交叉融合和创新应用。

二、教学资源的跨学科利用

（一）概述

随着教育理念的不断更新和教学方法的持续创新，跨学科教学逐渐成为教育领域的一大趋势。跨学科教学强调知识的融合与贯通，打破传统学科之间的壁垒，以培养学生的综合素养和创新能力为目标。在这一背景下，教学资源的跨学科利用显得尤为重要。

（二）教学资源跨学科利用的重要性

教学资源的跨学科利用有助于打破学科壁垒，促进不同学科知识的整合与融合。通过将不同学科的教学资源相互渗透、相互借鉴，可以帮助学生形成更加全面、系统的知识体系，拓宽思维视野，培养跨学科思维和创新能力。跨学科的教学资源往往更具趣味性和实践性，能够激发学生的学习兴趣和好奇心。通过整合不同学科的教学资源，可以设计更加生动、有趣的教学活动，让学生在实践中学习、在探索中成长，提高学习的主动性和参与度。

在当今社会，单一学科的知识已经难以满足复杂问题的解决需求。跨学科教学资源的利用有助于培养具备跨学科素养和综合能力的复合型人才，满足社会对多元化人才的需求。

（三）教学资源跨学科利用的实施策略

学校和教育机构应建立跨学科教学资源库，将不同学科的教学资源进行整合和分类。通过共享和开放教学资源库，教师可以方便地获取和利用跨学科的教学资源，为跨学科教学提供有力支持。教师应根据教学目标和学科特点，设计跨学科的教学案例。通过案例研究和分析，引导学生将不同学科的知识和方法进行综合应用，培养学生的跨学科思维和解决问题的能力。

跨学科实践活动是教学资源跨学科利用的有效途径之一。学校可以组织跨学科实践活动，如科学实验、社会实践、艺术创作等，让学生在实践中体验知识的价值和魅力，提高学习的主动性和参与度。跨学科教学需要教师具备跨学科的知识和能力。因此，学校和教育机构应加强跨学科教师的培训和学习，提高教师的跨学科素养和教学能力，为跨学科教学的实施提供有力保障。

（四）教学资源跨学科利用面临的挑战与解决途径

传统的教学体系往往强调学科的独立性和专业性，导致学科之间存在壁垒和思维定式。为了打破这些壁垒和定式，需要学校和教师转变教育观念，树立跨学科教学的理念，加强学科之间的交流和合作。通过组织跨学科教研活动、开展跨学科教学研讨会等方式，加强不同学科教师之间的交流和合作，促进学科之间的融合和贯通。同时，学校可以鼓励教师跨学科选课、跨学科合作备课等，为教师提供跨学科教学的机会和平台。

跨学科教学需要丰富的教学资源支持，但现实中往往存在教学资源缺乏和分散的问题。为了解决这些问题，需要学校和教师积极寻找和开发跨学科教学资源，建立跨学科教学资源库，实现教学资源的共享和开放。学校和教师可以积极寻找和开发跨学科教学资源，如图书、期刊、网络资源等。同时，学校可以建立跨学科教学资源库，将不同学科的教学资源进行整合和分类，方便教师获取和利用。此外，学校还可以与其他学校或机构建立合作关系，共享优质的教学资源。

跨学科教学对学生的适应性和兴趣差异提出了一定的挑战。由于学生的学科背景和兴趣爱好不同，他们在跨学科学习中可能存在适应困难或兴趣不足的问题。教师应关注学生的适应性和兴趣差异，根据学生的实际情况设计教学活动和教学内容。同时，教师可以通过问卷调查、个别访谈等方式了解学生的需求和兴趣，针对性地调整教学策略和方法。此外，学校还可以为学生提供多样化的学习资源和选择空间，满足学生的个性化需求。

三、高校教师间的跨学科合作

（一）概述

在当今知识爆炸的时代，跨学科合作已成为推动学术创新、培养创新型人才的重要途径。高校作为人才培养和科学研究的重要基地，教师间的跨学科合作显得尤为重要。

（二）高校教师间跨学科合作的重要性

高校教师来自不同的学科领域，各自拥有独特的学术背景和专业知识。通过跨学科合作，不同学科的教师可以相互交流、借鉴和融合彼此的知识，从而打破学科壁垒，推动知识的交叉融合与创新。跨学科合作有助于培养学生的跨学科思维和创新能力。在跨学科合作中，学生可以接触到不同学科的知识和方法，从而拓宽思维视野，培养创新思维和解决问题的能力。同时，跨学科合作还可以为学生提供更多的实践机会，让学生在实践中学习和成长。

跨学科合作可以汇聚不同学科的研究力量，共同解决复杂问题。通过跨学科合作，教师可以共享研究资源、交流研究经验、拓展研究视野，从而提高科研水平和成果质量。同时，跨学科合作还可以推动新兴学科的发展，为学术创新提供新的动力。

（三）高校教师间跨学科合作的模式

团队合作模式是高校教师间跨学科合作的一种常见形式。在这种模式下，不同学科的教师围绕共同的研究目标组建研究团队，共同开展研究工作。团队合作模式可以充分利用不同学科教师的专业优势，形成优势互补的研究力量，提高研究效率和质量。课程合作模式是高校教师间跨学科合作的另一种形式。在这种模式下，不同学科的教师共同设计和开设跨学科课程，将不同学科的知识和方法融入课程中，为学生提供全面的学习体验。课程合作模式有助于培养学生的跨学科思维和能力，同时也可以促进不同学科教师之间的交流和合作。

项目合作模式是高校教师间跨学科合作的另一种重要形式。在这种模式下，不同学科的教师围绕特定的项目需求进行合作，共同开展研究、开发或实践工作。项目合作模式可以根据实际需求灵活组合不同学科的教师，形成高效的研究团队，推动项目的顺利实施和完成。

（四）高校教师间跨学科合作的实施策略

高校应建立跨学科合作平台，为教师提供跨学科合作的机会和平台。平台可以包括跨学科研究中心、跨学科实验室、跨学科课程等，为教师提供共享资源、交流经验、开展合作的机会。同时，平台还可以组织跨学科研讨会、讲座等活动，促进不同学科教师之间的交流和合作。高校应鼓励教师申报跨学科研究项目，为跨学科合作提供经费支持。通过设立跨学科研究项目基金、优先资助跨学科合作项目等措施，可以激发教师的跨学科研究热情，推动跨学科合作的深入开展。

跨学科合作需要教师具备跨学科的知识和能力。因此，高校应加强跨学科教师的培训和学习，提高教师的跨学科素养和教学能力。培训可以包括跨学科课程学习、跨学科研究方法培训、跨学科合作经验分享等内容，帮助教师更好地适应跨学科合作的需求。高校应建立跨学科合作评价机制，对跨学科合作成果进行客观评价。评价机制可以包括科研成果评价、教学成果评价、学生反馈评价等方面，全面反映跨学科合作的效果和价值。同时，评价机制还可以激励教师积极参与跨学科合作，推动跨学科合作的持续发展。

（五）高校教师间跨学科合作面临的挑战与解决途径

不同学科之间存在学科壁垒和思维定式，这在一定程度上阻碍了教师间的跨学科合作。为了解决这个问题，高校应加强不同学科之间的交流和合作，打破学科壁垒和思维定式。可以通过组织跨学科研讨会、讲座等活动，促进不同学科教师之间的交流和合作；同时，也可以鼓励教师跨学科选课、跨学科合作备课等，为教师提供跨学科合作的机会和平台。跨学科合作需要一定的研究资源和经费支持，但现实中往往存在资源和经费不足的问题。为了解决这个问题，高校应加大对跨学科合作的投入力度，提高研究资源和经费的保障水平。可以通过设立跨学科研究项目基金、优先资助跨学科合作项目等措施，为跨学科合作提供经费支持；同时，也可以加强与企业、社会等机构的合作，共同推动跨学科合作的发展。

跨学科合作需要完善的合作机制来保障其顺利进行。但现实中往往存在合作机制不完善的问题，如合作目标不明确、合作流程不规范、合作成果分配不公等。为了解决这个问题，高校应建立完善的跨学科合作机制，明确合作目标、规范合作流程、合理分配合作成果。同时，也可以加强合作管理和监督，确保跨学科合作的顺利进行和成果的有效利用。

第三节　跨学科项目与实践教学

一、跨学科项目的设计与实施

（一）概述

随着知识经济的到来和全球化的深入发展，单一学科的知识已经难以满足复杂问题的解决需求。跨学科项目因其独特的综合性、创新性和实践性，成为高等教育领域的重要发展方向。

（二）跨学科项目的设计原则

跨学科项目的设计应体现综合性，将不同学科的知识、方法和技能进行有机整合，形成综合性的研究和实践体系。通过跨学科项目的实施，可以培养学生综合运用知识、解决问题的能力。跨学科项目应具有一定的创新性，鼓励学生在项目实践中发挥创新精神，提出新的观点、方法和解决方案。通过跨学科项目的实施，可以培养学生的创新思维和创新能力。

跨学科项目的设计应强调实践性，将理论知识与实际问题相结合，通过实践探索来解决问题。通过跨学科项目的实施，可以提高学生的实践能力和解决问题的能力。跨学科项目需要不同学科领域的教师和学生共同参与，形成协作的团队。在项目实施过程中，应强调团队协作和分工合作，培养学生的团队精神和协作能力。

（三）跨学科项目的实施步骤

首先，根据项目目标和需求，选择具有跨学科性质的研究课题。然后，根据项目需要组建跨学科团队，包括不同学科领域的教师和学生。在项目选题和团队组建完成后，制订详细的项目计划。项目计划应包括项目目标、任务分解、时间安排、资源分配等内容，确保项目的顺利实施。

按照项目计划，组织团队成员进行项目实施。在项目实施过程中，应及时监控项目进度和质量，确保项目按计划进行。同时，应及时解决项目实施过程中出现的问题和困难。在项目完成后，对项目进行总结和评估。总结项目实施过程中的经验和教训，评估项目成果的质量和效果。同时，将项目成果进行展示和交流，分享项目经验和成果。

（四）跨学科项目实施的关键要素

跨学科项目的实施需要明确的项目目标和需求。项目目标应具体、明确、可衡量，能够指导项目实施的整个过程。同时，应充分了解项目需求，确保项目能够解决实际问题。跨学科项目的实施需要组建跨学科团队。团队成员应具备不同学科领域的知识和技能，能够共同完成项目任务。同时，应建立良好的团队管理机制,确保团队成员之间的协作和沟通顺畅。

跨学科项目的实施需要充足的研究资源和支持。包括实验设备、研究数据、图书资料等硬件资源,以及导师指导、学术交流等软件资源。高校应提供必要的支持和保障,确保跨学科项目的顺利实施。跨学科项目的实施需要科学的评价机制和激励机制。评价机制应客观、公正、全面地评价项目成果的质量和效果,激励机制应能够激发团队成员的积极性和创新精神。通过评价机制和激励机制的建立,可以推动跨学科项目的持续发展。

(五)跨学科项目实施面临的挑战与解决策略

跨学科项目实施过程中可能面临学科壁垒和沟通障碍的问题。为了解决这个问题,可以加强不同学科领域之间的交流和合作,建立跨学科交流和合作机制;同时,加强团队成员之间的沟通和协作,确保信息畅通和资源共享。跨学科项目实施过程中可能面临各种不确定性因素,如技术难题、资源不足等。为了应对这些不确定性因素,可以制订详细的项目计划和风险管理计划;同时,加强团队成员之间的协作和沟通,共同应对挑战和困难。跨学科项目的成果可能涉及多个学科领域,如何科学评价项目成果并将其转化为实际应用是一个重要问题。为了解决这个问题,可以建立跨学科项目成果评价标准和转化机制;同时,加强与企业、社会等机构的合作,推动项目成果的转化和应用。

二、实践教学中的跨学科融合

(一)概述

在当今社会,知识的边界日益模糊,跨学科融合成为推动学术创新和社会进步的重要动力。在高等教育领域,实践教学作为培养学生实践能力和创新精神的重要途径,其跨学科融合的意义尤为显著。

（二）实践教学跨学科融合的背景与意义

随着科技的迅速发展和知识的不断更新，单一学科的边界逐渐模糊，学科交叉融合成为必然趋势。实践教学作为高等教育的重要组成部分，其跨学科融合不仅有助于打破学科壁垒，促进知识的交叉融合，还能培养学生的综合素养和创新能力。

随着社会的快速发展，对人才的需求也日益多元化。具备多学科知识和技能的复合型人才成为社会的迫切需求。实践教学中的跨学科融合有助于培养这类人才，使他们能够更好地适应社会的发展变化。跨学科融合的实践项目通常涉及复杂问题的解决，需要学生运用多学科知识进行综合分析和创新思考。这种实践过程有助于提升学生的实践能力和创新精神，培养他们的批判性思维和解决问题的能力。

（三）实践教学跨学科融合的实施策略

为了促进实践教学的跨学科融合，高校可以设计一些综合性实践项目。这些项目应涵盖多个学科领域的知识和技能，让学生在实践中感受到不同学科之间的联系和互动。通过综合性实践项目的实施，可以帮助学生打破学科壁垒，形成跨学科思维。

高校可以建立跨学科实践平台，为学生提供一个展示和交流跨学科实践成果的场所。这个平台可以是一个实体空间，也可以是一个在线平台。通过这个平台，学生可以展示自己的跨学科实践项目，与其他同学进行交流和合作，共同推动实践教学的跨学科融合。跨学科融合的实践教学需要教师具备跨学科的知识和能力。因此，高校应加强跨学科师资建设，鼓励教师开展跨学科研究和合作。同时，高校还可以引进具有跨学科背景的教师，充实实践教学师资队伍。通过加强跨学科师资建设，可以为实践教学的跨学科融合提供有力保障。

实践教学评价体系的完善对于推动实践教学的跨学科融合具有重要意义。高校可以建立跨学科实践项目评价体系，对跨学科实践项目进行综合评价。这个评价体系应涵盖项目的创新性、实践性和跨学科性等方面，确保评价结果的客观性和公正性。同时，高校还可以将跨学科实践项目纳入学生成绩评定体系，激励学生积极参与跨学科实践项目。

（四）实践教学跨学科融合面临的挑战与解决途径

在实践教学跨学科融合的过程中，不同学科之间的壁垒和沟通障碍是常见的问题。为了解决这个问题，高校可以加强不同学科之间的交流和合作，建立跨学科交流和合作机制。同时，高校还可以加强对学生跨学科思维的培养，让他们具备更强的跨学科沟通能力。实践教学跨学科融合需要充足的实践资源和平台支持。然而，现实中往往存在实践资源和平台不足的问题。为了解决这个问题，高校可以积极争取政府和社会各界的支持，共同建设跨学科实践基地和平台。同时，高校还可以加强校内实践资源的整合和优化，提高实践资源的利用效率。跨学科融合的实践教学需要教师具备跨学科的知识和能力。然而，现实中往往存在跨学科师资不足的问题。为了解决这个问题，高校可以加强跨学科师资的引进和培养。同时，高校还可以鼓励教师开展跨学科研究和合作，提高他们的跨学科素养和教学能力。

三、跨学科实践基地的建设

（一）概述

随着科技的不断进步和社会需求的日益多元化，跨学科教育已经成为高等教育领域的重要发展趋势。跨学科实践基地作为培养学生跨学科知识整合能力和创新实践能力的关键平台，其建设对于推动高校教育改革、提升学生综合素质具有重要意义。

（二）跨学科实践基地建设的必要性

在知识经济时代，社会对人才的需求已经从单一的专业型人才转向具备跨学科知识和技能的复合型人才。跨学科实践基地的建设可以为学生提供实践跨学科知识和技能的场所，帮助他们在实践中整合不同学科的知识，形成综合性的能力和素质。跨学科实践基地的建设可以促进不同学科之间的交叉融合，打破学科壁垒，形成新的学科交叉点。通过实践基地的平台，不同学科的教师和学生可以进行深入的交流和合作，共同探索新的研究领域和解决复杂问题的方法。

跨学科实践基地的建设可以为学生提供丰富的实践机会，让他们在实践中学习和成长。通过实践基地的项目，学生可以接触到真实的问题和挑战，锻炼自己的实践能力和创新精神。同时，实践基地还可以为学生提供与企业、社会等外部环境的联系，帮助他们更好地了解社会需求和发展趋势。

（三）跨学科实践基地建设的原则

跨学科实践基地应该具备综合性，涵盖多个学科领域的知识和技能。在建设过程中，应该注重不同学科之间的交叉融合和互动，形成综合性的实践项目和课程。跨学科实践基地应该注重培养学生的创新精神和实践能力。在建设过程中，应该注重引入新的教育理念和方法，鼓励学生进行自主探索和创新实践。

跨学科实践基地应该强调实践性，让学生在实践中学习和成长。在建设过程中，应该注重提供丰富的实践机会和资源，让学生亲身参与和体验跨学科知识的应用。跨学科实践基地应该注重合作性，促进不同学科之间的交流和合作。在建设过程中，应该建立跨学科交流和合作机制，鼓励教师和学生之间进行跨学科的交流和合作。

（四）跨学科实践基地建设的内容

跨学科实践基地需要建设相应的基础设施，包括实验室、工作室、教学设施等。这些设施应该具备先进的设备和技术，能够支持不同学科领域的实践项目。跨学科实践基地需要建设相应的课程体系，包括跨学科课程、实践课程等。这些课程应该注重知识的交叉融合和实践应用，能够帮助学生形成综合性的能力和素质。

跨学科实践基地需要建设一支具备跨学科知识和技能的师资队伍。这些教师应该具备丰富的实践经验和创新能力，能够引导学生进行跨学科实践和创新实践。跨学科实践基地需要建立完善的实践项目管理机制，包括项目申报、评审、实施、验收等环节。这些机制应该注重项目的跨学科性和创新性，能够为学生提供丰富的实践机会和挑战。

（五）跨学科实践基地建设的实施策略

高校应该加强对跨学科实践基地建设的顶层设计，明确建设目标、原则和内容，制订详细的实施计划和时间表。同时，应该建立跨学科实践基地建设的组织机构，明确各部门的职责和任务。高校应该积极整合校内外资源力量，包括资金、设备、师资等，为跨学科实践基地建设提供有力保障。同时，应该加强与政府、企业等外部机构的合作，共同推动跨学科实践基地的建设和发展。

高校应该注重跨学科实践基地的实践应用，鼓励学生将所学知识和技能应用到实践中去。同时，应该建立与企业、社会等外部环境的联系，为学生提供更多的实践机会和挑战。高校应该建立跨学科实践基地的持续改进优化机制，定期对实践基地进行评估和反馈，发现问题并及时进行改进和优化。同时，应该鼓励教师和学生提出建设性的意见和建议，推动跨学科实践基地的不断发展和完善。

（六）面临的挑战与解决途径

跨学科实践基地的建设需要不同学科之间的深度融合和互动，但现实中往往存在学科壁垒和沟通障碍。为了解决这个问题，高校应该加强不同学科之间的交流和合作，建立跨学科交流和合作机制，鼓励教师和学生之间进行跨学科的交流和合作。跨学科实践基地的建设需要大量的实践资源和设备支持，但现实中往往存在实践资源不足的问题。为了解决这个问题，高校应该积极争取政府和社会各界的支持，共同建设跨学科实践基地和平台。同时，应该加强校内实践资源的整合和优化，提高实践资源的利用效率。

跨学科实践基地的建设需要一支具备跨学科知识和技能的师资队伍。但现实中往往存在跨学科师资不足的问题。为了解决这个问题，高校应该加强跨学科师资的引进和培养，鼓励教师开展跨学科研究和合作，提高他们的跨学科素养和教学能力。同时，可以建立跨学科师资共享机制，促进不同学科之间的师资交流和合作。

第四节　跨学科评价与反思

一、跨学科学习效果的评价标准

（一）概述

随着知识经济的深入发展和全球化的加速推进，跨学科学习已成为培养创新型人才的重要途径。跨学科学习不仅能够帮助学生打破学科壁垒，拓宽知识视野，还能够促进知识的交叉融合，培养学生的综合素质和创新能力。然而，如何科学地评价跨学科学习的效果，确保学习目标的达成，是当前教育领域亟待解决的问题。

（二）跨学科学习效果评价的重要性

跨学科学习效果评价对于促进跨学科学习的深入发展具有重要意义。首先，评价能够客观反映学生的学习成果，为教师和学生提供反馈，帮助他们了解学习的进展和不足，及时调整学习策略和方法。其次，评价能够促进不同学科之间的交流和合作，推动学科交叉融合，为培养创新型人才提供有力支持。最后，评价还能够为教育决策提供依据，帮助学校和教育机构了解跨学科学习的实施情况，优化资源配置，提高教育质量。

（三）跨学科学习效果评价标准的构建原则

跨学科学习效果评价标准应全面反映学生的学习成果，包括知识、能力、素质等方面。评价不仅要关注学生在某一学科领域内的学习成果，还要关注他们跨学科知识的整合能力、创新能力和综合素质的提升。

评价标准应具有科学性，能够客观、准确地反映学生的学习成果。评价指标应基于教育规律和学科特点，结合实际情况进行制定。同时，评价方法应科学、合理，能够确保评价结果的客观性和公正性。评价标准应具有可操作性，方便教师和学生进行自我评价和相互评价。评价指标应具体、明确，易于理解和操作。同时，评价方法应简便易行，能够减轻教师和学生的负担。

评价标准应具有发展性，能够反映学生的学习进步和发展潜力。评价不仅要关注学生的学习成果，还要关注他们的学习过程和发展变化，鼓励他们不断进步和成长。

（四）跨学科学习效果的具体评价标准

1. 知识整合能力

跨学科学习要求学生能够打破学科壁垒，整合不同学科的知识。因此，评价学生的知识整合能力是跨学科学习效果的重要标准之一。具体可以从以下几个方面进行评价：

（1）是否能够理解不同学科之间的关联性和交叉点。

（2）是否能够运用多学科知识解决复杂问题。

（3）是否能够形成跨学科的知识体系和认知结构。

2. 创新能力

跨学科学习鼓励学生进行创新思维和创造性实践。因此，评价学生的创新能力也是跨学科学习效果的重要标准之一。具体可以从以下几个方面进行评价：

（1）是否能够提出新的观点、想法或解决方案。

（2）是否能够运用跨学科知识进行创新实践。

（3）是否能够积极参与创新活动并取得成果。

3.综合素质

跨学科学习注重培养学生的综合素质，包括沟通能力、团队合作能力、批判性思维能力等。因此，评价学生的综合素质也是跨学科学习效果的重要标准之一。具体可以从以下几个方面进行评价。

（1）是否能够与他人进行有效的沟通和交流。

（2）是否能够在团队中发挥积极作用并达成共同目标。

（3）是否能够对复杂问题进行批判性思考和分析。

（五）跨学科学习效果评价的实施策略

学校和教育机构应根据实际情况制定科学的跨学科学习效果评价标准，确保评价能够全面、准确地反映学生的学习成果。评价标准应基于教育规律和学科特点进行制定，并注重可操作性和发展性。跨学科学习效果评价应采用多样化的评价方法，包括自我评价、相互评价、教师评价等。不同评价方法可以相互补充，提高评价的准确性和公正性。同时，还应注重学生的参与性和主体性，鼓励他们积极参与评价过程。

学校和教育机构应建立完善的评价反馈机制，及时向学生和教师反馈评价结果和建议。评价结果应具体、明确，易于理解和操作。同时，还应注重评价结果的跟踪和监测，及时发现问题并进行改进。跨学科学习效果评价不仅是对学生学习成果的评价，也是对跨学科教学质量和管理水平的检验。因此，学校和教育机构应加强跨学科教学的管理和指导，确保教学质量和教学效果的达成。同时，还应注重跨学科教学的创新和发展，不断探索新的教学方法和模式。

二、学生跨学科学习成果的展示与交流

（一）概述

在当今社会，跨学科学习已成为培养学生综合素质和创新能力的重要途径。随着教育理念的更新和教学方法的改进，越来越多的学校和教育机构开始重视学生的跨学科学习，并鼓励学生将所学知识和技能进行展示与交流。

（二）跨学科学习成果展示与交流的重要性

跨学科学习成果的展示与交流对于促进学生的全面发展具有重要意义。首先，展示与交流能够激发学生的学习热情和积极性。当学生有机会展示自己的学习成果时，他们会更加努力地学习和探索，以便在展示中表现出色。其次，展示与交流能够提高学生的自信心和表达能力。在展示过程中，学生需要向他人介绍自己的学习成果和心得，这不仅能够锻炼他们的表达能力，还能够增强他们的自信心。最后，展示与交流能够促进知识的传播和共享。通过展示与交流，学生可以了解其他同学的学习成果和经验，从而拓宽自己的知识视野和思维方式。

（三）跨学科学习成果展示与交流的形式

跨学科学习成果的展示与交流可以采用多种形式，以满足不同学生的需求和特点。学术报告会是一种较为正式的展示与交流形式，适合展示具有一定深度和广度的跨学科学习成果。在学术报告会上，学生可以就自己的研究课题或项目进行演讲，介绍自己的研究方法、实验过程、数据分析以及得出的结论等。通过学术报告会，学生可以锻炼自己的学术素养和表达能力，同时也能够与其他同学和教师进行深入的交流和探讨。

作品展览是一种直观、生动的展示与交流形式，适合展示具有创意和实用性的跨学科学习成果。在作品展览中，学生可以将自己的作品（如设

计、模型、艺术品等）进行展示，并配以文字说明和讲解。通过作品展览，学生可以展示自己的创新思维和实践能力，同时也能够吸引其他同学和教师的关注，促进知识的传播和共享。

团队项目展示是一种注重团队合作和协作精神的展示与交流形式。在团队项目展示中，学生需要组成团队共同完成一个跨学科项目，并在展示中介绍项目的背景、目标、实施过程以及取得的成果等。通过团队项目展示，学生可以锻炼自己的团队合作和协作能力，同时也能够学习其他同学的专业知识和经验，促进知识的交叉融合和互补。

随着互联网技术的发展，线上交流平台已成为一种便捷、高效的展示与交流形式。学生可以通过学校或教育机构提供的线上平台，上传自己的学习成果和心得，并与其他同学和教师进行在线交流和讨论。线上交流平台不受时间和空间的限制，能够方便学生随时随地进行展示与交流。

（四）跨学科学习成果展示与交流的实施策略

学校和教育机构应制订详细的跨学科学习成果展示与交流计划，明确展示与交流的时间、地点、形式和内容等。同时，还应根据学生的学习进度和成果情况，合理安排展示与交流的时间和频率，确保学生有足够的时间进行准备和展示。跨学科学习成果的展示与交流需要良好的组织和管理。学校和教育机构应成立专门的组织机构，负责展示与交流的组织、协调和管理工作。同时，还应建立完善的展示与交流制度，规范展示与交流的程序和要求，确保展示与交流的顺利进行。

学校和教育机构应为学生提供必要的支持和帮助，包括提供展示场地、设备、材料等资源支持，以及提供专业的指导和辅导等服务。同时，还应鼓励学生积极参与展示与交流活动，为他们提供展示自我的机会和平台。跨学科学习成果的展示与交流需要进行效果评估，以了解展示与交流的效果和成果。学校和教育机构应建立展示与交流的效果评估机制，对展示与交流的过程和结果进行观察和记录，并及时进行反馈和总结。通过效果评估，可以发现展示与交流中存在的问题和不足，并及时进行改进和优化。

（五）面临的挑战与解决途径

在跨学科学习成果的展示与交流过程中，可能会面临一些挑战和问题，如展示场地不足、时间安排不合理、学生参与度不高等。学校和教育机构可以积极与校内外资源进行合作，争取更多的展示场地和设备支持。同时，还可以与企业、社会等外部机构进行合作，共同举办展示与交流活动，为学生提供更广阔的展示平台。

学校和教育机构应根据学生的学习进度和成果情况，合理安排展示与交流的时间和频率。在安排时间时，应充分考虑学生的实际情况和需求，避免影响学生的正常学习和生活。为了提高学生的参与度和积极性，学校和教育机构可以采取多种措施，如加强宣传和推广、设立奖励机制等。同时，还应注重培养学生的自主学习和创新能力，激发他们的学习热情和兴趣。

三、教学过程中的反思与改进

（一）**概述**

教学过程是教师与学生共同参与、相互作用的复杂过程。在教学过程中，教师不仅需要传授知识，还需要培养学生的思维能力、创新能力和实践能力。然而，教学过程并非一成不变，它需要教师不断地进行反思与改进，以适应学生的需求和社会的发展。

（二）**教学反思的重要性**

教学反思是教师专业成长的重要途径，也是提高教学质量的关键环节。通过教学反思，教师可以及时发现教学过程中存在的问题和不足，进而调整教学策略和方法，提高教学效果。同时，教学反思还能够促进教师的自我认知和自我提升，帮助教师形成独特的教学风格和理念。

（三）教学反思的内容

教学反思的内容包括教学目标、教学内容、教学方法、学生表现以及教学效果等方面。具体来说，教师应该从以下几个方面进行反思：

教学目标是否明确、具体、可达成？在教学过程中，教师需要不断地审视自己的教学目标是否符合学生的实际情况和需求，是否能够达到预期的教学效果。

教学内容是否丰富、有趣、具有启发性？教学内容是教学过程中的核心，教师需要思考自己的教学内容是否涵盖了重要的知识点和难点，是否能够激发学生的学习兴趣和探究欲望。

教学方法是否多样、灵活、有效？教学方法是实现教学目标的重要手段，教师需要反思自己的教学方法是否适合学生的年龄特点和认知水平，是否能够有效地促进学生的学习和发展。

学生表现如何？学生是教学过程中的主体，教师需要关注学生的表现，包括他们的参与度、兴趣、思维能力和创新能力等方面。通过了解学生的表现，教师可以发现教学过程中存在的问题和不足，进而进行改进。

教学效果如何？教学效果是评价教学过程的重要指标，教师需要对自己的教学效果进行客观的评价，包括学生的知识掌握程度、能力提升情况以及情感态度的变化等方面。通过评价教学效果，教师可以了解自己的教学是否达到了预期的目标，进而进行反思和改进。

（四）教学改进的策略

针对教学反思中发现的问题和不足，教师需要采取相应的改进策略，以提高教学质量和效果。以下是一些常见的教学改进策略：

调整教学目标：根据学生的学习情况和需求，调整教学目标，使其更加明确、具体、可达成。同时，注重培养学生的综合素质和创新能力，为学生的未来发展打下坚实的基础。

优化教学内容：根据学科特点和学生的实际情况，优化教学内容，使其更加丰富、有趣、具有启发性。同时，注重知识的更新和拓展，使学生能够更好地适应社会的发展和变化。

创新教学方法：尝试多种教学方法，如案例教学、项目式学习、探究式学习等，以激发学生的学习兴趣和探究欲望。同时，注重学生的主体性和参与度，鼓励学生积极参与课堂讨论和实践活动。

加强师生互动：建立良好的师生关系，加强师生之间的互动和交流。通过提问、讨论、反馈等方式，及时了解学生的学习情况和需求，为他们提供个性化的指导和帮助。

引入现代教育技术：利用现代教育技术，如多媒体、网络、人工智能等，提高教学的趣味性和互动性。同时，注重培养学生的信息素养和数字化学习能力，为他们适应未来的学习和工作做好准备。

第十章 未来教育学理论在高校教学中的展望

第一节 新兴教育学理论趋势分析

一、当前教育学理论的新发展

(一) 概述

随着社会的进步和科技的发展,教育学理论也在不断地演进和更新。新的教育理念、教学方法和技术不断涌现,为教育领域带来了革命性的变革。

(二) 教育学理论新发展的背景

随着全球化、信息化时代的到来,社会对人才的需求发生了深刻变化。不仅需要具备扎实的专业知识,还需要具备创新能力、批判性思维、团队协作等综合素质。这要求教育学理论必须不断更新,以适应社会需求的变化。

近年来,人工智能、大数据、云计算等技术的快速发展,为教育领域带来了前所未有的机遇和挑战。这些技术的应用不仅改变了教学方式和手段,也推动了教育学理论的创新和发展。在教育实践中,教育工作者们不断探索新的教学方法和策略，积累了大量的经验和教训。这些实践经验为教育学理论的创新提供了丰富的素材和灵感。

（三）教育学理论新发展的主要内容

随着社会的快速发展，终身学习已成为人们必备的能力。教育学理论也强调终身学习的重要性，提出了以学习者为中心的教育理念，注重培养学习者的自主学习能力、自我管理能力以及终身学习的意识和能力。教育学理论新发展强调教育的多元化和包容性。这包括教育目标的多元化、教育内容的多元化以及教育方法的多元化。教育者应关注不同学生的需求和特点，为他们提供个性化的教育方案，使每个学生都能得到充分的发展。

教育学理论新发展关注教育公平与正义问题。它强调教育的普及性和普惠性，倡导教育资源的均衡分配和优质教育的普及。同时，也关注弱势群体和特殊群体的教育需求，努力消除教育不平等现象。随着教育技术的快速发展，教育学理论也开始关注技术的应用和创新。它鼓励教育者积极运用现代教育技术进行教学改革和创新实践，提高教学效果和质量。同时，也关注技术对学生的影响和作用，努力培养学生的信息素养和技术应用能力。

教育学理论新发展还关注教育评价体系的改革和创新。它强调评价的多元化和综合性，注重对学生综合素质的评价和考核。同时，也倡导形成性评价和过程性评价的理念，关注学生的学习过程和发展变化。

（四）教育学理论新发展的实践应用

教育学理论新发展推动了教学模式的创新和实践。例如，翻转课堂、混合式学习、项目式学习等新型教学模式逐渐得到广泛应用和推广。这些教学模式注重学生的主体性和参与性，鼓励学生自主学习和合作探究，提高了学生的学习兴趣和积极性。随着信息技术的发展和应用，教育资源的共享已成为可能。通过在线教育平台、远程教育等方式，学生可以随时随地获取优质的教育资源和学习机会。这不仅促进了教育公平和普惠性的实现，也提高了教育质量和效率。

教育学理论新发展对教师专业发展提出了更高的要求。教师不仅需要具备扎实的专业知识和教学技能，还需要具备创新精神和实践能力。因此，教师需要不断更新教育观念和教学理念，积极参加各种培训和学习活动，提高自己的专业素养和教学能力。

（五）教育学理论新发展的意义

教育学理论新发展为教育改革提供了理论支持和方向指导。它强调教育的多元化、个性化、终身化等理念，推动了教育改革的深入发展和实践探索。教育学理论新发展注重教学方法和手段的创新和改革。通过引入现代教育技术、改革教学模式等方式，可以提高教育质量和效率，使学生更好地掌握知识和技能。

教育学理论新发展关注学生的综合素质和全面发展。它强调学生的主体性、参与性和创造性等要素的培养和发展，促进学生的全面发展和成长。教育学理论新发展不仅关注教育领域的问题和挑战，也关注社会问题和发展趋势。它致力于培养具有创新精神和实践能力的人才，为社会的进步和发展作出贡献。

二、教育学理论的未来趋势

（一）概述

教育学理论作为指导教育实践的重要基础，随着社会的不断发展和科技的不断进步，也在不断地演变和发展。在未来，教育学理论将面临更多的挑战和机遇，其发展趋势也将更加多元化和复杂化。

（二）教育学理论未来趋势的背景

随着全球化的深入和科技的飞速发展，社会变革的速度日益加快。这种变革不仅体现在经济、政治等方面，也深刻地影响着教育领域。未来，教育将面临更多的不确定性和挑战，教育学理论需要不断适应和引领这种变革。随着社会的多元化发展，人们对教育的需求也日益多样化。不同群体、不同年龄段、不同地域的人们对教育的需求各不相同。这要求教育学理论更加关注个体差异和多元化需求，为教育实践提供更加精准的指导。

人工智能、大数据、云计算等技术的快速发展，为教育领域带来了前所未有的机遇和挑战。这些技术的应用不仅改变了教学方式和手段，也推动了教育学理论的创新和发展。未来，教育技术将与教育学理论深度融合，共同推动教育的进步。

（三）教育学理论未来趋势的主要方向

随着人们对教育需求的多样化，个性化教育将成为未来教育学理论的重要方向。个性化教育强调尊重个体差异和多元化需求，通过为每个学生提供个性化的教育方案，使其得到更充分的发展。未来，教育学理论将更加注重对个性化教育的研究和实践，探索更加科学、有效的个性化教育策略和方法。终身教育理念已经成为未来教育学理论的重要趋势。终身教育强调教育的连续性和终身性，认为教育应该贯穿人的一生，而不仅仅是局限于某个阶段或某个领域。未来，教育学理论将更加注重对终身教育的研究和实践，探索如何为不同年龄段、不同职业、不同需求的人们提供终身学习的机会和平台。

随着社会的多元化发展，教育学理论也将呈现出跨界融合的趋势。未来，教育学理论将与其他学科领域进行深度融合，如心理学、社会学、经济学等，共同探索教育问题的解决方案。这种跨界融合将有助于打破学科壁垒，促进教育学理论的创新和发展。技术革新将成为未来教育学理论发展的重要驱动力。未来，教育学理论将更加注重对教育技术的研究和应用，探索如何利用人工智能、大数据、云计算等技术手段提高教学效果和质量。同时，教育学理论也将关注技术对学生的影响和作用，引导学生正确使用技术工具进行学习和发展。

（四）教育学理论未来趋势的实践影响

随着教育学理论的发展和创新，教学方式也将发生深刻变革。未来，教学方式将更加注重学生的主体性和参与性，强调学生的自主学习和合作探究。同时，教学方式也将更加注重利用现代教育技术手段，提高教学效果和质量。教育学理论的发展将推动教育资源的优化和整合。未来，教育资源将更加均衡和优质地分布在不同地区和学校之间，为每个学生提供更加公平和优质的教育机会。同时，教育学理论也将推动教育资源的共享和开放，促进教育公平和普惠性的实现。

随着教育学理论的发展和创新，教师角色也将发生转变。未来，教师将不再仅仅是知识的传授者，更是学生学习的引导者和合作伙伴。教师需要不断更新教育观念和教学理念，提高自己的专业素养和教学能力，以适应未来教育发展的需要。

三、教育学理论与其他学科的交叉融合

（一）概述

随着知识体系的不断扩展和深化，不同学科之间的交叉融合已成为现代学术发展的一个重要趋势。教育学理论作为指导教育实践的基础学科，也与其他学科产生了广泛而深入的交叉融合。这种交叉融合不仅丰富了教育学理论的研究内容和方法，也推动了教育实践的创新和发展。

（二）教育学理论与其他学科交叉融合的背景

随着学科体系的不断完善和深化，不同学科之间的界限逐渐模糊，交叉融合成为学科发展的必然趋势。教育学理论作为一门独立的学科，也需要与其他学科进行交叉融合，以拓展研究领域和深化研究内容。

随着社会的不断发展，人们对教育的需求也日益多元化。这种多元化的需求要求教育学理论不仅要关注教育内部的问题，还要关注与其他学科

相关的问题。因此，教育学理论需要与其他学科进行交叉融合，以满足社会的多元化需求。教育实践是一个复杂的过程，涉及多个方面和多个因素。为了更好地指导教育实践，教育学理论需要与其他学科进行交叉融合，以获取更全面的信息和更深刻的理解。

（三）教育学理论与其他学科交叉融合的主要领域

教育心理学是教育学理论与心理学交叉融合的重要领域。教育心理学关注学生的心理发展、学习过程和教学方法等方面的问题，为教育实践提供了重要的心理学支持。通过交叉融合，教育学理论可以更加深入地了解学生的心理特点和需求，从而制定更加科学、有效的教育策略。

教育社会学是教育学理论与社会学交叉融合的重要领域。教育社会学关注教育与社会的关系、教育制度和社会变迁等问题，为教育实践提供了重要的社会学视角。通过交叉融合，教育学理论可以更加深入地了解教育与社会的相互作用和相互影响，从而制定更加符合社会实际的教育政策。教育经济学是教育学理论与经济学交叉融合的重要领域。教育经济学关注教育资源的配置、教育投入与产出的关系以及教育对经济发展的影响等问题，为教育实践提供了重要的经济学支持。通过交叉融合，教育学理论可以更加深入地了解教育资源的稀缺性和教育投入的成本效益问题，从而制定更加经济、高效的教育政策。

教育技术学是教育学理论与计算机科学、信息技术等交叉融合的重要领域。教育技术学关注信息技术在教育中的应用、教育软件的开发和教学设计等问题，为教育实践提供了重要的技术支持。通过交叉融合，教育学理论可以更加深入地了解信息技术对教育的影响和作用，从而探索更加高效、便捷的教育方式和方法。

（四）教育学理论与其他学科交叉融合的实践应用

在教育政策制定过程中，需要综合考虑多个因素和多个方面的问题。通过与其他学科的交叉融合，教育学理论可以更加全面地了解社会实际和教育实践的需求，从而制定更加科学、合理的教育政策。

教育实践改革是推动教育发展的重要动力。通过与其他学科的交叉融合，教育学理论可以引入新的教育理念和方法，为教育实践改革提供重要的理论支持和实践指导。教师专业发展是提高教育质量的关键。通过与其他学科的交叉融合，教育学理论可以为教师提供更多的学习和发展机会，帮助他们更新教育观念和教学理念，提高专业素养和教学能力。

第二节　技术创新与教育学理论发展

一、技术对教育学理论的影响

（一）概述

随着科技的飞速发展，技术已经渗透到我们生活的方方面面，教育领域亦不例外。技术对教育学理论的影响日益显著，不仅推动了教育方式的变革，也促进了教育内容的更新和教育理念的转变。

（二）技术发展的背景

近年来，人工智能、大数据、云计算等新兴技术得到了迅猛发展，这些技术不仅极大地改变了人们的生活方式，也为教育领域带来了革命性的变革。技术的发展使得教育资源的获取更加便捷，教学方式更加多样化，教育评价更加科学，同时也对教育理论和实践提出了新的挑战和机遇。

（三）技术对教育学理论的主要影响

技术的发展使得教育资源的获取和共享变得更加容易。通过互联网，人们可以轻松地获取到来自世界各地的优质教育资源，如在线课程、教学视频、电子书籍等。这不仅丰富了教学内容，也使得学习者能够根据自己的兴趣和需求选择适合自己的学习资源。同时，技术的发展也促进了教育资源的共享，使得优秀的教育资源能够惠及更广泛的人群。

技术的发展为教学方法的创新和多样化提供了可能。传统的教学方式往往以教师为中心，注重知识的灌输。而技术的发展使得教学方式更加灵活多样，如翻转课堂、在线课堂、混合式教学等。这些新的教学方式不仅提高了学生的参与度和积极性，也使得教学过程更加生动有趣。同时，技术的发展还使得虚拟现实、增强现实等先进技术被应用到教学中，为学生提供了更加真实、直观的学习体验。

技术的发展使得教育评价更加科学和个性化。通过大数据和人工智能技术，可以对学生的学习数据进行深度分析和挖掘，从而更准确地评估学生的学习情况和能力水平。同时，技术还可以根据学生的学习特点和需求提供个性化的学习建议和反馈，帮助学生更好地规划自己的学习路径和提高学习效果。

技术的发展也促进了教育理念的转变和更新。传统的教育理念往往注重知识的积累和应试能力的培养，而技术的发展使得人们更加关注学生的全面发展和综合素质的提高。现代教育理念更加注重学生的主体性、创造性和实践能力，强调培养学生的批判性思维、创新精神和解决问题的能力。这种教育理念的转变也体现在教育学理论的研究和实践中。

（四）技术在教育学理论实践应用中的案例

在线教育平台是技术在教育学理论实践应用中的一个典型案例。通过在线教育平台，学生可以随时随地访问各种在线课程和学习资源，进行自主学习和互动交流。同时，在线教育平台还可以根据学生的学习情况和需求提供个性化的学习建议和反馈，帮助学生更好地规划自己的学习路径和提高学习效果。

虚拟现实技术是一种可以模拟真实环境的技术，它可以为学生提供身临其境的学习体验。在教育领域，虚拟现实技术被广泛应用于历史、地理、生物等课程的教学中。通过虚拟现实技术，学生可以更加直观地了解历史事件、地理环境和生物结构等知识内容，提高学习效果和兴趣。

（五）技术对教育学理论发展面临的挑战与机遇

随着技术的发展和应用，教育学理论面临着一些挑战。首先，技术的更新换代速度很快，如何及时跟进和掌握新技术是教育学理论需要面对的问题。其次，技术的应用也带来了一些新的教育问题，如网络安全、隐私保护等，需要教育学理论进行研究和解决。最后，技术的应用也需要与传统的教学方式进行融合和创新，如何找到平衡点也是教育学理论需要思考的问题。技术的发展也为教育学理论的发展带来了机遇。首先，技术的发展为教育学理论的研究提供了新的工具和方法，如大数据分析、人工智能等技术的应用可以更加深入地了解学生的学习情况和教育效果。其次，技术的发展也为教育学理论的创新提供了可能，如虚拟现实技术的应用可以为学生提供更加真实、直观的学习体验。最后，技术的发展也为教育学理论的传播和应用提供了更广阔的平台和空间。

二、未来教育技术的展望

（一）概述

随着科技的不断进步和社会的快速发展，教育技术正逐渐成为推动教育变革的重要力量。从传统的黑板粉笔到现代的数字化教学工具，教育技术的每一次革新都极大地推动了教育方式的转变和教育效率的提升。

（二）未来教育技术的主要发展趋势

人工智能是未来教育技术发展的核心驱动力之一。在教育领域，AI技术将实现更加智能化的教学辅助和个性化学习。通过深度学习和大数据分析，AI可以分析学生的学习习惯、能力和兴趣，为他们提供定制化的学习计划和资源推荐。此外，AI还可以协助教师进行课堂管理和学生评估，减轻教师的工作负担，提高教学效率。

虚拟现实和增强现实技术将为教育带来全新的学习体验。通过 VR 和 AR 技术，学生可以身临其境地体验历史事件、科学实验和地理环境等，增强学习的趣味性和互动性。这种沉浸式的学习方式将使学生更加深入地理解和掌握知识，提高学习效果。物联网技术将实现教育资源的智能化管理和优化。通过物联网设备，学校可以实时监控教室环境、设备状态和学生行为等数据，为教学提供科学依据和决策支持。此外，物联网还可以实现学校内外的信息共享和协作，提高教育资源的利用效率和管理水平。

自适应学习系统是一种能够根据学生的学习情况和需求自动调整教学内容和难度的教学系统。未来，随着技术的不断进步和数据的不断积累，自适应学习系统将更加成熟和普及。这种系统可以根据学生的学习能力和进度为他们提供个性化的学习计划和资源推荐，帮助学生实现高效学习。区块链技术以其去中心化、透明化和不可篡改的特点在教育领域展现出巨大的潜力。未来，区块链技术可以用于学生身份认证、学历证书管理、学习成果记录等方面，提高教育信息的可信度和安全性。此外，区块链还可以促进教育资源的共享和协作，推动教育公平和可持续发展。

（三）未来教育技术的潜在应用和影响

未来教育技术将使得教学方式更加多样化、灵活化和个性化。通过智能化的教学辅助和个性化学习，教师可以更加精准地把握学生的学习需求和进度，为他们提供更加有效的教学支持。同时，学生也可以根据自己的兴趣和需求选择适合自己的学习方式和资源，提高学习效率和兴趣。未来教育技术将有助于推动教育公平和可持续发展。通过智能化的管理和优化以及资源的共享和协作，学校可以更好地管理教育资源、提高教学质量和效率。同时，区块链技术的应用也可以提高教育信息的可信度和安全性，保障学生的权益和利益。这些都将有助于缩小教育差距、推动教育公平和可持续发展。

未来教育技术将更加注重培养学生的创新能力和实践能力。通过虚拟现实、增强现实等技术的应用，学生可以更加深入地了解和实践各种知识和技能，提高实践能力和创新能力。同时，自适应学习系统也可以根据学生的兴趣和需求为他们提供更加丰富多样的学习资源和实践机会，帮助他们更好地发挥自己的潜力。

三、技术创新与教学方法的改革

（一）概述

随着信息技术的飞速发展，技术创新已成为推动社会进步的重要力量。在教育领域，技术创新不仅带来了教学手段的革新，还促使教学方法发生了深刻变革。教学方法的改革是适应时代发展的需要，也是提高教育质量、培养学生创新能力和实践能力的关键。

（二）技术创新对教学方法改革的必要性

在信息化时代，知识的获取和传播方式发生了巨大变化。传统的教学方法已难以满足现代学生的学习需求。技术创新为教学方法的改革提供了可能，使教学更加直观、生动、有趣。通过运用多媒体、互联网等信息技术手段，教师可以更加灵活地呈现教学内容，激发学生的学习兴趣和积极性。技术创新可以优化教学资源配置，提高教学质量和效率。例如，通过大数据分析技术，教师可以更准确地掌握学生的学习情况，为他们提供有针对性的教学指导。同时，在线教学平台、虚拟实验室等创新教学工具的应用，也使得教学更加便捷、高效。

技术创新强调学生的主体地位和创新能力的培养。在教学方法改革过程中，教师应注重学生的参与和互动，鼓励学生自主探究、合作学习。通过项目式学习、问题导向学习等教学方法，培养学生的实践能力和解决问题的能力。

(三)技术创新推动教学方法改革的具体表现

多媒体教学具有直观、生动、有趣的特点,能够激发学生的学习兴趣。在线教学则突破了时间和空间的限制,使学习更加便捷、灵活。将多媒体教学与在线教学相结合,可以实现线上线下的无缝对接,为学生提供更加丰富多样的学习资源和互动机会。翻转课堂是一种以学生为中心的教学模式,强调学生在课前的自主学习和课中的互动交流。混合式教学则结合了传统教学与在线教学的优势,通过线上线下的融合实现教学效果的优化。这两种教学模式的推广,使得教学更加灵活多样、个性化,有助于培养学生的自主学习能力和团队协作能力。

项目式学习是一种以项目为核心的教学模式,注重学生的实践能力和解决问题的能力。问题导向学习则强调以问题为驱动的学习过程,通过问题的提出、分析和解决来培养学生的批判性思维和创新能力。这两种教学方法的应用,有助于培养学生的实践能力和创新精神,提高他们的综合素质。

四、教育学理论在技术创新中的应用

(一)概述

随着信息技术的迅猛发展和教育改革的深入推进,技术创新在教育领域的应用日益广泛。教育学理论作为指导教育实践的重要基础,为技术创新提供了有力的理论支撑。

(二)教育学理论在技术创新中的基础作用

教育学理论揭示了教育的本质、目标、原则和方法等基本问题,为技术创新提供了明确的方向。在教育技术创新的过程中,应充分考虑教育学理论的基本原理和规律,确保技术创新能够符合教育教学的实际需求,为提高教育质量提供有力支持。教育学理论为技术创新提供了丰富的理论资源。例如，认知发展理论、学习理论、教学设计理论等，都为技术创新提供了理论依据和实践指导。通过运用这些理论，可以更加深入地理解学生的学习过程和发展规律，为技术创新提供有针对性的解决方案。

教育学理论强调理论与实践的结合。在技术创新的过程中，应将教育学理论的基本原理与教学实践相结合，不断探索和创新适合学生发展的教学方法和手段。通过实践验证和完善理论，推动教育学理论的不断发展和创新。

（三）教育学理论在技术创新中的具体应用

智慧教室是技术创新在教育领域的重要应用之一。在智慧教室的建设过程中，教育学理论发挥了重要作用。首先，根据教育学理论中的教学设计原则，对教室环境进行科学合理的设计，使其符合学生的学习需求和发展规律。其次，运用信息技术手段，实现教学资源的数字化、网络化和智能化，为教学提供更加丰富多样的资源和工具。最后，通过数据分析等技术手段，对学生的学习过程进行实时监控和评估，为教师提供有针对性的教学指导。

个性化学习系统是技术创新在教育领域的又一重要应用。在个性化学习系统的开发过程中，教育学理论同样发挥了重要作用。首先，根据学习理论中的个体差异理论，分析学生的学习风格、能力和兴趣等个体差异，为个性化学习系统的开发提供理论支撑。其次，运用大数据和人工智能等技术手段，对学生的学习数据进行分析和挖掘，为个性化学习系统的推荐算法提供数据支持。最后，通过个性化学习系统为学生提供定制化的学习计划和资源推荐，满足学生的个性化学习需求。

混合式教学模式是技术创新与传统教学相结合的产物。在混合式教学模式的推广过程中，教育学理论同样发挥了重要作用。首先，根据教学设计理论中的多元评价理论，构建多元化的评价体系，对学生的学习成果进行全面评价。其次，结合线上线下教学的优势，设计合理的教学流程和活动安排，确保学生能够获得最佳的学习体验。最后，通过教师培训和技术支持等手段，提高教师对混合式教学模式的认识和掌握程度，推动其在教学实践中的广泛应用。

第三节 教育学理论与教育改革的关系

一、教育改革对教育学理论的需求

（一）概述

教育改革是推动教育发展的根本动力，而教育学理论作为教育实践的指导思想，对教育改革起着至关重要的作用。随着时代的发展和教育实践的深入，教育改革对教育学理论的需求日益凸显。

（二）教育改革的目标与教育学理论的需求

随着科技的飞速发展和全球化的深入，社会对创新人才的需求日益迫切。教育改革的目标之一是培养学生的创新精神和实践能力。为实现这一目标，教育学理论需要提供关于创新人才培养的理论支撑和实践指导。例如，教育学理论可以研究创新教育的理念、原则和方法，探讨如何构建有利于创新人才培养的教育环境，以及如何通过课程设置、教学方法和评价机制等方面的改革来激发学生的创新潜能。

教育公平是教育改革的重要目标之一。为实现教育公平，教育学理论需要关注教育资源的均衡配置、教育机会的平等享有以及教育质量的普遍提升等方面的问题。教育学理论可以研究教育公平的内涵、影响因素和实现路径，提出针对性的改革建议，促进教育公平的实现。提高教育质量是教育改革的核心目标。为实现这一目标，教育学理论需要关注教育教学的全过程，包括课程设计、教学方法、学生评价等方面。教育学理论可以研究如何优化课程设计，使课程内容更加符合学生的认知规律和发展需求；可以探讨如何改进教学方法，提高学生的学习兴趣和参与度；可以研究如何建立科学的评价机制，全面、客观地评价学生的学习成果和教师的教学质量。

（三）教育改革的内容与教育学理论的需求

课程体系是教育教学的核心。教育改革需要优化课程体系，使其更加符合学生的兴趣和发展需求。为实现这一目标，教育学理论需要研究课程设计的原则和方法，探讨如何构建具有科学性、系统性和实践性的课程体系。同时，教育学理论还需要关注课程内容的更新和拓展，以适应时代发展的需要。

教学方法是影响教育教学效果的关键因素。教育改革需要改进教学方法，使其更加符合学生的认知规律和学习特点。为实现这一目标，教育学理论需要研究教学方法的创新和发展趋势，探讨如何运用现代信息技术手段改进教学方法，提高教学效果。同时，教育学理论还需要关注学生的学习方式和习惯的培养，促进学生的自主学习和合作学习。

教育评价是教育教学的重要环节。教育改革需要建立科学的评价机制，全面、客观地评价学生的学习成果和教师的教学质量。为实现这一目标，教育学理论需要研究教育评价的理论和实践问题，探讨如何构建多元化的评价体系，使评价更加符合教育教学的实际情况。同时，教育学理论还需要关注评价结果的反馈和应用，为教育教学的改进提供有力支持。

（四）教育改革的方法与教育学理论的需求

教育改革需要通过实验研究和验证来检验其效果。为实现这一目标，教育学理论需要提供实验设计和数据分析等方面的理论支持。教育学理论可以研究如何设计科学合理的实验方案，以检验教育改革的实际效果；可以探讨如何运用数据分析技术来评估教育改革的成果和问题，为教育改革的深入发展提供有力支持。

行动研究是一种将理论与实践相结合的研究方法。教育改革需要通过行动研究来不断反思和改进教育实践。为实现这一目标，教育学理论需要提供行动研究的理论框架和方法指导。教育学理论可以研究如何设计行动研究方案，以指导教育实践的改进；可以探讨如何运用反思性教学方法来促进学生的自我反思和成长；可以研究如何建立教师行动研究团队，共同推动教育改革的深入发展。

二、教育学理论推动教育改革的实践

（一）概述

教育改革是推动教育发展的必由之路，而教育学理论作为指导教育实践的重要思想基础，对于推动教育改革具有至关重要的作用。

（二）教育学理论对教育改革的引领作用

教育学理论为教育改革提供了明确的方向。通过对教育现象、教育问题以及教育规律的研究，教育学理论能够揭示教育的本质和目的，为教育改革提供理论支撑。在教育改革的过程中，教育学理论可以帮助决策者了解和掌握教育领域内的主要矛盾和问题，明确改革的目标和任务，从而制定出科学合理的改革方案。

教育学理论为教育改革提供了丰富的理论依据。无论是课程改革、教学方法改革还是教育评价改革，都需要以教育学理论为指导。例如，认知发展理论为课程设计提供了理论依据，指导我们如何根据学生的认知特点来优化课程内容；学习理论为教学方法改革提供了理论支撑，帮助我们找到更加符合学生学习规律的教学方法；教育评价理论则为教育评价改革提供了指导原则，使评价更加科学、客观和全面。

（三）教育学理论在教育改革实践中的应用

在课程改革实践中，教育学理论的应用体现在以下几个方面：一是关注课程内容的更新和拓展，以适应时代发展的需要；二是注重课程结构的优化和整合，以培养学生的综合素质和实践能力；三是强调课程的多样性和选择性，以满足不同学生的兴趣和需求。通过应用教育学理论，课程改革实践能够更加符合学生的认知规律和发展需求，为学生的全面发展提供更好的支持。

在教学方法改革实践中，教育学理论的应用体现在以下几个方面：一是强调学生的主体地位，关注学生的参与和体验；二是注重启发式教学和探究式学习，培养学生的创新思维和实践能力；三是运用现代信息技术手段改进教学方法，提高教学效果。通过应用教育学理论，教学方法改革实践能够更加注重学生的个体差异和学习需求，使教学更加符合学生的认知规律和学习特点。

在教育评价改革实践中，教育学理论的应用体现在以下几个方面：一是构建多元化的评价体系，注重学生的全面发展；二是强调评价的诊断和激励功能，关注学生的成长和进步；三是运用数据分析技术改进评价方式，使评价更加科学、客观和全面。通过应用教育学理论，教育评价改革实践能够更加注重学生的个体差异和实际需求，使评价更加符合教育教学的实际情况。

（四）教育学理论推动教育改革实践的案例分析

翻转课堂模式是一种基于教育学理论的教学改革实践。该模式强调学生在课前通过观看视频、阅读资料等方式进行自主学习，课堂上则通过讨论、交流、实践等方式进行知识的内化和应用。翻转课堂模式的应用充分体现了教育学理论中的自主学习、合作学习、探究学习等理念，有效提高了学生的学习兴趣和参与度，促进了学生的全面发展。

基于大数据的教育评价改革是另一种教育学理论推动教育改革实践的案例。该改革通过收集和分析学生的学习数据、教师的教学数据以及学校的管理数据等信息，建立了一个全面的数据支撑系统。通过这个系统，教育评价能够更加客观、全面地反映学生的学习成果和教师的教学质量，为学校管理和决策提供更加科学的依据。基于大数据的教育评价改革充分体现了教育学理论中的教育评价理念和技术手段的结合，有效提高了教育评价的科学性和有效性。

三、教育改革对教育学理论的反馈与促进

（一）概述

教育改革是教育领域持续发展的重要动力，它不仅是对教育实践的一次革新，也是对教育学理论的一次检验和推动。随着教育改革的深入，其对教育学理论的反馈与促进作用日益显著。

（二）教育改革对教育学理论的反馈机制

教育改革作为教育实践的一种形式，为教育学理论提供了实践检验的场所。通过教育实践，我们可以观察理论在实际操作中的效果，发现理论的不足和局限性，进而对理论进行修正和完善。这种实践检验与理论修正的循环过程，使得教育学理论能够不断地适应教育实践的需求，保持其科学性和实用性。

教育改革过程中会遇到各种问题和挑战，这些问题和挑战为教育学理论提供了新的研究视角和切入点。通过对这些问题的深入研究，教育学理论能够发现新的理论生长点，推动理论创新。同时，教育改革中的成功案例和先进经验也可以为教育学理论提供丰富的实践素材，促进理论的发展和完善。

（三）教育改革对教育学理论的促进作用

教育改革往往伴随着教育理念、教育目标、教育内容等方面的更新和变革。这些变革要求教育学理论必须具备更加广阔的视野和更加丰富的内涵。因此，教育改革推动了教育学理论在理论视野上的拓展，使其能够

涵盖更多的教育现象和问题，为教育实践提供更加全面的指导。教育改革对教育学理论的反馈不仅要求理论在广度上有所拓展，更要求理论在深度上有所挖掘。通过对教育实践中的问题和挑战进行深入分析，教育学理论能够发现更加深层次的规律和原理，从而深化理论内涵。这种深化不仅体现在对教育实践规律的把握上，也体现在对教育现象背后深层次原因的探究上。

教育改革为教育学理论创新提供了动力和源泉。在教育改革过程中，教育实践者会根据实际情况对教育学理论进行灵活运用和创新发展。这些创新实践不仅为教育学理论提供了新的研究素材和案例，也为理论创新提供了动力。同时，教育改革中的新理念、新方法、新技术等也为教育学理论创新提供了可能性和空间。

（四）教育改革与教育学理论相互促进的案例分析

素质教育改革是我国教育领域的一次重要改革实践。这一改革强调学生的全面发展，注重培养学生的创新精神和实践能力。为了实现这一目标，教育学理论提出了全面发展理论作为指导。在素质教育改革的过程中，全面发展理论得到了实践的检验和修正，同时也为改革提供了理论支撑。随着改革的深入发展，全面发展理论也得到了进一步的完善和发展。

随着信息技术的快速发展，信息技术教育改革成为教育领域的重要趋势。这一改革要求教育学理论必须关注现代教育技术的应用和发展。现代教育技术理论作为指导信息技术教育改革的重要理论之一，在改革过程中得到了广泛的应用和实践。通过实践检验和修正，现代教育技术理论得到了进一步的发展和完善，为信息技术教育改革提供了更加科学的指导。

第十章　未来教育学理论在高校教学中的展望

第四节　高校教学实践中教育学理论的创新应用

一、高校教学实践中的创新举措

（一）概述

随着时代的发展和教育理念的更新，高校教学实践正面临着前所未有的挑战和机遇。为了适应社会对于高素质人才的需求，高校在教学实践中不断探索和创新，以期提高教育质量和培养学生的创新能力。

（二）高校教学实践创新的背景

随着社会经济的发展和科技进步，社会对人才的需求越来越多元化和复杂化。高校作为人才培养的重要基地，必须紧跟时代步伐，不断调整和优化教学内容和方法，以满足社会对高素质人才的需求。

随着教育理念的更新，人们越来越认识到教育不仅仅是传授知识，更重要的是培养学生的创新能力和实践能力。因此，高校在教学实践中必须注重学生的主体地位，激发学生的创新精神和实践能力，以培养学生的综合素质。

（三）高校教学实践中的创新举措

1. 课程改革与创新

（1）跨学科课程设置

为了培养学生的综合素质和创新能力，高校开始设置跨学科课程。这些课程将不同学科的知识进行融合和交叉，使学生能够从多个角度理解和解决问题。例如，一些高校开设了"创新创业"课程，将商业、设计、技术等多个领域的知识进行融合，培养学生的创新精神和创业能力。

（2）实践导向的课程设计

高校在课程设计上越来越注重实践导向。通过增加实验、实训、实习等实践性教学环节，使学生能够将所学知识应用于实际中，提高实践能力和解决问题的能力。例如，一些理工科专业增加了实验课程的比重，并建立了与企业的合作关系，为学生提供实习机会。

2.教学方法与手段的创新

（1）翻转课堂与线上教学

翻转课堂是一种颠覆传统课堂的教学模式。在这种模式下，学生在课前通过观看视频、阅读资料等方式进行自主学习，课堂上则通过讨论、交流、实践等方式进行知识的内化和应用。线上教学则利用互联网技术为学生提供更加灵活和便捷的学习方式。这两种教学模式都注重学生的主体地位和自主学习能力的培养。

（2）案例教学与合作学习

案例教学是一种以实际案例为基础的教学模式。它通过引入真实的案例情境，使学生能够在模拟的环境中进行分析和决策，提高学生的实践能力和解决问题的能力。合作学习则注重学生之间的合作与交流，通过小组讨论、团队合作等方式激发学生的学习兴趣和创造力。

3.教学评价与反馈机制的创新

（1）多元化评价体系

为了全面评价学生的学习成果和综合素质，高校开始构建多元化的评价体系。除了传统的考试评价外，还增加了作业、报告、实践项目等多种评价形式。这种评价体系能够更加全面地反映学生的学习情况和发展潜力。

（2）即时反馈机制

为了及时了解学生的学习情况和问题，高校建立了即时反馈机制。教师可以通过线上平台、微信群等方式与学生进行实时交流，及时解答学生的疑问和困惑。同时，学生也可以通过这些平台向教师反馈自己的学习情况和意见建议，促进教学质量的提高。

（四）创新举措的实施效果与意义

通过实施创新举措，高校的教学质量和效果得到了显著提高。学生能够在更加灵活和多样化的教学模式中获取知识、提高能力、拓宽视野。同时，教师也能够通过实践检验和修正自己的教学方法和理论，提高教学效果和满意度。创新举措注重学生的主体地位和自主学习能力的培养，使学生能够在实践中发现问题、分析问题、解决问题。这种实践导向的教学模式能够激发学生的创新精神和实践能力，培养学生的综合素质和竞争力。

创新举措的实施不仅提高了教学质量和效果，也推动了高校教育改革与发展。通过探索和实践新的教学模式和方法，高校能够不断适应社会发展的需求和教育理念的更新，推动教育的创新和发展。

二、教育学理论指导下的教学模式探索

（一）概述

教学模式是教育过程中至关重要的组成部分，它直接关系到教学质量和学生的学习效果。随着教育学理论的不断发展，各种新型的教学模式不断涌现，为教学实践提供了有力的理论支撑和实践指导。

（二）教育学理论与教学模式的关系

教育学理论是教学模式探索的重要基础。它提供了关于教育现象、教育过程和教育目标的深刻理解和认识，为教学模式的构建提供了理论依据。同时，教学模式是教育学理论在教育实践中的具体应用，它通过具体的教学方法和手段，将教育学理论转化为可操作的教学实践。因此，教育学理论与教学模式之间存在着密切的联系和互动关系。

（三）教育学理论指导下的教学模式探索

建构主义教学模式是基于建构主义学习理论的教学模式。该理论强调

学生的主体性和自主性，认为知识是学生在与环境的互动中主动建构的。在建构主义教学模式下，教师不再是知识的传递者，而是学生学习的引导者和促进者。学生通过参与实践活动、探究问题和合作交流等方式，主动建构知识，提高学习效果。在建构主义教学模式中，教师可以通过设计具有挑战性和开放性的学习任务，引导学生参与实践活动和探究问题。同时，教师还可以采用小组合作学习的方式，促进学生之间的交流和合作，激发学生的学习兴趣和创造力。

建构主义教学模式能够培养学生的自主学习能力、创新能力和实践能力。学生在实践中主动建构知识，形成自己的认知结构和知识体系，提高学习效果。同时，该模式还能促进学生的全面发展，培养学生的合作精神和团队意识。

混合式教学模式是将传统教学与在线教学相结合的教学模式。它充分利用了传统教学和在线教学的优势，通过线上线下的互动和融合，为学生提供更加灵活和多样化的学习体验。在混合式教学模式中，教师可以根据教学目标和学生的特点，设计线上线下相结合的教学方案。线上部分可以包括在线课程、视频教学、在线测试等内容，线下部分则可以包括面授课程、实验实训、课堂讨论等内容。同时，教师还可以利用互联网技术和工具，如在线学习平台、社交媒体等，为学生提供更加丰富的学习资源和交流机会。混合式教学模式能够提高学生的学习效果和学习体验。线上部分能够为学生提供更加灵活和便捷的学习方式，方便学生随时随地进行学习。线下部分则能为学生提供更加真实和直观的学习体验，帮助学生更好地理解和掌握知识。同时，该模式还能培养学生的自主学习能力和信息素养，为未来的学习和工作打下坚实的基础。

情境教学模式是基于情境学习理论的教学模式。该理论强调学习应该在真实或模拟的情境中进行，以便学生能更好地理解和掌握知识。在情境教学模式下，教师可以通过创设具有真实性和挑战性的情境，激发学生的学习兴趣和动力，提高学习效果。在情境教学模式中，教师可以根据教学内容和目标，设计具有真实性和挑战性的情境任务。这些任务可以是实际问题、模拟实验、角色扮演等形式，旨在让学生在情境中学习和实践。同时，教师还可以利用多媒体技术、虚拟现实技术等手段，创设更加真实和生动的情境，提高学生的学习体验。情境教学模式能够帮助学生更好地理解和掌握知识，提高学习效果。在真实或模拟的情境中学习，学生能更加深入地理解知识的内涵和应用场景，形成更加深刻的印象和记忆。同时，该模式还能培养学生的实践能力和解决问题的能力，为学生未来的职业发展打下坚实的基础。

三、教师角色转变与教育学理论的实践

（一）概述

随着教育改革的不断深入和教育学理论的不断发展，教师的角色正在经历着前所未有的转变。传统的教师角色已经不能满足现代教育的需求，新的教育理念要求教师不仅要传授知识，更要培养学生的创新精神和实践能力。因此，教师角色的转变与教育学理论的实践紧密相连，是教育改革的重要组成部分。

（二）教师角色转变的背景

随着社会的不断进步和科技的快速发展，传统的教育模式已经不能满足现代社会对人才的需求。因此，教育改革成为社会发展的必然要求。教育改革要求教师更新教育观念，转变教学方式，以适应现代的教育需求。在这个过程中，教师角色的转变是教育改革的重要体现。

教育学理论的发展为教师角色的转变提供了理论基础。随着认知心理学、人本主义教育、建构主义学习等理论的兴起，人们对教育过程和学生学习的理解发生了深刻的变化。这些理论强调学生的主体性和自主性，认

为学习是学生主动建构知识的过程。因此，教师需要从知识的传递者转变为学习的引导者和促进者。

（三）教育学理论对教师角色的影响

认知心理学理论强调学生的认知发展和信息处理过程。根据这一理论，教师应该关注学生的学习过程，了解学生的认知特点和规律，以便更好地指导学生的学习。同时，教师还需要注重培养学生的思维能力、创新能力和解决问题的能力。

人本主义教育理论强调学生的情感体验和价值观念。该理论认为，学习不仅是知识的积累，更是学生个人成长和发展的过程。因此，教师应该关注学生的情感需求，尊重学生的个体差异，营造和谐的学习氛围，促进学生的全面发展。

建构主义学习理论认为学习是学生主动建构知识的过程。学生需要在与环境的互动中，通过实践、探究和合作等方式，主动建构知识。因此，教师应该成为学生学习的引导者和促进者，为学生提供丰富的学习资源和实践机会，帮助学生主动建构知识。

（四）教师角色转变的实践路径

教师角色转变的首要任务是更新教育观念。教师需要认识到传统的教育观念已经不能满足现代教育的需求，必须树立新的教育观念，如以学生为中心、注重学生的全面发展、关注学生的情感体验等。教师角色转变需要教师具备更高的专业素养。教师需要不断学习新的教育理念、教学方法和学科知识，以便更好地指导学生的学习。同时，教师还需要注重自身的专业发展和成长，提高自己的教育水平和教学能力。

教师角色转变需要教师创新教学方法。教师应该摒弃传统的灌输式教学方式，采用启发式、探究式、合作式等新型教学方式，激发学生的学习兴趣和创造力。同时，教师还需要注重实践教学和实验教学，为学生提供更多的实践机会和实验条件。

教师角色转变需要加强师生互动。教师应该注重与学生的交流和互动，了解学生的学习需求和困惑，及时给予指导和帮助。同时，教师还需要关注学生的情感变化和心理需求，营造和谐的学习氛围和师生关系。

参考文献

[1] 杜荣. 地域文化融入地方高校教育研究 [M]. 哈尔滨：哈尔滨工程大学出版社, 2023.

[2] 马翠凤. 高校教育教学研究与实践 [M]. 长春：吉林人民出版社, 2023.

[3] 陈博, 刘湘, 张斌. 高校教育管理的方法研究 [M]. 长春：吉林出版集团股份有限公司, 2022.

[4] 谢如欢. 民办高校教育创新与实践研究 [M]. 长春：吉林人民出版社, 2021.

[5] 张茂红, 莫逊, 李颖华. 高校教育管理与教学研究 [M]. 北京：台海出版社, 2022.

[6] 冯程, 李瑞海. 高校教育教学模式创新研究 [M]. 成都：四川大学出版社, 2023.

[7] 崔金辉. 高校教育管理创新与发展研究 [M]. 天津：天津科学技术出版社, 2023.

[8] 许莲花, 李印平, 鲁美池. 高校教育教学管理创新研究 [M]. 成都：四川大学出版社, 2023.

[9] 陈东梅. 新时代高校教育发展路径的研究 [M]. 北京：北京工业大学

出版社, 2023.

[10] 张燕, 安欣, 胡均法. 现代高校教育管理与教学创新研究 [M]. 天津：天津科学技术出版社；天津出版传媒集团, 2023.

[11] 张露汀, 杨锐, 郑寿纬. 高校教育教学创新研究 [M]. 长春：吉林人民出版社, 2021.

[12] 缪文武. 高校教育改革理论与实践研究 [M]. 长春：吉林大学出版社, 2023.

[13] 蔡永明. 互联网时代下高校教育创新发展 [M]. 哈尔滨：北方文艺出版社, 2022.

[14] 刘鑫军, 孙亚东. 互联网时代高校教育管理模式改革与实践研究 [M]. 长春：吉林人民出版社, 2021.

[15] 戴月舟. 新时代高校教育管理与创新研究 [M]. 汕头：汕头大学出版社, 2022.

[16] 单林波. 高校教育管理体系构建研究 [M]. 北京：首都师范大学出版社, 2022.

[17] 李康. 互联网背景下高校教育创新发展 [M]. 北京：经济日报出版社, 2022.

[18] 姜海洋. 高校教育体制改革和师资队伍建设 [M]. 长春：吉林出版集团股份有限公司, 2022.

[19] 吕村, 谭笑风. 高校教育管理与教学研究 [M]. 长春：吉林文史出版社, 2020.

[20] 谭义东. "互联网+"的高校教育信息化 [M]. 北京：九州出版社, 2020.

[21] 李晓雯. 高校教育管理的理论探索与探究 [M]. 长春：吉林人民出版社, 2021.

[22] 刘思延. 高校教育教学管理实践与创新发展 [M]. 哈尔滨：哈尔滨出

版社, 2021.

[23] 郭晓雯. 高校教育教学管理创新发展研究 [M]. 北京：北京工业大学出版社, 2021.

[24] 余志娟. 现代教育理念下高校教育教学创新与实践 [M]. 长春：吉林出版集团股份有限公司, 2022.

[25] 丁兵. 当代高校教育管理研究 [M]. 西安：西北工业大学出版社, 2019.

[26] 范晔. 基于创新教育理念下的高校教育管理 [M]. 长春：吉林出版集团股份有限公司, 2022.

[27] 陈晔. 新时期高校教育管理实践研究 [M]. 北京：现代出版社, 2020.

[28] 程宇欢. 高校教育供给侧改革与人才培养模式创新 [M]. 北京：中国纺织出版社, 2022.

[29] 张东平. 上海市区办高校教育质量年度报告 2022 年 [M]. 上海：上海交通大学出版社, 2022.

[30] 郝福锦. 大数据技术在高校教育管理中的应用研究 [M]. 北京：中国原子能出版社, 2022.

[31] 陈娴. 民办高校教育国际化特色案例学术文集 [M]. 上海：上海社会科学院出版社, 2022.

[32] 郭云. 信息化背景下高校教育模式之创新研究 [M]. 北京：中国原子能出版社, 2022.

[33] 洪剑锋, 屈先蓉, 杨芳. 互联网时代下高校教育管理与评价创新 [M]. 延吉：延边大学出版社, 2022.

[34] 汪文娟, 何龙, 杨锐. 高校教育管理创新研究 [M]. 北京：北京工业大学出版社, 2018.

[35] 孟猛, 宗美娟. 应用型本科高校教育教学理论与实践 [M]. 长春：吉林出版集团股份有限公司, 2021.

[36] 卢保娣. 大数据时代高校教育管理及其信息化建设 [M]. 长春：吉林大学出版社, 2021.

[37] 张伟. 新时代地方高校教育国际化论纲 [M]. 长春：长春出版社, 2021.

[38] 姚丹, 孙洪波. 高校教育信息化管理与学生管理工作 [M]. 北京：中国纺织出版社, 2021.

[39] 刘萍萍, 何莹. 现代高校教育教学管理现状与创新发展 [M]. 北京：中国原子能出版社, 2021.